国历集萃

晚清军事集团

国家人文历史杂志社 主编

人民日报出版社

图书在版编目（CIP）数据

晚清军事集团：国历集萃/《国家人文历史》杂志社主编.
—北京：人民日报出版社，2016.7
ISBN 978-7-5115-4050-8

Ⅰ.①晚… Ⅱ.①国… Ⅲ.①军事史–中国–清后期–文集
Ⅳ.①E295.2-53

中国版本图书馆CIP数据核字(2016)第160202号

书　　　名	：晚清军事集团
作　　　者	：《国家人文历史》杂志社
出 版 人	：董　伟
责任编辑	：周海燕　孙　祺
封面设计	：杨　超
出版发行	：人民日报出版社
社　　　址	：北京金台西路2号
邮政编码	：100733
发行热线	：(010)65369527　65369846　65369509　65369510
邮购热线	：(010)65369530　65363527　65363003
编辑热线	：(010)65369528　65363314
网　　　址	：www.peopledailypress.com
经　　　销	：新华书店
印　　　刷	：鸿博昊天科技有限公司
开　　　本	：710mm×1000mm　1/16
字　　　数	：209千字
印　　　张	：19.5
印　　　次	：2016年7月第1版　2016年7月第1次印刷
书　　　号	：ISBN 978-7-5115-4050-8
定　　　价	：58.80元

出版说明

2010年1月，由人民日报社主办的一本时政新闻类半月刊正式创刊，定名为《文史参考》。创作团队有这样一种理念——任何新闻在发生时就已经是历史，不去了解新闻背后的历史就无法真正理解新闻本身。

创作团队始终坚持自己的理念，以"真相、趣味、良知"为核心价值，以历史的眼光解读新闻，用新闻的视角看待历史。努力创造出有深度、有厚度、有历史感的新闻解读，给予读者一种全新的时政评论。在跌跌成长的过程中，这本刊物得到不少读者和友人的支持，一步步从青涩走向成熟。

2013年1月，《文史参考》更名为《国家人文历史》，突出"家国理想""人文精神"和"历史责任"，明确了杂志的内容定位。从"真相、趣味、良知"到"人文家国、历久弥新"，杂志始终秉承文化自觉、文化自信、文化自强的使命，在历史与现实之间寻找人文精神的支点，坚持以历史的视角解读新闻，用人文的精神关怀时代。

从创刊至今，《国家人文历史》已发行160期。6年以来，除了一直备受关注的封面故事，杂志的专题、话题、人物、尚武、唯物、旅行、视听等常规栏目也深受读者喜爱。这些年，不断有读者来信建议，希望杂志推出精华本，能够系统阅读每一段历史的同时，也便于保存和收藏。此次，应广大读者长期以来的要求，《国家人文历史》杂志社分别从"晚清军事集团""北洋枭雄沉浮""日本帝国末日""铁血强人传奇"这四个主题出发，精选6年以来发表过的精品文章集结成书。经过近半年的筛选和编纂，重磅推出这套《国历集萃》。今年这套书与广大读者见面后，我们还将于明年继续推出新的主题，敬请期待。

看一群叱咤风云的人，读四本人文历史的书。新颖的视角、精彩的文章，将带给您一个与众不同的阅读体验。我们相信，这套《国历集萃》一定会让诸位读者爱不释手。我们期待，它能够成为您手中的藏品。

目录 ▶ CONTENT

第一部分：湘军的崛起

002　　　与世俗文法战者不啻十之五六
　　　　曾国藩身上的四个矛盾

007　　　与自己斗其乐无穷
　　　　"庸才"曾国藩的励志路

016　　　学会变通，脱胎换骨，终达人生顶峰
　　　　"愤青"终于越活越通透

021　　　曾国藩的最后八年
　　　　功成名就后的纠结人生

028　　　尤不愿得清官之名
　　　　曾国藩：内清外浊的非典型清官

034　　　左宗棠没有文凭也能发迹
　　　　火箭般飞升的政治明星

043　　　湘军CEO胡林翼
　　　　一盘很大的棋没下完

051　　　冯草创 杨统筹 萧冲锋 韦投资 石组团
　　　　洪秀全和他的创业团队

061　　　主将共治走向东王独裁
　　　　通往小天堂的征途

目录 ▶ CONTENT

066　　官员穿戏服　金冠重八斤
　　　　奇葩制度　底层狂欢

074　　人臣随时变"天爹"
　　　　天京事变的体制基因

083　　盛极而衰　大喜大悲
　　　　1856：全盛期刚开始就戛然而止

092　　天堂向地狱滑落
　　　　太平天国治下的江南

099　　天国很远　苏杭很近
　　　　侍王府：太平军三号人物的浙江攻略

106　　安庆血战
　　　　太平天国命运转折点

115　　战事失利　祸起萧墙
　　　　26岁英王陈玉成之死

119　　劈山炮加洋枪
　　　　淮军援沪：中国军队近代化的起步

128　　小组赛磕磕碰碰　淘汰赛状态神勇
　　　　曾国藩的"五星球队"

134　　浴血坚城与兄弟阋墙
　　　　战天京：湘军的大战略和小九九

目录 ▶ CONTENT

146　刘铭传
　　　盐枭出身的台湾近代化之父

154　左宗棠与胡雪岩联手成大业
　　　借债西征，收复新疆

第二部分：旧军的谢幕

164　东京：陆奥宗光决意开战

168　长崎：一支忐忑不安的舰队

175　丰岛：突袭！高升号被击沉

178　平壤：清朝陆军不堪一击

183　黄海：硬碰硬的惨烈对决

190　鸭绿江：疯狂暴走的"皇军之父"

194　威海卫：北洋水师的坟墓

198　关于甲午战争的22个谬误

222　邓世昌真"相"

224　谁描黑了北洋海军

目录 ▶ CONTENT

234　一次黄海海战的复盘

235　撞击吉野号不可能出现
　　　致远舰究竟冲向何处

244　日军没有直接击沉任何一艘中国军舰
　　　黄海之战"经远"最后的航程

254　决定战争胜负的九个细节

268　缺失海权魂魄的舰队如何走向失败

278　甲午战争与民族国家构建

286　甲午沉舰的百年寻踪
　　　发现致远舰!

298　董福祥拚死战联军,马福禄喋血正阳门
　　　1900年八国联军攻陷北京城始末

第一部分 湘军的崛起

1861年9月5日,曾国藩进驻安庆,从此安庆成为湘军的指挥中心和后勤中心。当年11月,他在两江总督的基础上,奉旨督办苏皖浙赣四省军务,掌握东南军政大权。同时,湘军及和湘军关系良好的人相继出任川、鄂、湘、赣、皖、苏、浙、粤诸省督抚,清廷为湘军攻打太平天国量身订制的封疆大吏团队开始运作。

与世俗文法战者不啻十之五六
曾国藩身上的四个矛盾

文 | 张宏杰

性格上"分裂",身上矛盾重重

曾国藩身上确实有很多矛盾之处。

第一个矛盾是既笨拙又精明。他从十四岁起参加县试,前后考了七次,到二十三岁才考上秀才,而且还是个倒数第二名。左宗棠一向瞧不起曾国藩,屡屡不留情面地批评他"才短","欠才略"。学生李鸿章也当面说过他太"儒缓"。曾国藩自己也说自己读书做事,反应速度都很慢:"余性鲁钝,他人目下二三行,余或疾读不能终一行。他人顷刻立办者,余或沉吟数时不能了。"但另一方面,曾国藩又是个极为"精明"的人。他是一个高明的军事家、战略家,以超人之胆识创立湘军,又提出了"以上制下、取建瓴之势"的极为正确的平定太平军战略。他非常善于审时度势,剿灭太平军之后,功名事业如日中天之际,他却在大盛之中察觉大衰的先机,毅然裁撤自己的权力之本湘军。自古功臣,像他这样善于把握进退者不多。

第二个矛盾是真诚与虚伪。曾国藩平生以诚自命,自称凡事都本着真诚的原则来处理。确实,在许多情况下,他做事"情愿人占我的便益,断不肯我占人的便益"。他说:"凡人以伪来,我以诚往,久之,则伪者亦共趋于诚矣。"左宗棠在瑜亮情绪的促使下,一生不服曾国藩,始于挖苦打击终则以怨报德,曾国藩却终生未还一手。

但是关于他的"虚伪",也有许多证据。他的谋士赵烈文记载了这样一个有趣的故事。

咸丰九年,有一个神秘人物带着数名随从出现在桐城,他自称是来自北京访察各地军务的大员,行动故作诡秘,说话神神道道,有大员对他施以君臣之礼,他也公然接受。他以黄纸为诏,命一知县送达曾国藩大营。曾国藩洞彻"不生不灭"法的妙处,不想因此"兴起大狱",将此信放在一边,"置之不问亦不究"。此人见讹诈曾国藩不成,转而"传诏"于湖广总督官文,官文执其人审问,"不得实,亦未深究",此人"后遂不知下落。"

晚年曾国藩也像其他老猾官僚一样,熟练运用官场之"展"字诀,将许多棘手之事一拖了之。因为粮饷问题,地方财政上出现许多亏空，曾国藩拈用"展"字，来一个"累年相承"，今年拖明年，明年拖后年，最后不了了之。有时他还以此诀授之属下，比如他在致万启琛的一封信中说："累年相承旧债，列入亏空项下，以一'展'字了之，此官场中之秘诀也。"

第三个矛盾是清廉与污浊。曾国藩可以称得上是清官，他的"清"货真价实，问心无愧。在现存资料中，我们找不到曾国藩把任何一分公款装入自己腰包的记录。他终生生活俭朴，"夜饭不荤"。晚年位高名重，其鞋袜仍由夫人及儿媳女儿制作。及至身后，他只剩下两万两存银，在晚清时代确实算得上相当清廉。但另一方面，曾国藩也极力遵守官场明规则和潜规则，外出视察时天天拜客，日日戏酒，所作所为，与一般官僚并无二致。每年给京官们致送炭敬，出京时给京官们送了一万四千两的别敬。甚至为了报销，还给户部送过八万两"部费"。为了支撑这些开支，他在自己的财政司中建有一个"小金库"。盐运司送的"缉私经费"，上海海关、淮北海关等几个海关送的"公费"，就是曾国藩这个"小金库"的来源。

第四个矛盾则是无神论与迷信。曾国藩多次说："余生平不信鬼神怪异之说。""余平日最不信风水。"但是更多的文字和记载，却证明他是一个相当"迷信"的人。他一生进行

/ 曾国藩像

过大量"迷信活动"。几乎实践过所有迷信种类：他精通相面之术，有过大量相面实践。他会算卦，经常自己占卜吉凶。他相信托梦，相信扶乩，他信关公，他禳过灾。至于曾国藩言之凿凿的"不信风水"，其中更大有曲折。

曾国藩身上的种种矛盾，也导致对他的判断和评价歧义纷呈。有人说他是民族败类、罪魁祸首，有人说他是内圣外王的绝顶圣人，更多人认为他是一个老奸巨猾、一切为了升官的官僚。

从"愤青"到"老奸巨猾"

其实，矛盾中的曾国藩，呈现多种面相的曾国藩，才是一个真实的、活生生的曾国藩。曾国藩是政治家或者军事家、思想家，但首先是一个人，是一个生活在柴米油盐中的人，是一个终生挣扎、纠结、冲突和矛盾的人，是一个既有灵魂又有体温的人。通过观察他在理想与现实之间如何俯仰揖让，我们可以切身感受曾国藩在种种艰难面前的犹豫与坚定、拘执与圆通、笨拙与精明，更深入地分辨他的"天理"与"人欲"，更真切地领略他的人格和魅力。

曾国藩一生都在变化中。他从"愤青"变为"老奸巨猾"。他早年是一个愤怒青年，单线思维、唯我独尊、愤世嫉俗、矫激傲岸，

△／曾国藩照片，其子曾纪泽用容闳所赠相机在两江总督署拍摄

做起事来手段单一、风格强硬、纯刚至猛、一往无前。因此处处碰壁，动辄得咎。不光是对同僚，就是对自己的亲兄弟，他也成天一副"唯我正确"、"你们都不争气"的神气，处处批评教训，弄得当年国荃、国华到北京投奔他，结果都待不了多久就返乡了。到了中年，经过重重挫折，他才终于认识到，中国社会的潜规则是不可能一下子被扫荡的。只有必要时和光同尘，圆滑柔软，才能顺利通过一个个困难的隘口。只有海纳百川，藏污纳垢，才能调动各方面的力量，达到胜利的彼岸。经过这次反思，他从一个愤怒青年变为老庄信徒，他努力包容那些丑陋的官场生存者，设身处地体谅他们的难处，交往时极尽拉拢抚慰之能事，必要时"啖之以厚利"。以至胡林翼则说他"渐趋圆熟之风，无复刚方之气。"这套儒道融糅的老练莫测的神态在官场上如鱼得水。

曾国藩身上的"笨拙"与"精明"，其实也并不矛盾。正是与众不同的"笨拙"，成就了曾国藩非同一般的精明和高明。他的哲学是，直线是最短的距离，简单是最有效的方法，最笨拙其实就是最精明。因此，他创建湘军，选拔将领，专挑不善言辞的"乡气"之人，盖因其敦实淳朴，少浮滑之气。曾国藩一生善打愚战、笨战。他花极大心血去研究敌我

双方情况、战斗的部署、后勤供应、出现不利情况如何救援等等,直到每个环节都算到了,算透了,才下定打仗的决心。因为"笨",曾国藩在一切知识面前都十分谦虚,不敢稍有成见。他不被什么定论先入为主,总是要亲身尝试了,亲眼见到了,才下结论。他由迷信风水相面,晚年转信了天命。他早年之所以信风水,是因为祖母入葬之后,家中接连发生了几件大喜事。他后来又不甚信风水,则是因为又经历了几次风水"理论"与"实践"不符的事实。实事求是的思想方式,使他的思想保持着流动、敏锐、积极的状态。

性,亦即宗经而不舍权变。他有'两手'、'三手'而不是只有'一手'","降及晚清,这种'两手'式的格局(儒学法家化或者儒法合流一表一里),又由曾国藩来实践了一回。说他那理学姿态是假的也罢,情况确实坏到'不假不成'的地步,因此曾国藩又可以说'真诚的伪饰'。这大概是中国政治思想史的一种尴尬的真相。"

虽然后世史家揪出了曾国藩许多"作伪"

虽然后世史家揪出了曾国藩许多"作伪"的证据,但是平心而论,我们不得不承认,曾国藩在晚清封疆大吏中仍然是对朝廷最忠诚的

表里不一的官场中人

至于曾国藩身上的清与浊,则更容易理解。海瑞等"典型清官"的长处是表里如一,致命缺点是毫无弹性,在官场上注定处处行不通,只能成为官场上的一种摆设。而曾国藩最终却成就内圣外王之大业,这与他性格中"和光同尘"、稳健厚重的一面直接相关。善于与不合理的现状妥协,推动曾国藩一生绕过多重障碍,直达自己的最终目标。

学者吴方对曾国藩的复杂性有过精彩的分析:"曾国藩的成功主要在于他把握住了传统政治文化的精髓,有原则也有灵活

的证据,但是平心而论,我们不得不承认,曾国藩在晚清封疆大吏中仍然是对朝廷最忠诚的。在绝大多数时候,他对上对下,都贯彻了以诚相待、以拙胜巧的原则。在涉及国家根本利益的大事上,他一贯不计自身利害,以身报国。比如在处理天津教案过程中,他为了国家利益,就不惜负起"卖国"罪名,甘当"替罪羊",使自己多年英名,毁于一旦。曾国藩调任直隶总督后,醇亲王奕托好友转来一封信,信中对曾国藩大加恭维,意图结好。醇亲王乃是慈禧的亲妹夫,与慈禧关系极为亲密。长期以来,他一直欲与奕一争高下,所以

△《曾府三杰图》，现藏湖南娄底双峰县曾国藩故居富厚堂，画中三人分别为曾国藩（中）、曾国荃（左）、曾纪泽（右）

主动拉拢曾国藩，以增强自己的政治实力。一般人对这样的核心亲贵，主动奉迎唯恐不及，曾国藩却没有给他复信。奕不甘罢休，同治九年春又托曾国藩的另一好友黄倬转寄诗文，希望曾国藩应和。曾国藩仍然没有回信。除了对弈之才略用心不甚感冒之外，曾国藩如此风骨凛然，主要是从"避内外交通之嫌"这个中国政治大原则出发。

曾国藩晚年的秘书赵烈文说过一句话：

（曾国藩）历年辛苦，与贼战者不过十之三四，与世俗文法战者不啻十之五六。

也就是说，曾国藩虽然以平定洪杨永载史册，然而他的一生，与农民军作战所花费精力不过十分之三四，而与官场作战所花费的精力却是十分之五六。

这话说得沉痛而又深刻。这是任何一个想在中国做事的人不得不付出的代价。与一般中国人不同的在于，大部分方正之士被中国社会的"特色"磨得一事无成。曾国藩却没有被挫折打垮，他达到了他那个时代所能达到的顶峰。

（《文史参考》2011年21期）

与自己斗其乐无穷
"庸才"曾国藩的励志路

文 | 熊崧策

和中国历史上的许多成就一番功业的伟人相比,无论是家世还是天资,曾国藩都没有什么优势。明清时期,能在立德、立行、立言三个方面都有所建树的只有王阳明和他,相比较前者,曾国藩既没有状元之子的好出身,也没有天纵英姿的好智商,各方面他都普通得不能再普通。所以,曾国藩的磕磕碰碰、建功立业的一生,在今天看来就是一个最佳的励志样板。

科考七次,终取秀才

嘉庆十六年(1811年)11月26日,曾国藩出生于湖南长沙府湘乡荷叶塘白杨坪(今湖南省娄底市双峰县荷叶镇天坪村)的一个普通耕读家庭。如果要划出身成分,他们曾家应该算是小地主,他的爷爷曾玉屏有地一百多亩,日子不会太穷,也说不上有多宽裕。因此,为了补贴家用,曾国藩和几个弟弟小的时候也没少干过农活。对于这样家庭的孩子,想要出人头地,在传统中国只有一条路——考功名。

要说考科举,祖先也没给曾国藩遗传什么优良基因,明清两代五百年曾家没出过一个秀才。曾玉屏高瞻远瞩,稍微有了家底以后就给儿子曾麟书做智力投资,曾麟书考到中年才混成一个秀才,于是全家的希望又寄托在曾麟书的长子曾国藩身上。从他考秀才的经历来看,绝对不是什么天才儿童,他的父亲兼老师曾麟书的教育方式也比较刻板僵化,前五次均名落孙山。道光十二年(1832年)第六次考试发榜之后,被湖南学政发布公告点名批评"文理太浅",以佾(yi)生注册。这是未能考取秀才者中成绩还好的,以后可以不

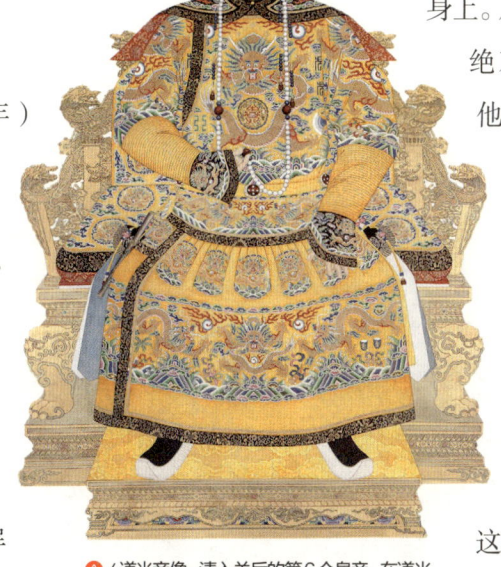

△ / 道光帝像,清入关后的第6个皇帝。在道光朝,曾国藩实现了从"庸才"到"人才"的转型

△ / 19世纪中后期素描作品,北京贡院。曾国藩的求学之路是"十分努力,一分收获"的典型例证

用县试和府试,直接参加院试,算是半个秀才。对此,曾国藩引以为奇耻大辱,回家以后闭门苦读,忽然开窍,文理大进,第二年就考中秀才,第三年考中了举人,道光十八年(1838年)会试中第三十八名贡士。殿试取在三甲第四十二名,赐同进士出身,当时他27岁。不过以后尽管他当到一品官,封了侯爵,"同进士出身"始终是他心中的忌讳。

回乡"拜客",实为收礼

翰林公曾国藩当年年底请假回家,衣锦还乡、光宗耀祖,并且好好休息一番,犒劳自己十年寒窗的辛苦。

在家休息这一年,曾国藩也没闲着,他的重要任务就是"拜客":拜亲戚、朋友、同乡、同族、官员……目的只有一个——收贺礼,因为今后翰林的日子薪水很低,不趁此机会大捞一笔,"穷京官"的日子可没法过。新科进士坐着八抬大轿,还有一名仆人跑前跑后的伺候,排场不小。他在日记里记载了一件事,道光十九年(1839年)四月,他到达松坡曾氏家祠。祠堂管理人员又请他写字、又请他扫墓,折腾好半天之后却告诉他,贺礼只能等到八月再送了。曾翰林勃然大怒,说前年我父亲给你们祠堂送匾,你们说一定要到我们家送钱,结果食言,今天又说贺礼等到八月。祠堂管理员一看哪敢得罪进士大老爷,连忙托人请罪,顺便奉上六万四千钱,事情这才作罢,由此可见,曾国藩此时的"官威"已初具规模。

已经迈入士绅行列的他,也曾干过"包揽词讼"的事情,吃了原告吃被告。从这时看,曾国藩对地方上的陋规安之若素,想的无非是升官发财,光耀门庭,并且迅速融入了天下乌鸦一般黑的官场,也没有高于常人的人格和远大的理想。道光十九年十二月,他结束了"敛财"假期,一路拜客"打秋风"到了京城,正式成为翰林院的官员。

严苛"自虐",学做圣人

曾国藩原来除了作八股以外其实没什么学问,进了翰林院,刚开始也是睡懒觉、下棋、喝酒、拜客,后来读了桐城派宗师姚鼐的文章,开始"粗解文章",由姚鼐这个途径他又结缘于理学。后来,他师从理学家唐鉴和倭仁,从此致力于程朱理学,要"学做圣人"。

理学家们除了讲"格物致知"、"理一分殊"这些抽象的哲理以外,道德实践也很重要,对自己严苛几乎到了"自虐"般的程度,曾国藩也不例外。从道光二十二年(1842年)年十月初一立志自新开始,曾国藩每天都要用工整的楷书写日记,仔细检查自己一天的言行,有一条不符合圣人要求,立即挑拣出来深刻反省,把自己骂得狗血喷头。

比方说,听见别的官员得了外快,心动;晚上做梦别人得了好处,梦中非常羡艳,日记里骂自己"何以卑鄙若此!""真可谓下流矣!"到朋友家,看见主妇,"注目数次,大无礼",在另一家看见几个漂亮姬妾,"目屡邪视",因此在日记里说自己:"直不是人,耻心丧尽。"一天早上,他名心大动,准备构思一鸿篇巨制震炫一下世人耳目,后来自我批评为"盗贼心术,可丑。"

曾国藩每天还给自己定下了写字若干篇、读书若干页等功课,但是他好交游的习惯一时也改不了,所以经常能在日记里看到他的天人交战,有一次他被朋友拉去游逛,走到半路"天理"战胜了"人欲",决定回家继续读《易经》。

这种时时刻刻与自己欲望的战斗取得的第一个重大成就是戒烟,曾国藩读书时烟枪不离手,曾经戒过两次,后来都"复吸"了。道光二十二年十月二十一日,他开始戒烟,这天本来应该待在家里读书养气,结果他跑出去又是侃大山又是下围棋,回家之后也读不进去书,后来猛然反应过来,自己因为戒烟所以存了个在其他方面放纵的念想，于是咬紧牙关，两个月后，他在给弟弟们的信中引以为傲地宣称——戒烟成功，从此再不吸烟。

严格要求自己几天容易，持之以恒就难了。为了培养自己的毅力，曾国藩走的全是刚猛路子，比方说读书，一句读不进去不读下句，一本读不完不读下本，死磕一本书，不弄明白不罢休。写字也是一样，写到手抽筋，字奇丑也不停歇，死扛下去，熬过一关，便有精进，然后再把痛苦过程反复循环，层层突破，才是好汉。

可以说，如果没有"是男人就对自己狠一点"的心气，可能曾国藩一辈子也就是官场中一名庸员。

权臣提携，官运亨通

最初，曾国藩的官职是翰林院检讨，从七品官。道光二十三年（1843年）大考翰林院、詹事府，临考前，曾国藩如坐针毡，仓皇失措，甚至觉得自己进场连卷子都写不完。搞得如此紧张是有原因的，因为这次考试非常重要，考得好要不了几年就是尚书、侍郎、总督、巡抚，考不好就成了"穷翰林"、"黑翰林"，前途一片渺茫，因此考试也被称为"翰林出痘"。

好不容易熬过考试，等成绩出来——二等第一名，第二天曾国藩就升任从五品的翰林院侍讲，连升四级。表面上看，曾国藩文章作得好，实际上，还是"朝里有人好做官"这条公理在发挥作用。

曾国藩会试的主考官是穆彰阿，穆彰阿算是曾国藩的座师。此人前后任军机大臣二十多年，长期当国，专擅大权。他利用各种考试机会，招收门生，拉帮结派，形成一个极大的政治势力集团，号称"穆党"，自然也少不了执门生礼的曾国藩。这次翰林院、詹事府大考，穆彰阿又是总裁官，答卷结束，他就问曾国藩索取应试诗赋，曾国藩跑回家誊写了一份送到穆彰阿府上……最终，曾国藩取得了优异成绩。

穆彰阿虽然在历史上评价不高，但是对曾国藩的提携倒不遗余力，从此，曾国藩官运亨通，道光二十七年（1847年），他升授内阁学士兼礼部侍郎衔，从二品。这年曾国藩37岁，毫不掩饰自己的得意，在给家人的信中称："湖南三十七岁至二品者，本朝尚无一人。"两年后他升授礼部侍郎，此后遍兼兵、工、刑、吏各部侍郎，人称"侍郎专家"。

针砭时弊，遭来嘲讽

然而，表面上风光的曾国藩内心却很纠结，他在日记、书信、诗文中不止一次流露出当官没意思，希望弟弟们赶紧成才养活全家，自己辞官奉养双亲的念头，究其根本，是因为道光朝压抑的政治空气。

道光是一个因循苟且、得过且过的皇帝,历任首辅曹振镛、穆彰阿、潘世恩也都是些"多磕头、少说话"的主。大清王朝内外交困,朝廷却敷衍度日、昏昏欲睡,用曾国藩的话说是"不黑不白,不疼不痒"。别看曾国藩是个二品侍郎,副部级干部,可是"到了北京才知道自己官小",说话没人理,更不要说干点事业了。

道光三十年(1850)正月,道光去世,二十出头的咸丰即位,上来就罢了穆彰阿的官,下诏"求言"。曾国藩激动了,上了个奏折,骂京官退缩、琐屑;骂外官敷衍、颟顸,并建议皇帝"日讲"。咸丰对此很感兴趣,让他详细解释。曾国藩画了一幅讲堂图,由于他不擅丹青,图画得不怎么好看,结果被朝中官员引以为笑柄。这让他极为难过,走到哪里官员们都脸露嘲讽。

不过这也没打击曾国藩针砭时弊的积极性,咸丰元年(1851年),太平天国起义爆发,咸丰手足无措、昏招迭出。曾国藩直接上疏,直指咸丰三个缺点:见小不见大、不求实际、刚愎自用。咸丰大怒,直接把奏折摔在地上,准备治曾国藩的罪,在祁寯藻等人的劝阻下才作罢。

此后,曾国藩又主张严惩犯了事的高官琦善和赛尚阿,得罪了不少京中权贵,几乎变成北京官场人人喊打的角色。咸丰二年(1852年)年,曾国藩得到了江西乡试主考官的外差,终于逃离了处处是敌的北京。

或许咸丰初年糟糕的境遇是曾国藩变成理学信徒的必然结果,理学那种对己对人近乎变态似的道德要求让他眼睛里揉不得沙子,因此,在接下来的几年,曾侍郎的经历可以用一个词来总结——处处碰壁。

曾国藩直接上疏,直指咸丰三个缺点:见小不见大、不求实际、刚愎自用。咸丰大怒,直接把奏折摔在地上,准备治曾国藩的罪

绿营围攻,当众认怂

咸丰二年(1852年)年七月,江西乡试主考官曾国藩走到安徽小池驿,收到了母亲去世的噩耗,于是交接差事回家奔丧。当时太平军进入湖南,攻打长沙受挫,转而攻下岳州,整个湖南呈糜烂之势。当年年底,咸丰皇帝一纸诏书到了曾国藩的家乡,命令曾国藩帮办湖南团练。当时,咸丰一共任命了10省43位退休或丁忧的前官员为"帮办团练大臣",最后成事的也只有曾国藩一个。

▲ 《平定粤匪图》之《克复武昌省城图》绢本设色，清，宫廷画师作

咸丰三年（1853）正月，曾国藩到达长沙，当时太平军已进入湖北境内，但湖南的会党、土匪遍地起事，社会治安极为混乱。曾国藩在自己的公馆开了个"审案局"，全省所有刑事案件，特别是与土匪、通敌有关的案件，都拿到审案局来审。曾国藩不看实物证据，只要举报者的供词，稍加审问，立即结案。被判有罪者，轻则鞭刑后收监，重则毙于乱棍之下或者砍头。短短几个月，曾国藩杀掉了200多人，赢得了著名的"曾剃头"外号。这种乱世需用重典的思路对长沙的治安确实起到了一定效果，但是这种"严打"必然也会制造许多冤假错案。而对曾国藩最不利的是，这么做得罪了整个湖南官场。在那时的中国，案件审理权是官员们一项很大的收入来源，"审案局"绕过府、县两级政府，把专管全省司法的按察使晾在一边。明面上湖南官场还不敢对曾国藩怎样，但背地里都在等着看曾国藩的笑话。

当时的曾国藩手下已经招募了一些湘勇，在长沙处在练兵的状态。长沙城里还有一支部队，是清廷的国家武装——绿营，这支部队训练很差，打太平军不得力，扰起民来却威风得很。曾国藩要求绿营和湘勇一起会操，散漫惯的绿营士兵哪里受得了曾国藩的管束。长沙副将清德带头闹事，抵制曾国藩的会操。曾国藩弹劾清德，皇帝给了曾国藩面子，清德被撤职拿办。这下湖南官场和曾国藩彻底闹翻，再无回旋余地。

清德的上司湖南提督鲍起豹让手下的绿营天天向曾国藩的湘勇寻衅滋事。八月四日，鲍起豹的卫队和湘勇发生械斗，曾国藩向鲍起豹发去文书，要求他逮捕带头闹事的绿营兵。鲍起豹将带头闹事的士兵五花大绑押到曾国藩的公馆，同时鼓动绿营闹事。绿营群情激愤，开始围攻曾国藩的公馆，并且破门而入，连伤曾国藩的随从，曾国藩夺路而逃，好在一墙之隔的就是湖南巡抚骆秉章的办公室。

外面闹那么大动静，骆秉章一直装聋作哑，就等曾国藩上门求救。乱兵一看巡抚出面，一时安静下来。骆秉章亲自给被绑起来的绿营兵松绑，还道歉，挣足面子的绿营兵得胜回营。

堂堂二品大员曾国藩当众认怂，继北京之后，再次成为湖南官场的笑柄，自尊心受到伤害的他也没脸在长沙待下去，卷铺盖到衡阳去练兵了。

操练水师，迎来发家

曾国藩的练兵就是白手起家组建一支军队，钱从哪来是首先需要解决的问题，刚到衡阳的曾国藩没有得到湖南省的资金支持，百无聊赖了一阵子。

不久，一个机会浮现在他的面前。太平军抢了一些民船，加以改造，组建了自己的水师，虽然算是业余，但也足够横行长江。有御史上疏咸丰，建议湖南湖北组建自己的水师，抢夺"制江权"。湖北全省当时被太平军打得满地找牙，没心思也没实力办水师，湖南巡抚骆秉章想的是收拾本省土匪，保境安民，对长江作战也不感兴趣。

曾国藩有些动心，一来这是一个问朝廷要钱的名目；二来战争实际情况也确实需要一支水师。此时，在江西打仗的好友江忠源和郭嵩焘也写信强调水师重要性。咸丰二年十月，曾国藩上疏皇帝，自告奋勇练水师。咸丰照准。

跑来了项目，钱就不成问题了，在皇帝的特批下，曾国藩从广东和湖南搞到7万两白银，又有了截留运往京师漕米的权力，一时间要钱有钱要粮有粮。不过，他虽然当过国防部副部长，但是水师怎么练，可是纯粹的外行，当时的湖南能工巧匠不少，但没有懂得修建战船的人才，曾国藩拿出戒烟、读书、练字的劲头来——死磕。

最初，曾国藩异想天开地认为木排避免了大船的笨重和小船的晃动，是战船的好料子，试制了几个，发现顺流还行，逆流极为迟笨，用之迎敌，不啻儿戏。后来他又从湖南湖北赛龙舟风气中找到灵感，认为龙舟速度快，而且靠人力不靠风力，作战应该主动灵活，经试验，龙舟容易倾覆，只得作罢。后来，一些武官向他描述了广东水师战船的模样，曾国藩就和工匠们商量着设计，船的具体结构和尺寸，零部件的规格，他都亲自过问，经过反复试验，终于建成十营水师。

首战告负，跳了湘江

咸丰四年（1854年）二月，曾国藩率他练好的湘军正式亮相，沿湘江北上和太平军作战，当时，太平军占着湘江沿岸的靖港和湘潭都有军队，这两个地方分别在长沙南北，让长沙有腹背受敌之忧。曾国藩召开军事会议，决定一半部队先去打湘潭，剩下的部队随曾国藩坐镇长沙以为后援，等湘潭收复后再合力去打靖港。

打湘潭的部队开拔了，四月一日晚，有人给曾国藩出主意，说靖港守军不多，现在长沙有几千湘军，再加上一些团练，足够拿下靖港。书生带兵，到底是没经验，曾国藩竟然改变预定作战计划带着兵向靖港杀去。

四月二日，湘军水师顺湘江直扑靖港，那天风很大，导致顺流又顺风的水师速度太快，直冲着太平军的炮台扎去，想刹车都刹不住，最后全部变成了活靶子。陆师这边，儒将大人不玩点计谋怎行？曾国藩让团练打头阵，佯装战败，把太平军引入精锐湘军的伏击圈。没想到如此高难度的动作根本不是乌合之众的团练能完成的，一上去接战就败了，不过不是诈败，是真败，后面的湘军也随之逃窜。

兵败如山倒，曾国藩急了，脱去袍褂，一身短打，拔出宝剑站在令旗边大喝："过

很多士兵嬉皮笑脸地从曾国藩身边跑过，当他不存在。曾国藩当时是又气愤、又羞愧，直接跳了湘江

旗者斩！"滑稽的是，很多士兵嬉皮笑脸地从曾国藩身边跑过，当他不存在。曾国藩当时是又气愤、又羞愧，直接跳了湘江。

在副将、卫兵、幕客的营救下，曾国藩被拖上岸来。他还是想不开，要交接工作后再次自杀，日子定在四月四日。湖南官员幸灾乐祸，骆秉章的师爷左宗棠从长沙缒城而出，去湘江船上看望曾国藩。在左宗棠的回忆里，当时的曾国藩气息奄奄、精神委顿，衣服上还沾染着河里的泥沙。左宗棠先是责以大义，说些胜败乃兵家常事的套话，曾闭目不语。后来左宗棠又骂曾是"猪子"，湖南

话"笨蛋"的意思,曾还是倔着转不过弯。此时,湘潭方面传来捷报,湘军大胜,而且是太平军兴起以来清军的最大胜利,曾国藩高兴地从床上跳了下来,终于不用死了。

在家守制,人生低潮

紧接着,湘军连获武昌、半壁山、田家镇三处大捷。本来,咸丰给了收复湖北省城的曾国藩署理湖北巡抚的官,眼见着曾国藩就要又有名分又有地盘了,7天后咸丰又变卦,改赏兵部侍郎衔。表面上咸丰说是曾国藩要东下,不需要担任湖北地方官,实际上还是出于对练出一支精兵的曾国藩再有根据地的防范心理。

咸丰五年(1855年),曾国藩率部进入江西,由于体制的问题,他在这里依旧不顺。这倒不是因为江西官员素质有问题,江西巡抚负责全省的战守,不可能打乱一省的财政计划去支援湘军,这种体制上的痼疾只有两个解决方案:一、江西巡抚带湘军。这显然不可能,湘军是靠曾国藩私人关系组建的军队,除了曾国藩,谁都不认;二、曾国藩当江西巡抚。咸丰皇帝又不愿意。曾国藩的苦闷可想而知,他在上疏中有一名句描述了自己当时的困苦——每闻春风之怒号,则寸心欲碎;见贼帆之上驶,则绕屋彷徨。当年2月,湘军在湖口大败于石达开的西征太平军,曾国藩坐船被俘,他再次投水自杀,被左右救起。

此后,曾国藩在江西也再没有什么进展,咸丰七年(1857年)二月,他接到了父亲的讣告,立刻上疏要求回家守孝,并且不等皇帝的回复,把军队抛在江西,径直回到了湖南老家。咸丰催他回到军中,他在回复中明确陈述了自己的困苦,要求皇帝给他督抚的职权,否则再不出山。

当时,太平天国内讧,清军重建江南江北大营,咸丰觉得解决太平天国似乎指日可待,对湘军的需求也没有以往急迫,再加上对曾国藩的"要挟"不满,在曾的奏折上批了三个字"知道了",准了曾国藩在家守孝27个月的请求,实际上褫夺了曾国藩的兵权。

这就意味着曾国藩先前的经营全部打了水漂,千载难逢的建功立业、青史留名的机会从指缝间滑过,胡林翼、杨载福、塔齐布、李续宾这些原来的下级与太平军打得热火朝天时他靠边站了。对于皇帝的最终决定,曾国藩非常愤懑,待在家里把江西官员全部骂个遍,然后开始拿几个弟弟当出气筒,弟弟躲出去就开始骂弟媳。

曾国藩迎来了自己人生的最低潮。

(《文史参考》2011年21期)

学会变通，脱胎换骨，终达人生顶峰
"愤青"终于越活越通透

文 | 熊崧策

从进入官场到父丧回家守孝，曾国藩的优点和缺点一样明显。优点暂且按下不表，主要的缺点就是一副道学家面孔，总以为自己忠心报国，人浊我清，做事过于刚硬，看不惯官场上虚伪圆滑、尔虞我诈那一套，结果从北京到湖南再到江西，处处得罪人，最后和皇帝都闹得有些不愉快。这一点上，农家子弟曾国藩确实比不上官二代胡林翼，后者为了处理好和同僚的关系，以堂堂湖北巡抚的身份给总督的小妾拜寿，眼睛都不眨一下。

二次出山，咸丰表扬他"忠勇可尚"

怎样重回藏污纳垢的官场并生存下去，调动各种资源建功立业，是曾国藩亟须解决的课题。中国传统士大夫有一个特点，达则兼济天下的时候读孔孟，用儒家的积极入世指导自己的作为；穷则独善其身的时候读老庄，用道家的超然物外涵养自己的胸怀。曾国藩也不例外，把能骂的人都骂完之后，他把自己关在屋子里读老庄，并检讨过去的得失，他发现刚硬和方正并不意味着强大，低调务实、谦逊执着、圆滑柔顺、懂得退让才是真正的强大。他翻检此前写过的文书，有一封当年武昌告急，他写给湖南巡抚骆秉章的求援信，说湖南湖北"唇齿厉害之间，不待智者而知也"，好像骆秉章要是不发兵就是"愚者"一样。当时觉得有理有据，现在读起来，羞得汗下如流浆。

家居两年，可以说是曾国藩人生的重大转折点，可以说从这时起，他才具备了成就一番功业的内在条件，从此越活越通透。

当然，没有外部条件的配合，曾国藩的境界再怎么提升也顶多造就一个理学大师而已。内讧的太平天国回光返照，石达开带20万大军出走，进入浙江，局面一下子又紧张起来。趁此机会，咸丰八年（1858）5月，胡林翼率先上书咸丰，请求起复曾国藩带湘军入浙江作战。咸丰于当年7月下旨起复曾国藩，令其率兵援浙。

除了对汉人带兵者的防范以及曾国藩喜欢顶撞他以外，曾的"穆党"身份肯定影响咸丰对他的观感，这是咸丰对他忽冷忽热的原因之一。而作为曾国藩二次出山的推这一次，曾国藩没有再提任何条件，接旨后四天就启程，态度很让咸丰受用，表扬他"忠勇可尚"。

脱胎换骨，让人大跌眼镜

当曾国藩再次出现在长沙时，他的朋友们发现，他变得几乎让人认不出了。原来曾国藩不讲什么官场礼节那套虚头巴脑的东西，这次人还没见着，湘军以及相关省份的将领、官吏们就先收到他的一封信，信里以非常谦恭的语气请求各位同僚的"指针"。到了长沙后，他忙着拜码头，从湖南巡抚到长沙知县，全部走到。这甚至让胡林翼和郭嵩焘深以为忧，以为曾国藩委曲求全，失掉了方刚之气。

他也再不和咸丰顶牛了，学会了打太极。面对咸丰调他率军入川的瞎指挥，他不像以前直接说不去，而是找尽各种理由，一会说部队正在打景德镇脱不开身，一会又说灭敌于湖南不必入蜀，一会又说江西、安徽应当防守，最终打消了咸丰的想法。

对待部下，原来他很吝啬保举，很见不上那种不管上没上战场就冒领军功的做法，这和胡林翼形成了强烈的反差，两人都曾打下武昌，但是胡林翼保举人数是曾国藩的10倍，导致有"投曾不如投胡"一说。这次出山，他甚至开始鼓励手下放开顾虑、大胆保举。此外，对于治兵也不再一味从严，湘军士兵攻下城

△ / 咸丰帝像。曾国藩给咸丰帝写奏折，一向是"直来直往"，这无疑加强了朝廷对他的信任

手，深谋远虑的湖北巡抚胡林翼为了湘军长远的发展，必须得在朝中找一个靠山，咸丰极为信任的肃顺充当了这个角色。现在找不到肃顺和曾、胡直接交往的资料，但是肃顺手下的智囊团"肃门五子"中有四个湖南人，他们和湘军几位大佬都有着千丝万缕的联系，曾国藩的好友郭嵩焘也被肃顺待为上宾，肃顺此前帮左宗棠说过好话……曾国藩的再度出山，越来越受到咸丰的重视，除了形势使然，和肃顺的支持应该有很大关系。

▲ / 郭嵩焘（1818-1891年），湖南湘阴城西人，湘军创建者之一，中国首位驻外使节

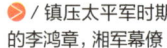

▶ / 镇压太平军时期的李鸿章，湘军幕僚

池后的大肆劫掠，他睁一只眼闭一只眼。尽管看起来有点同流合污、和光同尘，但曾国藩崭新的精神面貌，还是得到广泛的好评，在他曾经跌了跟头的江西，现在几乎是人见人爱，筹饷都顺畅了许多。

在胡林翼的设想中，他自己坐镇湖北搞后勤，曾国藩统兵东征，应该是一种完美的配置。可是现在虽然曾国藩不再计较当不当地方大员，但如果他一路东下，和江西、安徽、江苏、浙江怎么打交道，怎么处理军队和地方的关系，还是个很头疼的问题。办法还是只有一个：曾国藩当巡抚乃至总督。

咸丰八年（1858）、咸丰十年（1860），围困天京的江北江南大营被太平军击破，清军在长江下游的势力彻底崩盘，消息传到湘军控制地界，胡林翼等人无不眉飞色舞，因为，朝廷除了湘军，再无可以对抗太平天国的力量。胡林翼拉上湖广总督官文上疏皇帝，要求趁此危难时重用曾国藩，再加上朝中肃顺的奥援，咸丰十年1860年7月，曾国藩出任两江总督，并以钦差大臣督办江南军务，大展宏图的所有条件终于齐备。

危难时刻，李鸿章弃他而走

新任两江总督曾国藩决定把自己的大营扎在皖南祁门这个地方，这是一个轻率而匪夷所思的决定，因为这个决定，他差点丢掉自己的性命，可见，上天真的不会让一个人太轻易成功。

祁门这个地方群山环绕，远离河流，这犯了湘军扎营的大忌：一、容易被敌人居高临下攻击；二、远离水路交通线，难以和水师形成配合。可曾国藩偏偏就选中这么个容易被瓮中捉鳖的地方，他是这么想的：祁门东边还有个徽州，太平军打来先到徽州，只要徽州没事，祁门也不会有事。再加上祁门风景秀丽，他在这里舒心。

守徽州的是曾国藩的幕僚李元度，本来，李元度要是坚守徽州，太平军一时半会也拿他没办法，也不敢绕过徽州打祁门。李元度当时头脑发热，带着守城3000兵的一半出去截击太平军，结果被太平军名将侍王李世贤打得大败，李元度逃跑，士兵也跟着跑，城内也慌了手脚，太平军轻松拿下徽州。

徽州失陷如此之快，太平军大军压境，这让曾国藩只能坐以待毙，因为他手中只有张运兰一支新募集的军队，打是没法打，逃也不知道该往哪里逃，谁知道太平军有多少人马，如何行动，万一碰上怎么办？而太平军的活动范围离祁门最近的时候也只有二十里地，拔脚就到。后来有一段时间，祁门干脆和外界断了联系，成为一座"孤岛"。

肃顺的幕僚王闿运此时刚好在营中做客，倒霉催的就遇上这么个情况。曾国藩派人去看王闿运在干嘛，有人回报，说王先生一边喝酒一边看《汉书》。曾国藩给旁边的人说，《汉书》王闿运不知道看过多少遍了，这会儿肯定是表面装样子，内心在挣扎，随即又派人去看王闿运的随从在干什么，底下的人回报，随从们在祁门的一条小河准备了一条船。果然，如曾国藩所料，王闿运还是开溜了。

曾国藩下了一条命令，文职人员可以走，每个人发三个月薪水，以后没事了再回来我不怪你。好多人没扛住，脚底板抹油，这些人里也包括了曾国藩的得意门生李鸿章。不过李鸿章走得比较巧妙，曾国藩要上折子弹劾李元度，作为曾国藩幕府的首席笔杆子李鸿章就是不写，说这样对李元度不公平。曾国藩说你不写我自己写，李鸿章说你要写我就走，曾国藩回了个"听君之便"，李鸿章就一个人跑到了南昌。

最后曾国藩几乎绝望了，写好了遗书，案头放着佩刀，预备着等太平军一冲进来就自杀。不过万幸的是太平军没有必得祁门之心，他们知道这里驻着一支兵，却不知道是曾国藩的大营。当湘军名将鲍超率领援军击退李秀成之后，逃过一劫的曾国藩见到鲍超老泪纵横，说："不想仍能和老弟见面。"

从刻板、保守到实用、开放

接下来的时间就纯粹是曾国藩摘取胜利果实的过程了，虽说还是耗时三年多，硬仗无数，但是太平军败亡的趋势不可逆转，曾国藩也再没遇上生命危险，此时的他，已经不用亲临战场，坐镇后方全盘指挥即可。

咸丰十一年（1861）9月5日，湘军攻下重镇安庆，几天后，曾国藩进驻安庆。在胡林翼和郭嵩焘的调解之下，作为晚辈的李鸿章率先低头，给曾国藩写了一封信，祝贺老师攻下安庆，打破了两人之间的僵局。曾国藩回信说安庆百废待兴，需要人才，你来一趟咱们聊聊？不过他还是没压住心中的火，语带讽刺："足下行踪亦颇突兀，昔祁门危而君去，近安庆甚安而不来，何也。"言外之意——你不能共患难，那么共富贵总行吧？李鸿章甚是羞愧，不过还是到了安庆，之后有了曾国荃围天京、李鸿章打江苏、左宗棠打浙江的三路会剿太平天国的大计。李鸿章组建淮军，终能独当一面，对曾国藩愈发佩服和感激，说起话来动辄"我老师"如何如何，到死没变。

此时年过半百的曾国藩，早已经没有了理学家那种刻板、固执和保守，思维具有相当的开放性，比如他的幕府人才鼎盛，既有浪得虚名的道学家，也有讲究实用的科学家。他筹办安庆内军械所，江苏巡抚薛焕闻讯，便将当时国内一流科学家徐寿、华蘅芳等推荐给他。曾国藩一见到徐、华，便提出仿制小火轮（轮船）之事。徐寿将蒸汽机原理及轮船构造简单地作了介绍。曾国藩听后大喜，立即委任徐寿、华蘅芳为幕客，命他们试制轮船，并勉励他们不要有顾虑，耐心制造，有各种需要尽管提。同治元年（1862）7月30日，中国人自行制造的第一台蒸汽机由徐寿研制成功，曾国藩非常满意，感叹道："窃喜洋人之智巧，我中国人也能为之！"同治三年（1864）1月28日，中国自己制造的第一艘木质轮船在安庆成功下水试航。为了显示自己的信心，曾国藩亲自坐在船上督看。此外，曾国藩还在安庆接见了中国第一位留美学者容闳，他不计较容闳曾与太平天国有交往，与容闳一见如故，十分重视容闳的意见，并决定委派容闳到美国采购新式机器，以便建设更大规模的武器制造工厂。

为什么洋务运动从曾国藩这里发端？除了"时势造英雄"的老生常谈，有件事情或许能找到一点他性格上的原因，他从道光二十三年（1843）开始就患眼疾，为了治眼睛，他尝试了几乎所有方法，最初是吃中药，后来自学中医，36岁时开始戴西洋老花镜，又戴过一种"墨晶镜"，还把一块"中空积水"的玛瑙钻开滴水入眼，还有两掌摩擦发热蘸唾液摩擦眼睑的方法，甚至还练过气功……偏方、中医、西法试了个遍，最终都没有效果。但是这种心中没有窠臼的态度和试验精神，似乎和"科学"有所契合。

同治三年（1864）7月，湘军攻破天京，太平天国亡。朝廷封53岁的曾国藩为一等毅勇侯，加太子太保，赏双眼花翎，曾国藩达到了人生的巅峰。

（《文史参考》2011年21期）

△ /《平定粤匪功臣战绩图》(又称《金陵功臣战绩图》)之曾国藩,清,吴友如作

曾国藩的最后八年
功成名就后的纠结人生

文 | 胡元

1864年7月21日,曾国藩收到了那条他期待已久的消息——九弟曾国荃从南京发来了攻克天京的捷报。对这个消息的到来,除了最应有的喜悦之外,恐怕更多的还是来自内心莫名的恐惧,而这种恐惧则来源于对官场重重黑幕的不确定感。

从这天起，这场长达13年让中央心惊肉跳的政治动乱终于可以告一段落。曾国藩的众多友人和同事纷纷前来道贺，其中有个叫窦垿的在庆贺之后不忘留下这样一句话："忧盛危明之定识，持盈保泰之定议"。

纠结南京：以裁军抵销"欺君罪"

6天之后，曾国藩等来了慈禧的嘉奖。慈禧在上谕里祝贺湘军攻下天京，赏曾国藩太子太保衔，赐封一等侯爵，赏戴双眼花翎。

攻破天京后，李秀成在逃亡的过程中被湘军抓获，而如何处置李秀成，却让曾国藩费了一番功夫。从李秀成事后写下的"昨夜承老中堂调至驾前讯问，承恩惠示，真报无由"，"昨夜深惠厚情"等语就可以看出，曾国藩肯定装出了一副连自己都能骗过的真诚态度，向"俊杰"李秀成做出了些许承诺。

但这些承诺恐怕一件也兑现不了，因为曾国藩审出了曾国荃的致命问题。据李秀成招供：攻破天京时太平军只有一万多人，而曾国荃报给曾国藩的是十万人；曾国荃说幼主"举火自焚"，而李秀成招供说幼主逃出了南京；李秀成说圣库里金银财宝无数，而曾国荃向曾国藩汇报时却只字未提。关键是曾国荃打给自己的报告，自己又"转发"给了慈禧。

慈禧让曾国藩把李秀成押到北京，曾国藩为避免"东窗事发"，把李秀成秘密处决，并删除了李的口供中所有对自己不利的内容。

而此时的左宗棠也没闲着，背着曾国藩秘密给北京上折子，称据金陵逃出难民供出，伪幼主洪天贵福于同治三年（1864）6月21日由东坝逃至广德，被太平军将领黄文金迎入湖州府城，想借伪幼主名号，召集太平军余众。

左宗棠把南京真相往北京一捅，等于说曾国藩欺君罔上。曾国藩上折反驳左宗棠，称洪天贵福可能已死，而黄文金为纠合太平军余众伪称尚存，是古来常有之事。左宗棠看到此奏后，马上给中央写奏疏申辩，指斥曾国藩有欺君之嫌。两人你一折我一疏，在慈禧面前展开大论战。至此曾左二人十几年的交情付诸东流。

曾左关系破裂后，曾国藩再次收到了北京发来的两封上谕。第一封上谕在奖赏曾国藩的基础上，又封曾国荃为太子少保、一等伯爵，接下来是李臣典、萧孚泗分别封子爵和男爵；而在第二封上谕里，慈禧对李鸿章、左宗棠、僧格林沁、沈葆桢等分别给以表彰和封赏。

第二封的奖赏不比第一封的奖赏高或低，却又故意弄出两封上谕，而且还要一起发来。很明显是要做出一个"区分"——第一封上的人都是在南京干过一些见不得光

△ / 铜版画，南京天王府，1864年，英国画刊刊载，画中显示当时天王府仍在扩建中。天王府为南京最著名的传统建筑之一，民国时改建为总统府，此图为现今关于天王府绘图中最准确的一张

的事，而第二封上的人则没有。

自古以来，中央平定地方叛乱之后，最关心的就是两件事：一是主谋死了没有？二是"赃款"缴到手没有？而这两件事曾国藩都没有给慈禧一个好的交代。洪秀全虽然已确认死亡，但幼主逃出南京。另外天京圣库里的金银财宝就这么不明不白的没了，摆明了就是被曾国荃给黑了。

随后，第三封上谕到了，这次慈禧直接点名批评曾国藩，说他指挥不当致使幼主逃脱，并督促曾国藩把圣库里的实数报上来。曾国藩一看，慈禧说的全都是那些被他一手删除的李秀成招供内容。

如何把"欺君之罪"平稳地扛过去？曾国藩只有一条路：裁军。于是他立即上奏朝廷请求裁军，慈禧果然迅速批准。1864年8月21日，湘军吉字营共有25000人，到了1865年3月，只剩下了2000人。裁军速度之快还体现在军饷方面，曾国藩上奏9天之后，他就果断停掉了广东厘金，这曾经是湘军的财政生命线。1862年以来，广东厘金单单是供给那些围南京的湘军部队，就高达120万两白银。如果真的停掉了这笔军饷，也就意味着湘军再也无法对中央构成威胁。

纠结淮北：遭遇滑铁卢

裁军之后，曾国藩给北京打报告，请求让曾国荃开缺回籍，慈禧同样迅速批准。之后曾国荃回到老家闭门谢客，每天潜心练书法，而曾国藩也算是度过一劫。可是太平天国这场"大戏"虽然已经收尾，但中国淮北地区的捻军"巡演团"又拉开了帷幕。

太平天国失败后，陈玉成亲手培养的"后备干部"赖文光与捻军汇合，同时也为捻军带去了太平军的治军理念。僧格林沁是北京专门派去剿捻军的蒙古亲王，但他并不了解赖文光的游击战术打法，仍然依托蒙古骑兵特有的机动能力，却被赖文光绕得团团转，最后因落入捻军包围圈而被击毙。

僧格林沁的死震动了朝野，北京曾指望僧格林沁能镇压捻军，提升在政界中的地位，以便制衡湘军派系的崛起。没承想到头来还是要依靠曾国藩来摆平。慈禧为了防止曾国藩以裁掉湘军、手里没兵为推托，给了他指挥河北、河南和山东三省八旗、绿营各军的大权。

1865年6月18日，曾国藩自江宁动身北上。曾吃过湘军大亏的赖文光开始忧心忡忡，但令赖文光没想到的是，这次曾国藩带来的军队再也不是当年令他惧怕的那支湘军了。

在围剿捻军的各支部队中，淮军的战斗力最强，但那是李鸿章一手带出来的，曾国藩一下就陷入了指挥"三角恋"。往往是曾国藩给淮军将领下达了军事命令，淮军再私下请示李鸿章，只有李鸿章同意了，才能执行。

1866年，朝廷再次起用曾国荃为湖北巡抚。曾国藩正愁在淮军中无法施展他的军事部署，就让曾国荃募得湘勇一万五千人，称

> **慈禧为了防止曾国藩以裁掉湘军、手里没兵为推托，给了他指挥河北、河南和山东三省八旗、绿营各军的大权**

为"新湘军。"新湘军的加入不但使整个剿捻部队战斗力增强，也让曾国藩的军令下达更加顺畅。

同年7月25日，曾国藩会同刘铭传商量"防河大计"，准备利用黄河、运河、沙河与淮河把捻军困于黄淮之间的狭窄地带，这等于是废掉了捻军所擅长的游击战能力。

几天后，湘军刘松山、张诗日两军和捻军正面遭遇，双方大战7天，捻军损失约6000人。曾国藩觉得坚持利用防河大计，一定能达到锦上添花的效果。不料捻军在9月24日突然发动对河南防河工程的攻击，并突

围而去。曾国藩开始急躁起来，命令追击，这等于又犯了僧格林沁的老毛病，让捻军牵着鼻子到处"旅游"。

中央倒曾的声音开始沸腾起来，慈禧也对曾国藩这两年的表现不满意。曾国藩请求以"散员"身份留在部队里，以便可以更好地贯彻落实他的"防河大计"，但北京最终没有给他这样的机会。虽然事实证明，继任者李鸿章正因为执行了他老师的防河计划，对捻军的围剿才得以成功，但曾国藩的"北征无功"已成为他人生最大的滑铁卢。

纠结两江：吏治无希望

1866年，被撤掉剿捻钦差的曾国藩，回任两江总督。到晚清时期，从中央到地方的各级官员都已经腐败不堪，各地官场黑幕重重。曾国藩并不愿意接受这种政治现实，他到任两江之后，全面改组了两江各级领导班子，各个位置都换成了自己觉得是"能做事，不爱钱"的湘系亲信。他也招考了一些人才，曾国藩的看人能力一向很强，但也有过"自摆乌龙"的时候。

有一次，一位曾在浙江教育系统工作过的人前来面试，曾国藩问他如何解决下级欺瞒上级的问题，此人回答这个问题是个伪问题，说了三个理由：一是像胡林翼那种人，精明强干，人们根本不能欺骗他；二是左宗棠非常厉害，人人都怕他，也就不敢欺瞒他了；三是像曾大人这样以诚感人、以礼待人、以道化人，已经做到了"人不忍欺"的境界。他的这番言论打动了曾国藩，随即派他去督造船炮，几天后此人携款潜逃，曾国藩默然良久，黯然独坐，自言自语："人不忍欺？人不忍欺！"

曾国藩自己心里明白，湘军子弟之所以豁出性命跟着他干，并不是因为什么坚定的信仰，只是图个不参加科举考试也能进入公务员队伍，找个乌纱帽铁饭碗。在既有的政治体制不出现大变动的前提下，纵使清廉的官员到了那个位置上，也要跟着大家贪污腐败，否则就难以在官场上生存，这是潜规则。

但是，如果腐败到行政体系已经难以正常运作的时候，就需要抓一个"表示表示"。可是大家都腐败，抓谁不抓谁就成了一门学问。曾国藩请教他的幕僚赵烈文，赵烈文表示要抓就抓丁日昌，因为丁是个腐败"先进典型"。

但曾国藩想动手的时候，发现已经力不从心，因为丁和李鸿章走得非常近，李又是自己的得意门生，丁日昌一边贪污，却又把李鸿章每月所需军粮办得妥贴，曾国藩已经被官场拖入到另一种纠结当中，这么明显的一个贪官，一旦反了他的腐败，势必影响剿捻战事，如果不反他的腐败，又如何去整治别人？曾国藩在两江的反腐大业终究还是被政治体制紧紧地捆住，不动则已，一动全

△ / 1870年的天津望海楼教堂，是天津教案中发生冲突的主要地点，曾一度被焚毁

盘棋子将一起陷入混乱，那就只好让他一直腐败下去。

曾国藩虽不贪钱，却也接受下属的"进贡"，之后把这些钱集合起来给自己建了个小金库，用小金库的钱公款吃喝、迎来送往，又接着给自己的领导"上贡"，却从不把小金库里的钱装进自己的腰包，他是官场潜规则的遵从者，自己却又游离在"清官淘汰定律"之外。

纠结天津：骂声中离去

1868年，中央突然下达旨令，任命曾国藩为直隶总督。直隶总督掌握了京畿重地的安全与防务，一般这个职务都要交给朝廷极度信任的人。

1870年6月，由于天津地区发生疫病，在天津的法国天主教育婴堂所收养的婴儿大量死亡，达三四十人之多。这时，有谣言说是天主堂的神甫和修女，经常派人用药迷拐孩子去挖眼剖心制药等。数百名愤怒的百姓先后打死了法国领事丰大业及其随从，杀死了10名修女、2名神甫、2名法国领事馆人员、2名法国侨民、3名俄国侨民和30多名中国信徒，焚毁了法国领事馆、望海楼天主堂等4座基督教堂，酿成了震惊中外的大事件。

7月2日，曾国藩在保定署衙留下了他生平第二份遗嘱。他说，他行将前赴天津，"外国性情凶悍，津民习气浮嚣……恐致激起大变"；并表示"余此行反复筹思，殊无良策"。曾国藩已进入60岁，在这一年，他的肝病日益严重，右眼已经完全失明，身体每况愈下。

法、英、美等国一面向清政府提出抗议，一面调集军队进行威胁。曾国藩1870年7月到天津，立即发布名为《谕天津士民》的告示，接着释放了案件嫌疑人，并在奏折中为洋人在中国的行为进行辩护和洗刷。

曾国藩按照法国人的要求搜捕参加反洋教的民众，但其中供认不讳的所谓"真凶"只有七八人。曾国藩认为只杀几个人数目太少，难以使洋人满意。于是接着加紧搜捕，一定要凑够20人，为丰大业等20个洋人抵命。

曾国藩在天津一系列的动作，让参与斡旋的英国人、大清海关总办罗伯特·赫德感到难以置信。后来，赫德以一长串刺耳的词汇评价曾国藩："优柔寡断"，"被评价过高的人物"，"与他的崇高声望名不副实"，"才能不过平庸而已"……一句话，在赫德看来，曾国藩老朽而昏聩，他对外部的世界一无所知。而曾国藩办洋务出身，深知国家积弱多年，目前无任何资格跟列强叫板，他只有牺牲自己的名誉去换个卖国贼的骂名，而保全国家的利益。事后，他在给慈禧的奏折中认为："中国目前之力，断难遽启兵端，惟有委曲求全一法"。

1872年，李鸿章花了5年的心思为他的老师盖了两江总督府，这个在洪秀全天王府的基础上建起来的总督衙门，其奢华程度让从天津"骂声"中归来的曾国藩不断赞叹。这年2月27日，曾领衔上奏：促请对"派遣留学生一事"尽快落实。并提出在美国设立"中国留学生事务所"，在上海设立幼童出洋肄业局。

3月12日，曾国藩在午后突感脚发麻，曾纪泽赶紧扶他入书房，端坐三刻后逝世。在自己因为天津教案郁郁而终之前，处理的最后公务竟是派遣中国学生去遭国人痛恨的地方——留学。在人生最后的八年，曾国藩内心也纠结了八年，一个不喝酒、不抽烟、不玩女人的人曾经成功过，甚至成功到可以政变的地步，却又壮士断腕，明哲保身；他曾经退却过，甚至退却到可以放手的地步，却又宦海涅槃，备受重用；他从没有放弃过为国家奋斗的真诚，却在最后与"爱国"无缘。

△/曾国藩之子曾纪泽，清末外交家

（《文史参考》2011年21期）

尤不愿得清官之名
曾国藩：内清外浊的非典型清官

文 | 主讲人 | 张宏杰　整理 | 熊崧策

30岁以前基本是个平庸的人

曾国藩的一生办过很多大事，而且手段都非常高明、精明。但其实曾国藩的智商并不是特别高，从家庭遗传的角度来看，曾国藩的父亲曾麟书在读书的时候脑子就很笨，从十几岁开始考秀才，一直考到43岁，前后足足考了17次，最后头发已经花白了，才中了一个秀才。曾国藩自己的科举道路，一开始和他的父亲有点像。前6次考秀才都失败了，一直到第7次才勉强中了一个秀才。为什么说是"勉强"呢？因为他的名次是倒数第二。

关于曾国藩的天资，当时人就有很多议论。他的朋友左宗棠经常在和一些亲友的通信中评论曾国藩，说曾国藩"欠才略"、"才太短"、"才艺太缺"、"兵机每苦钝智"。他的学生李鸿章当他的面说他"儒缓"，说他做事反应太慢。

曾国藩在30岁以前，性格方面有很多平常人常有的缺点和毛病。在他到北京做官之后，他每天用于社交的时间特别多，到处去喝酒、聊天、听戏、下棋，用于读书的时间特别少，读书也往往坐不住。有一次，翰林院放了40天的假，在假期结束的时候，曾国藩在日记中做了一个自我总结，说自己这40天做了什么事情？除写了几封家书之外，什么事都没做，稀里糊涂就混过去了。

他为人傲慢、修养不好、脾气比较暴躁，曾经和别人发生过几次比较严重的冲突。其中一次是和同乡的一个京官郑小山，两个人因为吃饭的时候意见不合就打了起来。什么脏话都骂了出来，甚至"问候"了双方的亲人。曾国藩过后感到非常后悔，说自己这种举动太有辱斯文了。

所以30岁以前的曾国藩，在很多方面都是一个很平庸的人，和我们后来印象中人格完美无缺的圣人有非常大的差距。

学做圣人，在日记中痛自反省

为什么后来曾国藩能够脱胎换骨，能够刻苦地自我修炼呢？这个也跟他到北京当官分不开。曾国藩在北京见到了很多大儒、大学者，他很受触动。同时在做了官之后，曾国藩身上就没有作八股文的压力，他就开始有时间从容地研究一些学问。那时候一个读书人必不可少的是要研究理学，理学的一个基本理论就是每个人通过自我磨炼都可以成为圣人，每个人都有圣人之志。所以在30岁的时候，曾国藩觉得三十而立，不能像以前那么混下去，要脱胎换骨，重新做人，学做圣人。

曾国藩学做圣人是如何入手的呢？说起来很简单，他学做圣人就是从写日记开始，用工整的蝇头小楷，把自己每天的所作所为，每天早晨一睁眼到晚上睡觉所做的事情，特别是把不符合圣人标准的都摘出来，痛自反省。在日记当中，他还给自己定下每天攻克的下限，每日读史十页，每日记茶余偶谈一则，每日读一经，隔三岔五地练习作文。有了日记的这一工具之后，曾国藩工作、学习的效率大为提高。

在立志自新之后，曾国藩马上就想起和郑小山打的那一架，虽然这一架两个人都有毛病，但是要改过，就要反求诸己，要在自己身上找原因，而且要改过就要从速。所以曾国藩马上到郑小山家登门拜访、赔礼道歉。郑小山也很感动，留曾国藩吃饭。于是两个人重新和好如初。

通过曾国藩脱胎换骨的过程，对我们的启示是，如果一个人真诚地投入自我完善，即使他的天资比较平庸，他的本领也可以增长十倍，他的见识也可以拓展十倍，他的心胸也可以开阔十倍。

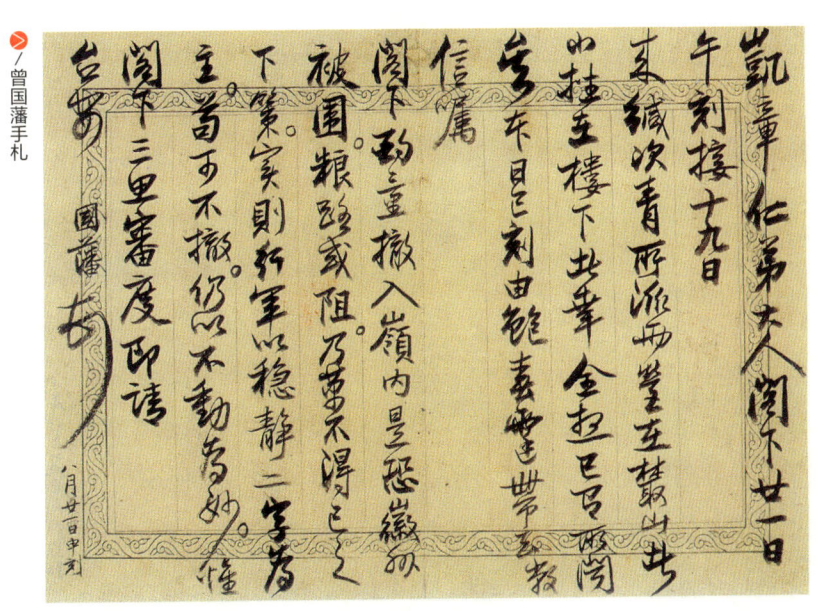

曾国藩手札

当总督后的收支脉络与生活水准

一般来讲，大家对曾国藩的争议就集中在曾国藩到底是一个真诚的人还是虚伪的人。很多人说曾国藩是一个很真诚的君子、圣人，但也有相当多的人认为曾国藩是一个虚伪的人，是一个老奸巨猾的人，他的一举一动都为了升官发财。一个人的经济收支是一个人生活中非常隐秘的方面，通过对这一方面的了解，我们往往可以界定这个人的真伪。

《湘乡曾氏文献》当中，有一个曾国藩道光二十一年前后的账本，因为曾国藩这个人心很细，做京官期间，经济很紧张，曾国藩每天的生活都要记账。通过这个资料进行一个梳理，就可以看到曾国藩一生经济收支的基本脉络。

先说曾国藩在做京官时的经济状况。道光二十年，曾国藩中了进士，被皇帝授予从七品的翰林院检讨的官职，这相当于今天国务院政策研究室的副处级以上的研究员，经常要见各部的长官，有时候还要见皇上，经常给国家起草一些文章。但他的经济状况可以用一个字概括——穷。比如道光二十二年，曾国藩的一个仆人叫陈升，跟主人吵了一架，主人跟仆人吵架这也是经常的事情，但是陈升吵完架之后卷起铺盖走人了，到另外一个官员家里去攀高枝去了，为什么呢？因为曾国藩家生活水平太低了，经常拖延他的工资，吃的也不好。所以这个事使曾国藩很受刺激，然后就写了一个傲奴诗，说"胸中无学手无钱，平生意气自许颇，谁知傲奴乃过我"。手里没钱，仆人都瞧不起自己，一个仆人比自己都傲慢。为什么这么穷呢？这就因为清朝的低薪制。

用清代的一两白银能够买多少大米来进行换算，大概一两白银相当于今天的200元人民币，曾国藩一年的工资大概相当于现在24000元人民币。这个钱如果对今天的一个京漂来讲都是非常困难的，何况曾国藩拖家带口。当时一个京官的支出是多少呢？在道光二十一年曾国藩全年花了458两1钱9分白银，财政赤字是333两5钱4分。

在咸丰十年曾国藩当上了两江总督。此时曾国藩的收入是多少呢？155两，和他做京官时期差不多。但这仅仅是一个名义上的工资。清代总督和巡抚最主要的收入是规费，用通俗的话讲就是灰色收入。总督级的官员，规费的平均年收入是18万两，相当于3600万元。如果曾国藩的收入真的这么多的话，他可以是全大清帝国数一数二的高收入者。收入能够有如此天翻地覆的提升，曾国藩的生活水平提升了多少呢？

曾国藩的生活水平确实和做京官时有天翻地覆的变化，但不是提高了，而是降低了。首先在穿衣方面，曾国藩在总督时期，不仅是穿衣朴素，而且到了不修边幅的程

/ 油画《救治两江》，2009年，王浩辉作，现藏南京总统府。
画中人物左起：张之洞、李鸿章、左宗棠、曾国藩、刘坤一

度。这一印象得到了外国人的印证。洋枪队的首领戈登，在同治二年到安庆和曾国藩有一次见面，戈登的随员写了一本回忆录，提到了这次会面。这些外国人惊讶地发现，堂堂两江总督，衣服陈旧、打皱，还有斑斑的油渍，就是吃饭的时候不小心落的油渍。为什么曾国藩当总督的时候穿衣反而不讲究了呢？原因很简单，因为在两江这个地盘上，曾国藩就是最大的官员，他没有上级可以觐见，来见他的都是下属，他可以随便一些。

内方而外圆的非典型清官

曾国藩的资料中有一件有意思的是他给总督府的女眷定了一个功课表，因为曾国藩不允许在总督府内雇佣太多的仆人，人手不够用，曾国藩要求自己的女眷自力更生，自己动手做家务活。同治七年，曾国藩给女儿、儿媳妇定了一个工作日程表。每天早饭之后要做小菜、做点心、做酒浆，叫食事。上午纺花或织麻，叫衣事。中饭之后做刺绣之类的细工。晚上还要做鞋，这是粗工。所以总督府的女眷从早上睁开眼到晚上休息，几乎歇不了。如此的总督府家眷，我相信在大清王朝肯定找不到第二家。当时每天晚上，在南京的总督府里，曾国藩在一边秉烛批阅公事，他的女眷在一边点灯织布，应该说这是中国历史上非常动人的画面。这是曾国藩的清廉表现。

与此同时，他身上也有"浊"的一面。曾

> **曾国藩要求自己的女眷自力更生，自己动手做家务活。同治七年，曾国藩给女儿、儿媳妇定了一个工作日程表**

国藩也大吃大喝，在同治十年，曾国藩有一次到苏州去检查工作，他每天大部分的日程是请客吃饭。到临走前，他也摆了两桌请苏州的官员。这种做派和晚清的任何一个官员的做派都是一样。同时曾国藩晚年也要给在京的京官送冰敬、炭敬，总数达几千两白银。

曾国藩在官场上最大的一笔应酬发生在同治七年，因为这一年他从两江总督调任到直隶总督。他到北京去陛见慈禧太后和皇帝，出京的时候，按照当时官场的惯例，要给在京的官员送笔别敬，也就是分手礼。花了14000两白银，他觉得还不是很丰厚，和别人相比，钱数还不是很多。

总结曾国藩一生的经济收入和支出，我认为曾国藩是一个非典型的清官。一方面，他确实是清得问心无愧，并没有把一分钱纳入自己的私囊。但另一方面，他的"清"和中国传统历史上的清官做法不一样，他不像海瑞这些清官，清可见底，严格遵守国家的规定，国家规定不能拿一分钱，一分钱都不拿；国家规定不能办的事儿，一点也不办。我觉得这样的清官是门面式的清官，做不了任何实事。如果一个官员清到这种程度，就会成为官场上的公敌，大家都不会认可你。因为你这种做法显然暗示了别人都不清廉，你在官场上不可能有任何朋友，不可能有任何支持自己的力量。

曾国藩有一句话，他说"尤不愿得清官之名"，就是说他不想让别人认为自己是一个清官，他这种和光同尘、遵循官场的明规则和潜规则的做法，一定程度上缓和了他自己和官场的冲突，有利于他团结一切可以团结的力量，调动各方面的资源，为社会办一些大的事情。所以我认为曾国藩他是一个内清而外浊、内方而外圆的一个非典型的清官。

懂风水，但不独占好坟地

曾国藩比较会相面，每次接见生人的时候，有一个习惯，先不和你说话，让你坐在座位上，从上到下打量你，看上几分钟，然后再开口。这个习惯挺吓人，但曾国藩自己认为这是他鉴别人才的一种方式。

此外，曾国藩还会算卦，在他带兵打仗的时候，每一次遇到军事上举棋不定的时候，他都要翻开《易经》自己算卦，这种记载在他的日记中有15条之多。曾国藩还相信托梦、风水等。

其实在中国传统文化中，特别是在理学中，鬼神、风水是一个重要的组成部分。曾国藩是一个理学家，所以他迷信鬼神，研究风水，在当时并不是什么见不得人的事情，是一件非常光明正大的事情。

既然懂风水，曾国藩对自己将来葬地的风水当然不可能没有任何考虑。曾国藩晚年有一个朋友叫冯树堂，这个人非常善于查风水，晚年他自告奋勇对曾国藩说，要到湖南给曾国藩找坟地。曾国藩很高兴地答应了，冯树堂回到湖南之后，挑了整整半年多时间，给曾国藩找了一个上好的万年吉地，这个地方在湘乡的东台山。冯树堂给曾国藩写信汇报说，东台山的风水实在是太好了，如果曾国藩将来葬在这个地方，可以保证后世代代出举人、出进士。没想到，曾国藩回信说，这块地我不能要。因为这块地太好了，它关系到一县的文运，如果我埋在这儿的话，湘乡县的文运都被我曾家占有了，就会妨碍别人家文运的兴盛。这种事儿，我不会做。所以你再给我挑一块地，不用太好，只要能够保佑我的子孙平安就可以了。所以曾国藩去世之后葬在另外一个地方。即使在风水、迷信这一类事情上，也可以反映出曾国藩人格的与众不同。

（《文史参考》2011年22期）

左宗棠没有文凭也能发迹
火箭般飞升的政治明星

文 | 熊崧策

咸丰八年（1858年）十二月初三凌晨，翰林院编修郭嵩焘到乾清门外递谢恩折，前一天他被选为"南书房行走"，成了皇帝的机要秘书。等到黎明时分，一个苏拉（清廷勤务人员）告诉他：今天的召见有四起，军机大臣、僧格林沁、郭嵩焘、和润。在军机处房里又等了一会，郭嵩焘被带进养心殿西暖阁，三跪九叩，免冠谢恩："臣郭嵩焘叩谢皇上天恩。"

皇帝勉励郭嵩焘多读书，问郭嵩焘是否看兵书？看什么兵书？什么史书最好？之后他话锋一转，忽然问："汝可识左宗棠？"郭嵩焘："自小相识。"

咸丰："自然有书信来往？"郭嵩焘："有信来往。"

咸丰："汝寄左宗棠书，可以吾意谕之，当出为我办事。左宗棠所以不肯出。系何缘故？想系功名心淡。"

郭嵩焘："左宗棠自度秉性刚直，不能与世合，所以不肯出。抚臣骆秉章办事认真，与左宗棠性情契合，彼此亦不能相离。"

咸丰："左宗棠才干何如？"郭嵩焘："左宗棠才尽大，无不了之事，人品尤端正，所以人皆服他。"

咸丰："年若干岁？"郭嵩焘："四十七岁。"

咸丰："再过两年五十岁，精力衰矣。趁此时人尚强健，可以一出办事也，莫自己遭踏，汝须一劝劝他。"

郭嵩焘："臣也曾劝过他，他只觉自己性太刚，难与时合。在湖南亦是办军务，现在广西、贵州两省防剿，筹兵筹饷，多系左宗棠之力。"

咸丰："闻渠尚想会试？"郭嵩焘："有此语。"

咸丰："左宗棠何必以科名为重，文章报国与建功立业所得孰多？渠有如许才，也须得一出办事才好。"郭嵩焘："左宗棠为人是豪杰，每谈及天下事，感激奋发。皇上天恩如果用他，他也断无不出之理。"

就这样，在元老重臣、封疆大吏们多年热捧之下，连个进士文凭都没有的左宗棠，终于吸引了皇帝的注意力，成了一颗冉冉升起的政治明星。

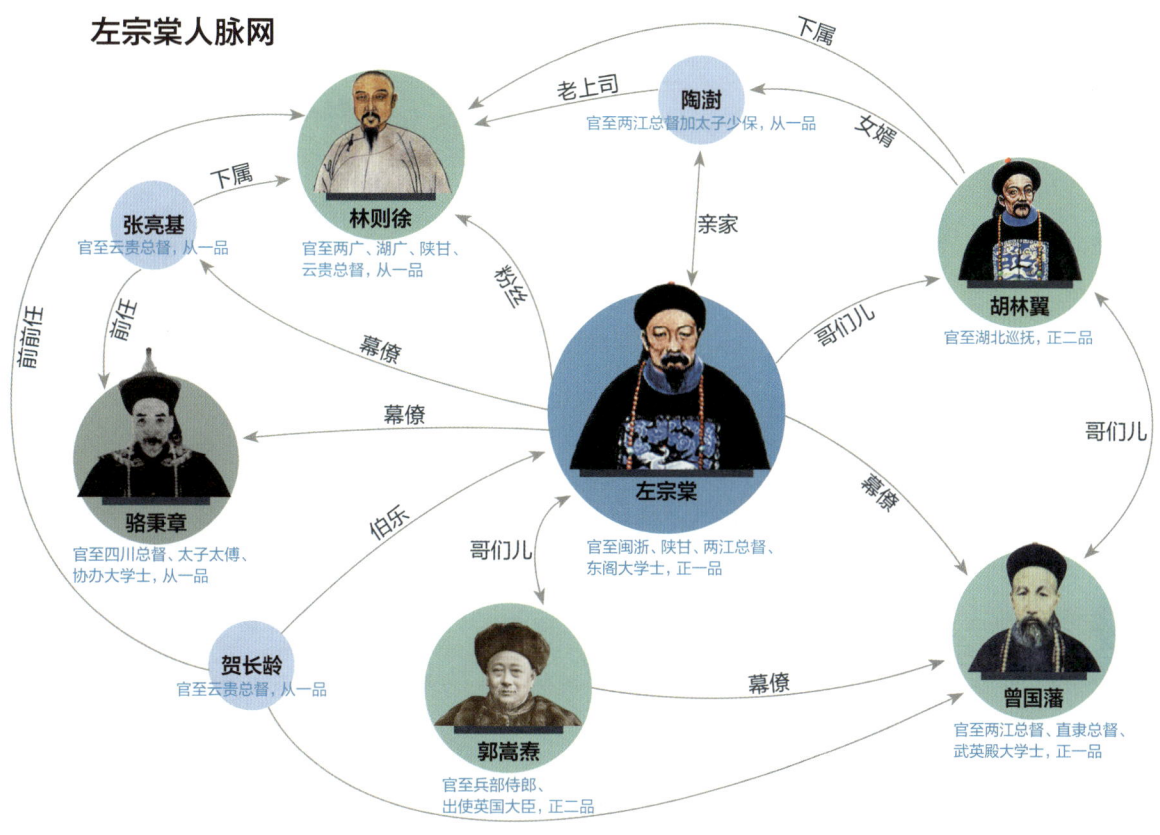

爱读课外书的孩子遭遇科举

左宗棠,字季高,清嘉庆十七年十月初七日(1812年11月10日)出生在湖南湘阴。他出生于一个传统的"耕读世家",听起来又有地产又有文化,像是小康,实际上四十亩地要养活十口人,日子并不宽裕。有一年遭天灾,全家人以糠屑做成饼充饥。左宗棠的父亲左观澜是个秀才,所以左宗棠开始读书就以父为师。每次作文之前,左观澜必让左宗棠再仔细体会《四书章句集注》,一字不许放过。没办法,那是科举考试的标准答案。

道光八年(1828年),左宗棠母亲去世,他守孝二十七个月,不能再参加任何考试。反正《四书章句集注》是个无底洞,在考上进士之前,谁也不敢说自己融会贯通。也就在这段时间,左宗棠有闲心读起课外书了。道光九年(1829年),左宗棠在书铺里购得清初历史地理学家顾祖禹的《读史方舆纪要》,又买到清初著名思想家顾炎武的《天下郡国利病书》和乾隆朝名臣齐召南的《水道提纲》，开始对地理大为留意。当然他和今天各种地理杂志的读者兴趣点不同，没有一颗背包族的心，他所关注的是军事地理：山川险要，战守态势。用兵者，如果对地形缺乏感觉，就像一个画家却是色盲。左宗棠的这种"感觉"，就培养于此时。

在时人看起来，这就是不务正业，大好时光用在这些"无用"书上。你怎么也得考中进士，有了敲门砖，做了官再去看这些有关"治国平天下"的书。当然，从小就自比诸葛亮，自称为"小亮"、"今亮"的左宗棠是听不进劝的。

道光十二年（1832年），左宗棠凑钱捐了个监生，才获得参加乡试的资格，结果他的文章被斥为遗卷。好在那一年是道光五十大寿，特命再从遗卷中挑出一些优秀的。主考官批览五千余卷，搜遗得六人，左宗棠位列六人之首，才在"复活赛"中胜出，考上举人。

发榜前，左宗棠与周诒端结婚，此时他父母双亡，没钱操办婚事，所以做了倒插门女婿。周家是湘潭的大财主，也是书香门第，周诒端是文艺女青年，除了能文善诗，还能帮左宗棠画地图。左宗棠不能挣钱养家，有些抬不起头来。不过周家对他很不错，丈母娘不但没看不起这个没钱没官的女婿，还拿出百两银子给他北上考试当路费。

1833年、1835年、1838年，左宗棠三次

▲ / 左宗棠真影之一，正面官服像

赴京参加会试不第。第二次本来他都中了，结果考官发现湖南多录一名，又给取消了。第三次铩羽而归后，他决定再也不考了。

你说他不行吧，人家还能沾点边；你说他行吧，关键时刻又掉链子——这就是爱读课外书的孩子在面对应试教育时的悲哀。

穷举人和总督结亲家

有失必有得，此时左宗棠的眼光和志向已非纠缠于《四书》义理中的举子们所能比。

/ 左宗棠真影之二，侧面读书像

对于这一点，那些科场过来人、政治的实际操作者们是洞若观火的。所以，左宗棠在成为高官之前的几十年，屡屡被高官所看重。

第一个是道光名臣贺长龄。道光十年（1830年），时任浙江布政使的贺长龄一度住在长沙，左宗棠登门拜访。一见之下，贺长龄为其年少博学而欣喜，竟"以国士见待"，实际上当时左宗棠连个秀才都不是。左宗棠说自己爱看书，但没钱买书，贺长龄就出借家中所藏。左宗棠每借书，堂堂省级干部贺长龄亲自登梯取书，上上下下，不厌其烦。

左宗棠每还书，贺长龄必考问读书心得。在贺长龄这里，左宗棠首次看到了由贺长龄主持、魏源编辑的《皇朝经世文编》。此书收录清初以来两百多年的官员奏稿和学者著述，左宗棠的课外读物又多了一种——各种红头文件及领导批示。

第二个是两江总督陶澍。1836年，左宗棠就任醴陵渌江书院山长。同年9月，知县得知两江总督陶澍因江西检阅军伍后赴安化省路过，特意准备了馆舍，左宗棠应知县之邀写了副对联。陶澍一看，大为激赏，当下提出要见作者。左宗棠写了什么？上联：春殿语从容，廿载家山印心石在。这是说道光召见陶澍，并特赐御笔"印心石屋"匾额。下联：大江流日夜，八州子弟翘首公归。说的是陶澍远祖、东晋名臣陶侃都督八州军事的荣耀。说俗点就是左宗棠用一种高明而文雅的方式把陶澍祖宗十八代的马屁都拍到了。两人一见面，越谈越投机，陶澍当下决定在此处留宿一夜。

左宗棠第三次会试不中之后，专程跑到南京两江总督府拜访。陶澍竟然为自己的七岁幼子陶桄求婚于左宗棠的长女，两江总督竟然要和穷举人结亲家，而且两人年龄相差34岁。左宗棠当然辞谢不敢当，陶澍说："君他日功名，必在老夫上。"并说自己年老而子幼，要将教育陶桄的责任交给左宗棠，这等于是托孤之举。左慨然允诺了此前那门娃娃亲。一年后陶澍去世，左宗棠赶到湖南安化陶澍府邸，教了陶桄八年书。在这里，左宗棠能看到陶澍的大量藏书，更重要的是能看到陶澍为官期间的奏稿、书信，这不啻了解官场运作的最佳捷径。

与林则徐历史性的会见

第三个是林则徐。早在鸦片战争时期，左宗棠就对林则徐推崇不已，当时他对战局极为关心。他在给老师的信中大谈抵御英军的战守方略。那时不像现在，没有强国论坛和铁血社区，一介书生的意见也无从让世人知晓。后来林则徐充军伊犁，用左宗棠的话说，他的心都跟着林公西行万里。

促成两人相见的是胡林翼。左、胡两家是世交，胡林翼大几个月。道光十三年（1833年）那次会试，两人在京一见定交，彻夜畅谈古今大势，相处甚欢。胡林翼的夫人是陶澍的女儿，后来左宗棠成了陶澍的亲家，胡反而低了左一辈，不过他也无所谓，称呼左宗棠为"季丈"。当林则徐在云贵总督任上时，胡林翼是他的下属，向林推荐了左，称左宗棠为"楚才第一"。林则徐当下召左宗棠为幕僚，不过左宗棠要教育陶桄，只能"西望滇池，孤怀怅结"。

道光二十九年（1849年）冬，林则徐因病卸云贵总督职，回福建途中经过长沙，遣

/ 左宗棠书法作品

人招左宗棠到舟中相见。左宗棠到后，林马上将其他官员辞退，单独见左一人，随侍在旁的只有他的两个儿子。林则徐命开船，停

泊在岳麓山下。两人整整谈了一夜。新疆问题是重点，林则徐认为英法不足惧，俄罗斯才是中国的大敌，他对左宗棠说："东南洋夷，能御之者或有人；西定新疆，舍君莫属"。就凭预言在二十多年后应验，这就堪称一次历史性的会面。

临别，林则徐写了一副对联赠给左宗棠："此地有崇山、峻岭、茂林、修竹；是能读三坟、五典、八索、九邱"。不久，林则徐去世，在遗折中还提到了左宗棠。

终于等来"三顾茅庐"

得到高人指点是一回事，一展胸中所学是另外一回事。一般情况下，没有进士学历的人，也不大可能在政治上有什么大作为。左宗棠也明白这点，他四十岁出头的时候，拿出历年做教书先生的收入，买下七十亩田，终于有了自己的小家业。他自号"湘上农人"，打算从此做一个"太平有道之民"。

不过，时势没有给左宗棠就此安度一生的机会，陶澍和林则徐早已预见到天下将乱，必有左宗棠趁势而起的机会。咸丰元年（1851年），太平军兴，第二年从广西攻入湖南，围困长沙。左宗棠急忙举家避居湘阴与长沙交界处的东山白水洞。同时，清廷也对人事进行了重大调整，云南巡抚张亮基被调到湖南巡抚任上。张亮基曾和胡林翼同在林则徐手下共事，胡林翼趁势向他推荐通晓军事的左宗棠，在当时这可是稀缺人才。从云南赴湖南的路上，张亮基三次派专人携书信到山中请左出山入幕，对左是"思君如饥渴"，"今亮"左宗棠终于可以体验被"三顾茅庐"的快感。加上胡林翼、郭嵩焘等人的劝说，他终于决定出山。

咸丰二年八月二十四日（1852年10月7日），左宗棠与张亮基进入长沙城。入城后，张亮基马上就让左宗棠接管军事。左宗棠在城内设立军需总局支应一切，开内濠、造军械。他看出当时太平军背靠湘江驻扎于长沙城南，而清军援兵集结在城东北，只有西路是太平军的粮食补给线和撤退路线，如果派一军西渡湘江，就有可能把太平军聚而歼之。不过，当时的长沙城里有一个中堂、三个巡抚、三个提督、十二个总兵，城外还有两个总督在晃悠。张亮基虽然采纳了左宗棠的意见，但却调不动分属不同山头的兵。清廷调集六七万人马严防死守，太平军没能打下长沙，转入湖北，于咸丰二年十二月初四（1853年1月12日）攻克武昌，之后顺江而下。

由于防守湖南有功，清廷下旨以知县用，加同知衔，左宗棠终于算个官了。他见到了办团练的曾国藩，评价曾："其人正派而肯任事，但才具稍欠开展，与仆甚相得，惜其来之迟也"。相见恨晚之中多少有一丝瞧不上眼。

张亮基保住了长沙，清廷把他调到了武昌，出任湖广总督，左宗棠一同前往。不久，张亮基再被调到山东，左宗棠遂决定离开张亮基幕府，结束了第一次幕僚生涯。

骆巡抚信任左师爷

左宗棠此次出山，稍露锋芒，名声大振。他刚回家不久，再次收到了做幕宾的邀请，这邀请来自新任湖南巡抚骆秉章。这一次，骆秉章又派人请了三次，但左宗棠以一年来幕宾生涯使其"心血耗竭"为由不答应。按照左宗棠的说法，后来又答应骆秉章是因为太平军攻入湘阴，距他居所只有五十里，并派兵出来要取他项上人头。还有一些记载是说骆秉章用上了"苦肉计"，把陶桄关入衙门，扬言如果不捐资入饷将对陶桄用刑。左宗棠哪里能让爱婿受辱，跑去理论。骆秉章笑着说："正欲公出耳，陶公子岂敢加以非礼？"左宗棠这就留了下来。

如果骆秉章问："季高，这事你怎么看？"左宗棠只答："骆大人，我觉得此事有蹊跷。"这种主客关系是左宗棠不能允许的。他是那种强势型师爷，要的是事无大小自己拍板，说白了就是把骆秉章架空。这就需要骆秉章不但要有识人之才，还要有用人之度。有趣的是，这两条他还真有，两人磨合了一年后，骆秉章就乐得做甩手掌柜了。

关于骆秉章如何信任左宗棠，段子有很多。有一天骆秉章忽然听见辕门炮响，问左右怎么回事，答："左师爷发军报折也。"当时向京城发军报都要放炮。骆秉章点了点头，慢条斯理地说："把折稿取过来看一眼呗。"要知道，左宗棠是没资格递折子的，他

> **要知道，左宗棠是没资格递折子的，他用的是骆秉章的名义，要是里面夹带点大逆不道的话语，湖南巡抚脑袋怕是要落地**

用的是骆秉章的名义，要是里面夹带点大逆不道的话语，湖南巡抚脑袋怕是要落地。有时左宗棠半夜写好一份奏折，跑去砸骆秉章的门，六十多岁的骆秉章起床看折，叫一声绝，拿酒对饮几杯再把左师爷送走。湖南官员有什么事情找巡抚请示，骆大人大手一挥：找左三先生去（左宗棠排行老三）。按照清朝官制，巡抚例加"右副都御史"衔，但人们都戏称左宗棠是"左都御史"，谁大谁小一目了然。

身为六品官的左宗棠，实际上掌握着二品官的大权，他以"才品猥鄙"、"心地糊涂"、

"年力衰迈"等名义参去一帮官员,再以"政声素著"、"民情爱戴"、"操守谨严"提拔一干官员。为了给湘军提供粮饷,他想了两个开源的办法:一是抽厘,也就是收商业税;二是减漕,当时在正税之上,各级官府层层加码的苛捐杂税比较多,这导致民间怨声载道,税也收不上来。左宗棠索性把正税提高,把其他杂项一律废除,并且使用士绅征收,免得经各级官员之手雁过拔翎。这两项措施使得并不富裕的湖南能拿出两百万两饷银。此外他大力扩军,在把太平军赶出湖南后,又出兵外援周边五省。像咸丰七年(1857年)曾国藩丁忧回家守制,入赣湘军实际上是左宗棠在遥控指挥,湖南成了湘军稳固的大后方。

当然,骆秉章也是功不可没,他其实没有表面上看起来那么废柴。在当巡抚之前,他做过三省布政使,绝对是理财专家,抽厘、减漕没有他的力主也推行不起来。说他不懂军事吧,后来他在没有左宗棠的情况下带兵入川,让石达开魂断大渡河。或许是在左宗棠身边久了,学了个皮毛就收拾了穷途末路的翼王?

三地联动大营救

左宗棠勇于任事,必然也就少不了得罪人,况且他还有些名不正言不顺,这点他自己也清楚,说自己"不绅不幕,踪迹太幻"、"为世所指目"。此前朝廷曾想调他赴别处做官,骆秉章拒不放人。细品咸丰与郭嵩焘的对话,皇帝对身负大才却又游离在体制边缘的左宗棠,关注之中暗含警告。到咸丰八年(1858年)起的一场风波,差点要了他的性命。

永州镇总兵樊燮见骆秉章,被骆巡抚照例推到了左师爷处。樊燮人品不佳,左宗棠本就有些看不顺眼,他见了左宗棠随便拱手作了个揖。左宗棠心中不爽,大喝:"武官见我,无论大小,皆要请安,汝何不然?快请安。"这是要让樊燮单膝跪地。樊燮回嘴:"朝廷体制,未定武官见师爷请安之例,武官虽轻,我亦朝廷三品官也。"这事按理说是左宗棠有些嚣张了,朝廷确没有总兵给师爷请安之礼,但左宗棠连骆巡抚、曾侍郎都不见得放在眼里,哪里容得下一个军分区司令员乍翅,起身就准备踹过去——还有说法是左宗棠当时就扇了樊燮耳光,嘴里骂道:"王八蛋,滚出去。"(出自刘禺生《世载堂杂忆》)樊燮愤愤而退,两人就此结了梁子。

当年八月,樊燮跑到武昌,不知道怎么和湖广总督官文套上了近乎,官文保举樊燮为署理湖南提督。左宗棠哪里容得下樊燮再回湖南当省军区司令,代骆秉章连拟几折参劾樊燮,说樊燮违反规定坐轿、把士兵当家奴使,还有挪用军费等经济问题。咸丰下旨,把樊燮开除公职,押回湖南等候查办。

左宗棠不但要罢了樊燮的官，还要追究其刑事责任，要么不整，要整就往死里整。樊燮狗急跳墙，先把有些罪认了，再在官文和湖南布政使文格的挑唆下反咬一口，告骆秉章滥保举，左宗棠把持湘政并受贿。官文也严厉参劾骆秉章和左宗棠。案件的性质从经济问题变成了湖南官场相互倾轧的内斗。之前对左宗棠印象还不错的咸丰甚至动了杀机，派钦差钱宝琛与官文逮捕左宗棠至武昌审判，如左宗棠"果有不法情事可即就地正法"。

左宗棠在骆秉章幕府是待不下去了，咸丰十年正月（1860年2月）从长沙北上，要赴京应试证明自己。到了襄阳，收到胡林翼的口信，说诬告者意犹未尽，网络遍布。左宗棠又调头，准备到曾国藩那里当个营官冲锋陷阵。胜了，可以一展多年来讨贼之志，败了，死于太平军之手总比死于小人之手好。

此时，曾国藩和胡林翼大为紧张，为了避嫌，他们俩是不好直接向皇帝求情的。钱宝琛是曾国藩门生，曾国藩通过这层关系求钱宝琛对左宗棠网开一面。胡林翼和官文关系不错，直接写信撒泼耍赖，说左宗棠性格刚烈高傲，历年来在和湖广总督打交道时多有失礼。"敬求中堂老兄格外垂念，免提左生之名，此系林翼一人私情，并无道理可说，惟有烧香拜佛，一意诚求，必望老兄俯允而已。"

当时权臣肃顺身边也有几个湖南人——郭嵩焘、王闿运，他们心急火燎地求救于肃顺。肃顺不好直接开口，免得被咸丰怀疑结交外臣，说："必须有人上疏保荐，我才好开口。"郭嵩焘找到同值南书房的潘祖荫，求这个和左宗棠未曾谋面的江苏人去上疏。潘祖荫在疏中先列举了左宗棠在湖南的功劳，然后扔出了一句牛逼哄哄的话，绝对可以入选晚清十大名言——是国家不可一日无湖南，而湖南不可一日无宗棠也。咸丰再征求肃顺的意见，肃顺答："骆秉章的功劳实际都是左的功劳。"

没过多久，曾国藩接到了特旨，咸丰认为官文是听信传言，应该为左宗棠昭雪，并问左宗棠怎么安排？曾国藩复奏，说左宗棠放到哪里都发光，只要皇帝明降谕旨，让他安心做事。胡林翼再上疏保举，说左宗棠"名满天下，谤亦随之"。建议左宗棠募兵六千，开赴江西。咸丰十年（1860年）五月，咸丰谕令："左宗棠以四品京堂候补襄办曾国藩军务。"此前左的官衔是兵部郎中。一场大祸化解于无形，左宗棠因祸得福，从此飞黄腾达。

咸丰十一年（1861年）年底，左宗棠官至浙江巡抚，同治二年（1863年），升任闽浙总督。从正五品的兵部员外郎到从一品的总督，他用了三年时间。不鸣则已，一鸣惊人，左宗棠用收复浙江的军功和火箭般的升官速度点亮了大清朝。

（《文史参考》2012年23期）

湘军CEO胡林翼
一盘很大的棋没下完

文 | 熊崧策

咸丰十一年（1861年）五月十三日一大早，坐镇东流（今安徽东至县）指挥安庆战役的两江总督曾国藩坐上大船，溯江而上五十里，到达香口镇。船停后他看起来有点无所事事，写信、下棋、小睡、练字、读杜诗、清理文件。那天，已经接近夏至的江南整日阴雨，气温骤降，冷得让人想穿棉衣。曾国藩不知道，这预兆着什么。

这段时间，困扰曾国藩一生的牛皮癣发作，瘙痒难耐，用药洗、吃"熟地蒸肉"去火，用处都不大，整日里都是在挠背中度过，连睡后都是"手不停爬"。十四日，由于北风劲吹，在此等候的那艘船没有如约而至，更让他焦躁不已。

十五日正午，曾国藩终于等到了他要见的那个人——湖北巡抚胡林翼，后者坐船从安徽太湖返回治所湖北武昌。之后的三天，两位封疆大吏连日长谈，军事、政事、天下事。胡林翼咯血严重，每日吐血两百口，神

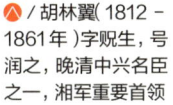

△ / 胡林翼（1812 – 1861年）字贶生，号润之，晚清中兴名臣之一，湘军重要首领

情委顿。曾国藩为之忧惧不已，他开玩笑给胡宽心："你咳个不停，我挠个不停，倒是我看起来更狼狈一些。"

战局按照胡林翼湘军东征的计划有条不紊地进行，曾国荃拿下安庆指日可待，安徽已不需要胡林翼操心。十八日下午，胡林翼开船，曾国藩送行。曾国藩没有想到的是，这是他和胡林翼见的最后一面。

官二代的花样年华

胡林翼，字贶生，号润芝，嘉庆十七年六月初六（1812年7月14日）出生在湖南益阳。胡林翼是长子长孙，从小就是家里的掌上明珠。他七岁的时候结下一门娃娃亲，岳父是后来官至两江总督的陶澍。喜事成双，同年胡林翼的父亲胡达源高中探花，授职为翰林院编修。胡林翼从九岁起就开始了在北京的"官二代"生活，所以相对于曾国藩和

△ /《将臣图》之胡林翼,清,吴友如作

左宗棠,他对高层的政治生态也开悟最早。

道光十年(1830年),胡林翼和陶澍之女完婚,之后他在岳父的两江总督衙门盘桓了两年。陶澍公务闲暇常找女婿聊天,让胡林翼受益匪浅。这段时间,胡林翼最让后世感兴趣的事迹莫过于他的花边新闻。南京城中的六朝金粉,让胡林翼流连于秦淮风月,耽于女色。新婚的姑爷如此做派,让总督衙门的幕僚们有些看不过去,将此情形告诉陶澍。陶澍倒看得很开:"润芝之才,他日为国勤劳,将十倍于我。后此当无暇行乐。此时姑纵之,以预偿其日后之劳也。"

还有一条史料为胡林翼的生活作风问题提供了佐证:据说他在北京做翰林之后,与朋友周寿昌逛"夜店"。风化纠察队突击检查,周寿昌反应快,躲进厨房,换上厨师的衣服蒙混过关。胡林翼点背一些,被绑至兵马司接受讯问。按照当时的规定,"凡官吏宿娼者杖六十"，然后革职。胡林翼硬是没敢吐露自己的真实身份，饱受兵卒的欺辱。临难相弃，周寿昌这个朋友不够意思，第二天，胡林翼就和周寿昌绝交。周是湖南善化（今长沙）人，胡林翼后来招募士兵时严令"善化籍城市油滑之人"不得入伍。而周寿昌虽是进士，但在咸丰年间没有在湘军中获得任何职务。

有人说胡林翼有妻有妾，却无子嗣，是年轻时行为不检落下的病根，这纯属无稽之谈，他没儿子却有两个女儿。不过，苍蝇不叮无缝的蛋，年轻时的胡林翼是个放荡不羁的花花公子该是没什么问题的。

高官集资给"黑翰林"捐知府

玩归玩，胡林翼学习成绩非常优异，1835年中举，第二年会试"连捷"中了进士。在当翰林期间，朝廷每次大考，胡林翼也都名列前茅。1839年，27岁的他就当了会试同考官，再任江南乡试副主考。当时的翰林有"红"、"黑"之分，考试成绩好的经常能得到差事，不但收入多，姓名也简在帝心，升迁自不用发愁，是为"红翰林"。"黑翰林"刚好相反，考试成绩中下，数年得不到一差，升官发财都没指望。胡林翼绝对是"红翰林"，前景一片光明。

人太顺了就得跌跟头。1839年的这次江南乡试，主考官是满人文庆，和胡林翼关系不错，但他在考试期间病倒了，根本无法阅卷。一个人在三十多天要阅一万四千份卷子，胡林翼吃不消，他违规把一个叫熊少牧的湖南举人带进考场帮忙。没想到事情暴露，文庆被革职，胡林翼则降一级调用，"红翰林"就此变"黑"。

此时，胡林翼还遭到两个噩耗的打击。先是岳父陶澍去世，让他失去了在政坛最重要也是最亲近的靠山。父亲胡达源辞世，让胡林翼终止了京官生涯，回家守制。等到他三年丁忧期满，还得自从七品的内阁中书干起，那是一个钱少活少升迁慢的职位。而比他晚中进士的曾国藩，此时已是从五品的翰林院侍讲。胡林翼颇觉心灰意懒，前途无望，迟迟不愿意出山。

一个青年才俊就此沉沦，是胡林翼家父和岳父的朋友们不愿意看到的。胡达源的同年进士、两淮盐运使但明伦指了一条路——捐官，而且要一步到位，得是地方官、一把手。这需要的钱可不是一个小数，两淮盐运使是个肥差，但明伦出大头，剩下的则由三个大学士潘世恩、卓秉恬、陈官俊以及陕西巡抚林则徐、云贵总督陆建瀛凑齐，总共一万五千两。曾国藩对高干子弟的人脉啧啧称奇："不费囊中一钱，而一呼云集。"

对于愿意出一万五千两银子的客户，政府是提供VIP服务的——可以自由选择做官的省份。出人意料的是，胡林翼没有考虑东南沿海经济发达地区，而是选了"老少边穷"的贵州。他是这样解释的：一般人买官都指望着在任上收回投资，而高官们凑钱给他并不要求经济回报，从一个贫瘠的地方干起，更能保证清廉的作风，不负叔伯们的期望。

1847年，胡林翼抵达贵州，署安顺知府，此后他在贵州待了五年多，政绩突出，声望日隆，成了邻近诸省督抚大员们图谋争抢的香饽饽，连远在北京的皇帝都知道他的才干。从纨绔子弟到优秀地方官，成就胡林翼"浪子回头"式转型的关键词，是既老生常谈又颠扑不破的"挫折"。

加盟湘军，收复武昌

胡林翼最被疆臣们看中的能力是剿匪，当太平军席卷两湖，特别是湖北局势全省糜烂时，胡林翼被湖广总督吴文镕调到湖北参战。咸丰四年（1854年）初，胡林翼带着六百黔勇取道岳州入鄂，就在这个节骨眼上，吴文镕战死，胡林翼成了没人要的孤儿，不知该往何处去。胡林翼曾向林则徐、湖广总督程矞采、湖南巡抚张亮基推荐过左宗棠，此时左宗棠在湖南巡抚骆秉章那里当幕僚。而曾国藩在衡阳练水师，和胡的关系也不错。在曾、左的运作下，胡林翼的粮饷由湖南划拨，部队归曾国藩指挥，正式加盟湘军。

最初的一年多，胡林翼的表现很一般，因为手里兵少，湖南方面的粮饷接济也不及时，好一阵子无事可做。咸丰四年（1854年）十一月，曾国藩打湖口，主力是塔齐布、罗泽南，胡林翼跟在后面打酱油。不过他官升得很快，出贵州还是个道员，先升按察使、

胡林翼曾向林则徐、湖广总督程矞采、湖南巡抚张亮基推荐过左宗棠，此时左宗棠在湖南巡抚骆秉章那里当幕僚

再提布政使，已是从二品的高官。咸丰五年（1855年）二月，武汉三镇第三次被太平军攻下，湖北巡抚陶恩铭自杀，朝廷命胡林翼署理湖北巡抚。在战区官运亨通不是一件好事，而湖北巡抚几乎是当时中国最为高风险的职业，此前四个巡抚的死法分别是自缢、服毒、弃市、投水——现在轮到胡林翼接手这个烫手山芋了，首要任务是，得先把自己的法定办公场所收回来。

曾国藩知道武昌的重要性，给胡林翼派来了湘军的精锐罗泽南部以及杨载福的外江水师，咸丰五年十月，胡、罗会师，直逼武

昌，历时一年的武昌攻坚战打响。第二年年初，太平天国翼王石达开率大军进攻江西，曾国藩希望罗泽南回援。分身乏术的罗泽南决定对武昌发起猛攻，二月二十八日，他在督战时额部中枪，三月初八伤重不治而亡，部队由李续宾接管。胡林翼痛定思痛，深知攻下武汉不能一蹴而就，在和李续宾商议后，他决定禁止攻坚，在武昌城外挖两道壕沟，采取围点打援的战术，内困守军、外阻援军。当年十一月，外无救兵内无粮草的太平军倾城出击，除少部分突围外，近两万人被斩俘，武昌、汉口同日克复，湘军趁势肃清湖北。胡林翼的湖北巡抚不再是"代理"，成为湘系人物中第一个有真正施政条件的封疆大吏。

胡林翼终于可以名正言顺地在自己的地盘上大展拳脚了，在这之前，他得解决一个麻烦的问题——督抚同城。

搞定总督，军政大权一把抓

武昌不只是胡林翼的办公地，也是湖广总督官文的办公地。按照清代的官制，总督的品级虽然比巡抚高，但两者绝不是上下级关系，笼统地说，总督偏军事、巡抚偏民政，但是职权并没有具体的划分。最麻烦的情况出现在武昌、福州、广州、昆明，既有总督又有巡抚，两个老大抬头不见低头见，于是乎督抚之争就在这四个城市轮流上演。

官文是满洲正白旗人，内务府出身，能力平庸，还很贪财，但他是满臣，俨然是清廷在中南战场的监军。胡林翼不大瞧得起官文，抓住官文收取贿赂的证据，写好奏折准备参官文一本。

胡林翼有个幕僚叫阎敬铭，后来官至户部尚书，号称晚清第一理财高手，他看了奏折后大为摇头：督抚之争双方都难保必胜，即便是你胡林翼赢了，难道不引来朝廷对你的猜忌？就算换来的新总督清正廉明，勤于政事，岂能事事让人？官文就喜好点小钱，一年拨十万两让他花销，他所有的缺点对你胡林翼来说都是优点，真是求之不得的好总督啊。恍然大悟的胡林翼这才赶紧通过各种渠道向官文示好。

当时的湖北官场有一个官员叫庄受祺，记载了这样一件事情。官文有个姨太太，很受宠。姨太太过生日想摆场酒席，遍请满城文武。官员们接到请柬以为是总督的夫人过寿，等到了现场才知道庆生的是小妾。堂堂朝廷命官给小妾拜寿，有些人觉得受了侮辱，站在门口议论纷纷。胡林翼对官员们的意见很赞赏，但还是堂而皇之地递上贺帖，进去拜寿。别人一看连巡抚都进去了，也都鱼贯而入。胡林翼如此撑面子让官文两口子很是感激。趁热打铁，胡林翼让母亲收这个姨太太为干女儿，自己变成了官文的大舅哥。此后，胡林翼满足了官文捞钱的欲望，有功都把官文摆在前面。官文也乐得当甩手掌柜，对胡林翼言听计从。

搞定了官文，胡林翼终于摆脱掣肘，他弹劾湖北省数十名官员，然后又破格任命他所赏识"精明练达"的官员，整个湖北从布政使、按察使到州县官，慢慢全部变成他的亲信。他把湖广总督和湖北巡抚的粮台合并，把控了整个湖北的收支调控权，建立了一套相当独立的地方财政体系。为了防止胥吏中饱私囊，他让没有实职便于驾驭的士绅掌管厘金（商业税）的抽取，把抽厘之权由州县收归督抚，紧握财源。在他各种开源节流的措施下，湖北在咸丰八年（1858年）能支撑400万两的军费开支。相比较湖南，两省在太平军兴之前财政收入差不多，但湖南财政就是经过骆秉章和左宗棠这样的能臣打理后，一年筹饷也不过200万两。曾国藩惊叹胡林翼"将天下第一破烂之省，变为天下第一富强之省"。湖北成了湘军东征的大本营。

有钱当然是为了扩军，到咸丰十一年（1861年）时，胡部湘军已从几千人发展到"马步六万人"，而在江西的曾部湘军很多时候也依赖湖北的接济，曾国藩说自己："水陆数万人，皆仗胡公以生以成。"不过胡林翼始终自居曾国藩之下，说："小店本钱，出自老板"。从后来两人的分工看，曾国藩更像湘军的创始人兼董事长，负责向东开拓新

△ /《将臣图》之官文，清，吴友如作

业务。胡林翼则是湘军CEO，坐镇总部，负责日常经营。

民政、财政、军事、人事，胡林翼大权独揽，这同时也削弱了中央对地方的控制。他的做法被后来的湘系大员们所仿效，晚清督抚专权局面的形成，胡林翼可谓开风气之先。

爱将要钱，曾国藩不给胡林翼给

胡林翼是个爱才的人，他在武昌设立"储材馆"（后易名为"宝善堂"），专门延揽人才。他也喜欢向朝廷推荐人才，这些人也不一定都是湖南湖北人，有些甚至和胡林翼

/《将臣图》之鲍超，清，吴友如作

未曾谋面。不拘一格、放手任用这些优点他都有，最经典的案例莫过于他对湘军名将鲍超的挖掘和栽培。

鲍超是四川人，家境贫寒，也不大识字，17岁就到绿营当了兵，后来加入湘军，一开始在水师，也是从普通一兵做起。他作战勇敢，每临战，用力划桨冲前，收队时，停止划桨殿后，到咸丰五年（1855年），已经是一名营官。当年八月，时为署理湖北巡抚的胡林翼和太平军战于㟁（zhā）山（今武汉市蔡甸区），由于三个月没发饷，士兵一哄而散。胡林翼恼羞成怒，上马直奔敌阵意图战死。没想到马却朝着长江狂奔而去，怎么也止不下

来。这时鲍超刚好在江边的一艘船上，赶紧把巡抚大人救下来。胡林翼就此和鲍超约为兄弟。

胡林翼开始观察起这个小他16岁的义弟，他发现鲍超经常上岸杀敌，竟然是一个两栖人才。咸丰六年（1856年），胡林翼派鲍超赴湖南招募兵勇3000人，由水转陆，自成一军。鲍超本来字春亭，胡林翼取"如雷如霆"意，改为"春霆"，大名鼎鼎的"霆军"自此诞生，在和太平军的作战中，创下了不败战绩。

咸丰十年（1860年）太湖战役之后，鲍超回川省亲，迟迟不归。当时鲍超划归曾国藩指挥，曾被困江西祁门，形势危急。胡林翼写信24封催鲍超速返。鲍超走到半路，向曾国藩借银两千两寄回家，曾回书斥责："今且未立一功，先谋家室，将何以服前敌军心？"胡比曾要圆滑一些，赶紧寄了三千两出去，鲍超深为感激。

胡林翼笼络将领时很舍得花钱，只要一去都兴阿、多隆阿、杨载福这些重要将领军营视察，500两红包立即派出，过年发年终奖都是1000两，以至于他的大管家阎敬铭不愿意拨付这种计划外支出。胡林翼给阎写长信，又是讲道理又是谈感情——要钱。相比较曾国藩拿素菜招待客人，胡林翼排场要大得多，他的军营里是三天一宴，美酒佳肴。他也给自己定下了每日读书的功课，不过一

般都是幕僚朗诵，他听。

英年早逝的中兴名臣

胡林翼曾劝曾国藩"包揽把持，恢廓宏远"，要敢于承担责任，做事情要看得远。曾国藩性格有点临事而惧，手脚不大能放得开。这八字方针实际上是胡林翼的座右铭，湘军从武昌顺流而下依次攻取九江、安庆、天京的战略，最早在他的脑海里成形。曾国藩一当上两江总督，胡林翼就说应该再起两军，一出杭州、一出淮阳，此计划实际上后来被左宗棠和李鸿章实施。

胡林翼眼光也不局限于湖北一省，手伸得相当长。石达开入川，胡借此机会推荐曾国藩当四川总督，朝廷没答应，胡再荐湘系人物刘长佑，朝廷驳回，但选择了和湘军关系良好的湖南巡抚骆秉章。骆秉章以湘系人物刘蓉为四川布政使，从此湘军染指四川。而骆秉章留下的湖南巡抚一职被胡林翼亲信毛鸿宾接任。在安徽、河南一带剿捻的胜保和安徽巡抚翁同书关系不好，胜保又是湘军的政敌。胡林翼给翁同书出主意，让翁一遍一遍地向朝廷推荐剿捻大臣袁甲三。胜保最终被排挤出安徽。后来胡林翼又参奏翁同书，而湘军将领李续宜、彭玉麟、唐训方先后出任安徽巡抚。和湖北接壤的省份胡就不放过，推荐亲信严树森出任河南巡抚。曾国藩刚当上两江总督，胡给曾写信：赶紧让李鸿章、沈葆桢分任江苏、江西巡抚。

所谋如此"恢廓宏远"，其忧思劳神可想而知。从1854年起，胡林翼就开始失眠，而且越来越严重，伴随着失眠的还有腹泻，三五天就要病一场。战场上的压力让他肝火也很旺，咸丰十年（1860年）春节，鲍超被围，凡是到胡林翼营中拜年的将吏进去就被劈头盖脸一顿骂。曾国藩说他："平日心血用得太过。"

1861年初，陈玉成攻入湖北，胡林翼一番焦虑病势加重，开始吐血。有则故事，说胡林翼骑马赴安庆观察地势，见洋船往来江上迅捷如风，愤而吐血。其不可信在于，此时胡林翼大部分时间卧床不起，是不可能从太湖大营远赴二百余里之外的安庆的。当年五月和曾国藩分手后，胡林翼回到武昌休养，说自己："欲耽半夜之美睡亦不可得，而百年之美睡又不即至，吾已矣夫。"八月，咸丰驾崩的消息传来，胡林翼在给曾国藩的信中用"忧惧"两字来形容自己的心情，病情更为恶化。

1861年9月30日，胡林翼病逝于武昌衙署，享年四十九岁。

中兴四大名臣之一的胡林翼实在是死得太早了！以他的才干和地位，再多活个十年会是什么成就？"三千年未有之大变局"，他又会以何种方式面对？请大胆猜想。

（《文史参考》2012年14期）

冯草创 杨统筹 萧冲锋 韦投资 石组团
洪秀全和他的创业团队

文 | 纪彭

从在紫荆山区的山野村夫中传播"拜上帝会",到席卷大江南北的太平天国,洪秀全和他的草根创业团队只用了三四年的时间,就创造出一个"人间天国",完成了从紫荆山区、永安县城、席卷江南、到定都南京的跨越式发展。但是,这个落第秀才和边远山区赤贫户们组成的草根团队,很快就遭遇了由他们出身所决定的"创业天花板"。小天堂刚刚建立起来,团队骨干与生俱来的农民意识和创业初期就形成的山头利益,很快引爆了太平天国内部一轮惨烈的自相残杀。内讧使团队骨干以及大批核心员工死的死、逃的逃,"天国"大业急转直下。

到1857年,"首义六王"中,还在天京者只剩"天王"一人。1861年2月,洪秀全自说自话地宣布把"太平天国"的国号改为"天父天兄天王太平天国",把一家"股份制"的合伙公司彻底变成了洪秀全独资的"家族企业"。此举遭到了主要将领,尤其是李秀成、李世贤的联合抵制。至此,洪秀全和他的天国理想彻底失去了前途。此后,长毛军只好为活着而战,他们互不相援、各自为政,又苟延残喘了三年多,最终在1864年被彻底荡平。

其兴也勃焉,其亡也忽焉。一人,一家,一团体,一地方,乃至一国家,想要跳出兴亡周期律,很难。但是,像太平天国这样开国不久就急速腐败、迅速内讧,十年光景就"造光"了所有政治资源的,实属罕见。究其原因,的确值得好好研究一番。

上帝次子洪秀全

洪秀全生于1814年,原名叫洪仁坤,小名火秀,是广东花县一

洪秀全雕像

个不起眼的落第书生。父亲洪镜扬是附近几个村的保正，家里还算宽裕。洪仁坤有两个哥哥——洪仁发、洪仁达，这二位就是日后在太平天国朝廷里作威作福、气走石达开的福王和安王。或许是这二位哥哥确实不大机灵，因此家里选择了洪仁坤入塾读书，肩负起考取功名、光宗耀祖的大业。正因如此，洪仁坤从小就受到家人的宠爱，地位很特殊。只可惜洪仁坤的资质虽比他那两个哥哥略高，但尚不能达到"考取功名"的水平。从天王那些如"龙袍角带在天朝"之类的诗文来看，大清朝的考官们并非尸位素餐。

从14岁那年起，洪仁坤先后四次（1828年、1836年、1837年、1843年）赴花县、广州应试，均是名落孙山，正如鲁镇上的"短衣帮"嘲笑孔乙己"怎么连半个秀才都没捞到"一样，家里、村里对他的看法，也从期望变为失望、甚至嘲笑。这位"熟诵四书、五经"的书生发誓"不考清朝试，不穿清朝服"，还要"自己来开科取士"。

洪仁坤第三次落榜后，精神遭到很大打击，回家就大病一场，据说是"死去七日"，还魂后"俱讲天话"。对这次生病，尤其是"魂游高天"，以现代心理学的眼光，大约有三种解释：一是"作秀遮羞"，一个被寄予厚望的学子，竟然一连三次考不中，真是丢人，如果生病了，家人朋友就不好再嘲笑，而是说些劝慰的话；二是"内心挣扎"，此时的洪仁坤已经24岁，在当时属于"大龄青年"，继续参加科举如同赌博，再考不上怎么办？如果放弃科举，放下身段种地，又心有不甘；三是"轻度精神病变"，在不知心理医生为何物的年代，洪仁坤屡受打击，发展为心理疾病是可能的。1860年10月，那位名叫容闳的中国第一留美生就曾拜访天王，后来他投靠了李鸿章，并称"洪秀全于应试落第后，得失心盛，殆成一种神经病"。

大病初愈的洪仁坤改名"洪秀全"，这个名字在其创立"拜上帝教"时，既成为一个联络暗语，又是一个政治谶语。其姓"洪"由"三八二十一"组成，这个"三八二十一"就是"拜上帝教"的联络暗语。其名"秀全"两字是由"禾"、"乃"、"人"、"王"组成，"禾"字与"我"字读音相近，四字组合起来则是"我乃人王"，就是说，洪秀全是上帝派来的"领袖"。

洪秀全并不是一个绝决的人物，梦醒时分的他尚未决定改变自己的人生道路，而是静静等待，继续参加科举考试。就在他安心读书的时候，广州来了一位大人物——林则徐，随后激起了大清国与大英帝国之间，围绕着鸦片贸易问题展开的战争。这场战争前后持续了三四年，直到1843年才最后了断。这年春天，洪秀全最后一次参加了科举考试。自然，他又失败了。这时，他想起了七年前在广州读到的一本奇书——《劝世良言》，

▲ / 油画《天国风云》，李建国作，现藏南京总统府。描绘1853年太平天国定都天京，天王洪秀全率诸王与清朝政府形成分庭抗礼之势

把书中内容与自己以前大病时的幻觉对比,自认为是上帝的次子,耶稣的弟弟,受上帝之命下凡诛妖,并称上帝耶和华为"天父",称耶稣为"天兄"。从此,未曾读过《圣经》的洪秀全逢人便宣传他所理解的基督教教义,称之为"拜上帝教"。或许是听说信上帝的英夷打败了大清国,洪秀全越发觉得当一名传教士比当秀才更有前途,这一选择使之既能够不在无望的科举之路上继续挣扎,又能摆脱回家种地的噩梦。

最初,洪秀全在广州附近传教,效果不佳。就连推荐他看《劝世良言》的表兄李敬芳和最后官拜干王的族弟洪仁玕都不跟他走。1844年,洪秀全和他最早期的信徒冯云山深入广西传教。或许洪秀全的确缺乏领袖魅力,他费了好大力气,只发展了几个信徒。于是,他放弃了,回到花县老家。但是,冯云山坚持了下来。据《李秀成自述》所言,"谋立创国者出南王之谋,前做事者皆南王也"。

联合创始冯云山

冯云山是太平天国最早的推动者,在最初传教的岁月里,他才是真正的领袖。冯云山与洪秀全同岁,并同为广东花县人。冯家与洪家相距三里,家境与洪秀全相比,更为富裕。据说冯家"有九厅十八井的房子,有田产二百亩左右,还有山林三百亩和瓦窑一间",在当地属于富裕户。

在广西传教没有打开局面,洪秀全放弃了,冯云山却没有,他跑进蛮荒的紫荆山,靠拾粪、打短工度日,并因不经意间流露出的才华,被读书富户曾槐生赏识,当上了私塾先生。他利用当地"三不管"的有利条件,开始传播洪秀全的"拜上帝教"。

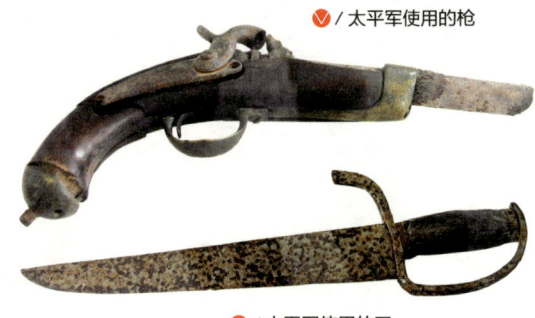

▲ / 太平军使用的枪

▲ / 太平军使用的刀

▲ /《太平天国战争1851-1866》插图,太平军官兵,Osprey出版社,军事资料系列图书

在紫荆山区里面，有一座山叫作平在山，是烧炭人们散居的地方。他们食不充饥，衣不蔽体，是彻彻底底的无产阶级。冯云山以曾家塾师的身份，经常与这些烧炭工人聊天，嘘寒问暖。同时，向他们宣传"阎罗、菩萨都是妖精，惟有上帝爱护穷人"，告诉他们"大家都是兄弟姐妹，应该同拜上帝。拜了上帝，人人有衣有食，无灾无难"。后来，平在山上这群烧炭工人成为了太平天国的中坚力量，在太平天国系统里被称为"平在山勋旧"，杨秀清就是其中之一。

冯云山还大力宣传洪秀全"奉天诛妖"的伟大使命，把自己打扮成"被洪秀全派到紫金山的干部"，树立起洪秀全"救世主"的形象。冯云山把根本没在身边的洪秀全树为"一把手"，自己甘当"二把手"也是煞费苦心的。树一个远在天边的偶像，让人产生"冯云山这么厉害还得服洪先生，那洪先生自然更厉害"的心理，就更容易聚集人马，也容易形成神话。

在此期间，这位被冯云山说成"神通广大"的洪秀全，在家乡写下《原道醒世训》、《原道觉世训》《百正歌》等著作。1847年初，又跑到传教士罗孝全在广州的礼拜堂学习了几个月。8月，洪秀全再次回到广西，并见到冯云山。在紫荆山与冯云山重逢之前，洪秀全的梦想或许就是当一个传教士。可这几年冯云山在广西紫荆山已经开始物色险要，结识英雄好汉，到处打砸神庙佛像。即便洪秀全不去紫荆山或者死了，估计冯云山也会按部就班地起兵造反，并把"洪先生"像陈胜、吴广起义时号称的扶苏、项燕一样，尊为偶像。

洪秀全来到紫荆山后，看到了冯云山的巨大成就和自己在这里的崇高地位，于是放弃了当个传教士的想法而与冯云山一起干。此后，拜上帝会的势力更加发展壮大，不可避免地与当地土著产生矛盾。冯云山吃了官司，好在当地官员害怕洋鬼子，冯云山利用这一点，援引两广总督"传教合法化"的饬令，又搬出《圣经》对质，最终被判无罪，以"无业游荡，遣返原籍"结案。这时，冯云山再次展现出非凡才能，以三寸不烂之舌，竟说服两个解差皈依了拜上帝教。三人一同返回紫荆山参加"革命"。

但冯云山回到紫荆山后，发现自己已经被"架空"，毕竟他是一个外乡人，在紫荆山无依无靠，而当地烧炭工人中的领袖人物杨秀清却假借"神灵附体"夺得了大权。

"天父下凡"杨秀清

冯云山被捕入狱，正在贵县的洪秀全闻讯，急往广州筹策营救。身处紫荆山区的拜上帝会顿时陷入群龙无首之困境。此时，有一个人脱颖而出，他就是杨秀清。

杨秀清比洪秀全小十岁，是紫荆山当地的客家人。他"五岁失母，九岁丧父"，家庭十分困苦，从小就当烧炭工，每天在深山里取柴烧炭，再出山贩卖，周而复始，混个温饱。以此推理，杨秀清应是目不识丁，且孤陋寡闻。但此人性格机警，在山民中颇有威望。

杨秀清可谓是"冯先生"最早的信徒。在"冯先生"被捕，"洪先生"不知所踪，加之"内有疫病流行，外有团练压迫"，拜上帝会出现了人心惶惶，顷刻瓦解之势。危急时刻，身为普通信徒的杨秀清开始了一场大胆的表演，他利用浔州一带流行的"降童"迷信，假托"天父下凡附体"，以安众心。

杨秀清第一次"代天父传言"的动机完全是出于对"拜上帝会"事业的热心和诚恳，这次"代天父传言"确实起了扭转危局的作用，是杨秀清对天国大业的重要贡献。从此，杨秀清进入了拜上帝会的核心层，并开始展示出才干：他"筹备行政组织，颁布行政法度，组建严格的军队，创造军事规章，整然有序"。直到太平天国后期，天国的将士们还在慨叹大字不识的杨秀清居然能治国建军，席卷天下。

与冯云山和洪秀全不同，杨秀清是本地人，他生长在紫荆山区，又是在烧炭工人中自然形成的小首领，加上"代天父传言"的神力，很快就建立起自己的系统，并且有意识地打压其他人，尤其是冯云山。冯云山孤身一人来到紫荆山，最初依赖的是曾家、卢家、王家（洪秀全表哥），其中曾家被排挤，渐渐淡出拜上帝会，只有个别家人参加了太平天国；卢家据说只有卢六一人，还死在狱中；王家被杨秀清百般打压，后来官做得最大的王维正，也不过是殿前丞相、副理机匠。"殿前丞相"听着不错，其实是虚衔，太平军中有这头衔的不下数千人；"副理机匠"就是管理织布工人的"二把手"，可王维正加入拜上帝教比杨秀清、萧朝贵都早得多，洪秀全第二次入广西，砸第一座神庙时，曾在墙上题诗一首，而给他捧砚台的就是王维正。

拜上帝会初具规模，紫荆山本地人就跃跃欲试，洪秀全这个天边的神人其实没多大本事，如此岂不是要替他人作嫁衣？对这些，洪秀全一定很清楚。他知道，仅仅依靠冯云山一个人肯定不成。如果不能得到本地实力派的支持，自己的地位很快就会不保。

这时，"天兄"下凡了！

"耶稣基督"萧朝贵

萧朝贵第一次亮相是在1848年9月9日，他声称自己是"天兄耶稣基督"，演了一出活灵活现的"行为艺术"。传教之初，洪秀全和冯云山把中国人梁发编写的《劝世良言》当成"圣经"，可惜这本书里压根就没有耶稣这个人，所以冯云山创造拜上帝会是只说上帝，不说耶稣。1847年洪秀全赴广州学习，才第一次知道耶稣。等他回到广西，拜上帝会才知道耶稣。因此"天兄"迫不得已，只得屈尊来了个自我介绍，《天兄圣旨》里他的第一句话就是"朕乃耶稣"。

萧朝贵比杨秀清大两三岁，也是紫荆山本地人。与杨秀清不同，萧朝贵家有兄弟四人，萧朝贵排行老三，随父母到桂平以开荒烧炭为生。关于他的记载并不多，《李秀成自述》七万多字，提到萧朝贵只有寥寥两句，一句是"天王妹子嫁他为妻"，另一句是"勇敢刚强，冲锋第一"。因为萧朝贵在起义之初为前军主将，以至于后人把萧朝贵想象成一个单纯的勇将。实际上，萧朝贵绝不仅仅是一个张飞、李逵那样的莽夫，他能在太平天国早期坐上第三把交椅，完全是靠自己的政治手腕算计得来的。

以往的研究者多以为，萧朝贵和杨秀清代天父天兄传言，搞下凡的一套，是因为冯云山吃官司，洪秀全跑去广州、香港，广西拜上帝会群龙无首。现有史料则证明，萧朝贵"下凡"时，冯云山已经出狱，洪秀全就在当场。目前保存的第一道天兄圣旨里，"天兄"劈头就问："洪秀全胞弟，尔认得朕吗？"就是明例。

这时洪、冯等"老领导"已经复位，杨秀清这个"新权威"已经开始扩张势力，萧朝贵"下凡"的主要目的就是"抢夺政治资源，占据高位"。作为拜上帝会的后起之秀，他必须用这样的非常手段，才能后来居上。他的做法很简单：第一，逼洪秀全认账；第二，和杨秀清捆绑。

逼洪秀全认账其实很简单，以教主自居的洪秀全在广西并无嫡系部众，依靠的正是"神力"，只要"天兄"肯认他是"天弟"、是

> **萧朝贵绝不仅仅是一个张飞、李逵那样的莽夫，他能在太平天国早期坐上第三把交椅，完全是靠自己的政治手腕算计得来的**

天王，对他只有好处，没有坏处。因此当"天兄"质问"尔认得朕吗"之际，洪秀全连眼皮都不眨，就大声回答"认得"，以后还多次积极配合，和"天兄"互相认证。

杨秀清精明强干，能力远超过萧朝贵甚至洪秀全，但他是个孤儿，既无兄弟，也无亲族，以至于起兵后为扶植嫡系势力，把军中许多有才干的杨姓人物都认作本家。如辅王杨辅清，本名杨金生，和他只是桂平同乡；被称作"老国宗"的杨宜清是广东天地会成员；杨秀清死后以"国宗提掌军务"的杨在

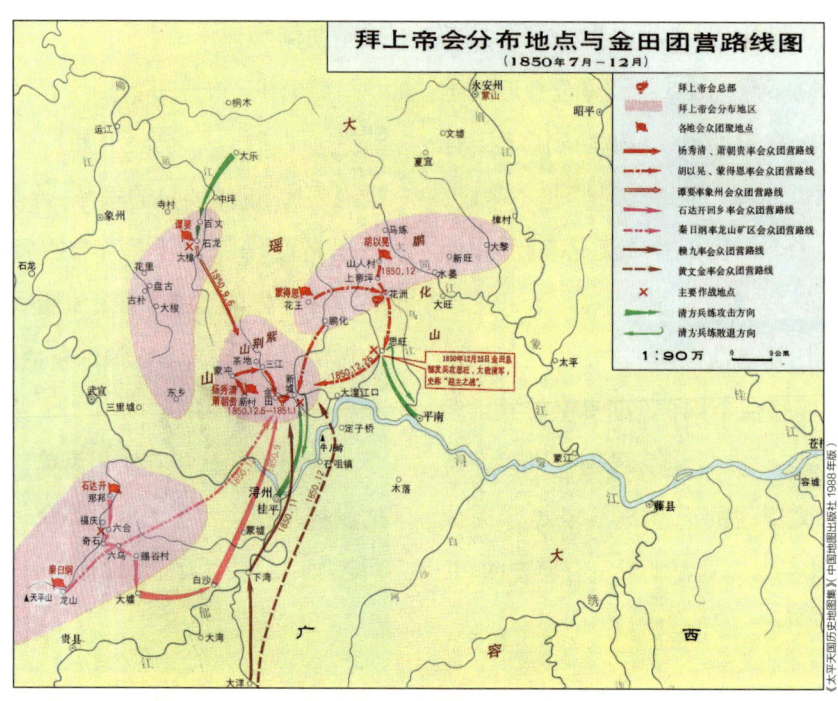

田则是湖北人。与杨秀清相比，萧朝贵家族繁盛，且和杨一样都是目不识丁的"烧炭佬"，两人结盟也是顺理成章的，更何况，"天兄"比"天父"终究矮了一辈，对杨秀清而言还说得过去。

萧朝贵的目标是取代冯云山。"天兄下凡"时只要说和冯交好的曾氏、王氏，以及其他早期拜上帝会骨干是"帮妖"或"有异心"，这些人自然就立刻完蛋。在杨秀清和萧朝贵的联合打压下，冯云山的地位逐渐下降，洪秀全则因为与"天父"和"天兄"认亲，地位愈发稳固。最初，他们还顾忌"冯先生"的面子，把冯放在杨、萧前面，说"冯云山、杨秀清、萧朝贵都是军师"，但等完成权力结构更迭，就毫不客气地通过"天话"，把杨、萧提拔到冯云山前面。

风险投资韦昌辉

度过了冯云山被捕这个大危机，又经过了领导班子本土化的大调整，1849年，拜上帝会蓬勃发展起来，成了远近闻名的大势力。不仅贫苦人愿意信奉，就连"地主富农"也愿意靠过来。韦昌辉一家就想借拜上帝会的势力给自家报仇，从而举家投奔。

韦昌辉，谱名志正，通称"韦正"，昌辉

是起事时改的名字。此人与杨秀清年龄相仿，是广西桂平金田村人。《李秀成自述》中说他"监生出身，出入衙门，包揽词讼"，俨然一个民间律师。其父韦元玠是当地地主。据清史料说"家资累万"。实际上，韦家每年"收租谷二百余石"，属于小地主，且政治地位不高。

当时，韦姓在金田村不但人少，且是外来户，又不是书香门第、官宦人家，所以，一再遭到大姓欺压。韦元玠一心想让韦昌辉读书考功名。与洪秀全一样，韦昌辉两次参加县试均未考取。不得已，家里"入粟捐监"，却招来了更大的羞辱。

对此，曾有两个说法。其一，韦家捐得监生后，挂出"登仕郎"匾额，有个叫梁嘉的生员，指责韦昌辉私称"登仕郎"为僭妄，唆使大湟江巡检王基到韦家抓人勒赎，交纳了几百两银子才算了结。其二，韦家捐得监生后，挂出"成均进士"匾额，当地豪绅勾结县里差役，乘黑夜把"成均"两字铲去，只留"进士"二字。第二天，申斥韦元玠父子冒充进士，大逆不道，还把韦元玠捉去论罪。韦家几经求情，花了三百两银子才脱身。这件事把韦元玠气得痛不欲生，他告诫韦昌辉定要报仇。

正当韦昌辉一家"日悻悻欲寻仇"时，拜上帝会向他们伸出了援手。当时已动辄扮耶稣下凡的萧朝贵，特意以耶稣的名义赠诗一首："年霄花景挂满堂，玠人此钱自由当；为子监生读书郎，正人子前二萧凉。"说老实话，这耶稣的诗除了合辙几乎完全不像一首诗，但在愤愤不平的韦家看来，这就是雪中送炭的义气，更是可以倚靠的一棵大树。

1849年9月，萧朝贵以"天兄下凡"名义，命韦昌辉和萧朝贵上贵县接洪秀全、冯云山来韦家居住。且这次天兄下凡，还宣布了韦昌辉在天上与他们是同胞，具体位次为：耶稣为上帝长子，洪秀全为上帝次子，冯云山为第三子，杨秀清为第四子，韦昌辉为第五子，萧朝贵妻杨云娇（即洪宣娇）为第六女，萧朝贵为帝婿，石达开为第七子。这样，韦昌辉进入了拜上帝会的权力核心。

洪秀全和冯云山是联合创始人，杨秀清和萧朝贵的地位是"天父天兄"赋予的。韦昌辉何德何能，一上来就成了"上帝"的五儿子？

第一是韦昌辉家有钱，他"献银数万入伙"，为拜上帝会注入了资金。此后，拜上帝会利用韦家的银子加紧组织力量，暗中打制刀枪。韦昌辉还在家开了十二座铁炉，表面上是打农具，暗中却打刀枪。为了避免走漏消息，韦家特意养了一群大鹅，用鹅群叫声掩盖打铁的响声。打好的武器全部秘密丢入村西头的犀牛潭中，等要用时再捞起来，说是上帝赐给的。第二是他们家人多。金田起事时，韦家举族从征，参加者有"千余"。事实上韦氏在金田不过百人，加上附近的族人只有数百人，但总比孤儿杨秀清和贫户萧朝贵家人多。

后来韦昌辉被洪秀全杀死，终太平天国一世未能平反。韦元玠老爷子却在1860年被洪秀全追封为"开朝王伯、爵同南（冯云山）"，享受起和杨秀清、萧朝贵父亲同等的政治待遇来，可见其早期对拜上帝会的贡献，实在大到让洪秀全难以抹杀和忘怀的地步。

人多势众石达开

石达开是"首义六王"中最年轻的一位，比洪秀全小整整17岁。如果说韦昌辉的地位是银子堆出来的，石达开这个上帝第七子的位置，则是硬碰硬的实力。石家祖上原居广东省和平县，属客家人。其高曾祖辈已落籍广西桂平县白沙乡间，后又迁居贵县北山里那良村。石姓族人六七十家，聚族而居，石达开堂房兄弟有十六人。

石达开家境富裕，为人豪爽，喜结交江湖游侠，在当地有一定的号召力，在拜上帝会准备大干一场时，石达开家已经与六屈村周凤鸣对仗，萧朝贵、韦昌辉带兵支援，打破六屈村。正是因为石家最早开始参与"来土之争"（客家人与本地人的争斗）建立了家族武装，石达开才有了进入太平天国权力核心的机会。

随着石达开的加入，拜上帝会无可避免地卷入了愈演愈烈的"来土之争"。1850年7月，石达开召集会众千余人至桂平白沙圩，开炉铸炮。后来大名鼎鼎的秦日纲、林凤祥均为白沙圩人，他们也在石达开的这支队伍中。拜上帝会众在金田村起义时，石达开所部有四千余人，为最大一股力量。正因为如此，19岁的石达开自金田起事就和萧朝贵一起当先锋。萧朝贵战死后，石达开更完全担负起了先锋的重担。

至此，洪秀全的创业团队终于组成。在这个六人"董事会"里，洪秀全是创始人、董事长，坐头把交椅；杨秀清有"代天父传言"的神权，又颇有管理能力，自然是副董事长兼首席执行官，坐二把交椅；萧朝贵"代天兄传言"，是常务董事；原本的联合创始人冯云山，被排挤到位居第四把交椅；本地财主韦昌辉像个"风投"，注入资金，打造兵器，又举家追随，居第五把交椅；本地大族石达开，带"团队"入股，为第六把交椅。

洪秀全以下，杨、萧、冯、韦、石都有自己一份实力。但是，这个因人设事的政治结构有着极大的局限性——缺少知识精英又过于本地化。随着杀出紫荆山区，这个脆弱的平衡随时可能被打破。更糟糕的是，他们都是"上帝之子"，这就意味着很难再吸收新的人才加入核心团队，除非重新来一次伤筋动骨的大洗牌。

（《国家人文历史》2014年12期）

/ 油画《金田起义》，纵199厘米，横280厘米，1961年，王恤珠作

主将共治走向东王独裁
通往小天堂的征途

文 | 纪彭

广东落第生员洪秀全、冯云山在广西紫荆山区传播"拜上帝教"，拉拢了烧炭工人头目杨秀清、萧朝贵，而后地主韦昌辉、豪杰石达开相继入伙，这首义六王自称是"上帝之子"，代天除妖。

奇怪的是，"上帝"在中国的这几个孩子，无论贫穷还是富有，有才还是废柴，广东人还是广西人，都有一个共同的特点——他们都是客家人。他们聚集起来，拿起武器，最初的目标是模糊的。他们盘踞紫荆山，不过是想保护自己的利益，甚至仅仅是在越来越激烈的"来土之争"中保住性命。随着形势的发展，他们与清兵交手，屡战屡胜，打下一座又一座大城市，竟然一路打到了一片梦中的"应许之地"——南京城，在这里真的建立起了自己的"小天堂"。

在通往"小天堂"的征途中，上帝的三儿子——南王冯云山；上帝的女婿——"代天兄耶稣基督下凡"的西王萧朝贵相继"升天"，太平天国脆弱的政治平衡就此被打破，权力架构过于粗浅的问题暴露无遗。

从"来土之争"到武装移民

金田起义肯定不是发生在某一天，而是指各地拜上帝会信徒一路打杀到金田聚集的过程，这个过程前后长达几个月。导致这一行动的直接导火索就是"来土之争"。

何谓"来土之争"呢？金田起义前，在广西桂平、贵县、武宣、平南等地，一直存有大规模的武装械斗。所谓"来人"，主要指从广东迁入广西的讲客家话和广府话的人，所谓"土人"，主要指久居广西当地的土著居民。广西，尤其是紫荆山区，民间械斗非常普遍。道光末年土地兼并剧烈，大批广东、福建、湖南游民进入广西，造成了地少人多的局面，官府有时又暗中怂恿当地土著与游民争田，故而梁子越结越深。为争一口井、一块田、一个媳妇，整村整村的人互相持械仇杀，有时一打成年累月，你来我往，成千上万的人死于这种大规模仇杀之中。

拜上帝会的信徒多是"客家人"，也就是"来人"。起事之初，拜上帝会主要是应大部分落难的、无家可归的客家人之请，准备武装迁徙。1850年，各地的拜上帝会信徒，特别是那些在"来土之争"中失利的客家人携家而来，奔向金田村。清朝的地方政府对这些流民并不以为意，没有想到这些人要造反，以为他们是逃难。《李秀成自述》中说得清楚："拜上帝人与拜上帝人一伙，团练与团练一伙，各争自气，各逞自强，因而逼起。"

冲突不断升级，尤其是广西平南县的拜上帝会信徒在向金田村进发的途中，与清政府地方武装发生了激烈冲突，双方死人不少。在花洲和思旺的战斗中，仅团练和瑶兵就被杀五十多人。尽管官军有多人被杀，但清政府一直以为是广西的"天地会"（三合会）所为，不知道有新组织"拜上帝会"的存在，更不知有洪秀全这个人。

太平天国这边则已经无法停住脚步。由于准备武装斗争，重视军事首领，冯云山的地位不断下降。筹备起事时，杨秀清得了重病，"又聋又哑，眼睛流脓"，萧朝贵成了金田起义实际上的头号组织者。他十分忙碌，频繁召见各路首领，安排人事、军务，甚至连只带五百人的"先锋长"都要由他来任命。

另外，韦昌辉家成了团营的指挥部，洪秀全、杨秀清、冯云山等，都先后住在韦家指挥。这个临时指挥所虽然简陋,但却正在改变着中国历史。

永安封王:从山区走向城市

清军开始向紫荆山攻过来,要将他们眼中的这些"天地会"反贼和无知山民一鼓荡平。这真是一场不知道谁和谁在打仗的乱战。在正规军面前,一般的匪徒都是不堪一击,信了上帝的太平军则不同,未等清军攻进金田,会众们蜂拥四出,头领们个个披发持剑,口中念咒,狂舞红旗,奋死杀向清军。清军正规军很少见过这么不要命的"贼",个个腿软,争相逃跑退却。清将伊克坦布提剑督阵,却被自己手下溃退的士兵撞倒,拜上帝会会员冲上,一刀就结果了他的性命。这一乱战,清军损失三百多人,副将伊克坦布丧命。于是,形势越发不可收拾,清兵弄不清自己在和什么人打仗,而且每战必输,究其原因,主要是拜上帝会众有信仰,他们变卖家产,银两均入"圣库",个个都将生死置之度外。

金田村附近聚集了三万多拜上帝会信徒,粮食成为问题,"太平天国"建国的第三天,即1851年1月13日,会众们沿大湟江而上,直杀江口墟。此次行动并非多么有目的性,因为"大湟"二字的客家和白话读音类同"大王","出大湟"意即"出大王",如同"拜金田"等同"拜金殿"发声一样,这群人已经痴迷"拜上帝教",拥"大王"浩浩荡荡而出。他们在山区转悠了几个月,于1851年9月25日攻克永安。这是太平军第一次占领"大城市"。此时的太平军已有近四万之众。

太平军盘踞永安城,清军各部不敢冒进,只能深壕高垒,在城外隔山结营,双方形成了数月的相持。12月17日,洪秀全酬功,下诏封五王:杨秀清为东王,萧朝贵为西王,冯云山为南王,韦昌辉为北王,石达开为翼王,四王"俱受东王节制"。众将士均加官晋级,上下欢心。刚打下一座边远地区的县城就大封王爵,与其说是对形势判断不足,还不如说是一场"疯狂派对",这就是所谓"宗教的力量"。

太平军在永安一待就是大半年。由于清军围困,粮道被断,窝在永安只能坐以待毙。洪秀全与五王商议后于1852年4月5日,趁夜间大雨之际突围。从此之后,对清政府来讲,太平军从广西地方之乱变成了

> **未等清军攻进金田,会众们蜂拥四出,头领们个个披发持剑,口中念咒,狂舞红旗,奋死杀向清军**

全国范围的大乱。

冯云山上天汇报

南王冯云山真是不走运,刚刚被封王半年,就丢了性命,成为太平天国首义六王中第一个"上天汇报"的"上帝之子"。但冯云山究竟是怎么死的,说法不一。有记载说,1852年5月,太平军围攻桂林不克,北上经全州,沿湘江行至湖南、广西交界处蓑衣渡时,冯云山被清朝湘勇统领江忠源阻击,中炮战死。由于这段记载是左宗棠写的,被清朝史书沿用,江忠源也因此名声大噪。

据简又文先生的访问,冯云山可能未必死于蓑衣渡。当地的口碑称,太平军本不打算攻打全州,准备绕城赶路,城上一名清朝低级军官一时冲动,对城下太平军一顶黄色轿子开了一炮,结果太平军一片哗然,不顾伤亡猛攻全州16天,终于攻破,因为轿子里坐的正是当时已封为南王的冯云山。

冯云山中炮后是死于全州,还是裹伤继续北上,最终死于蓑衣渡,无从考证。很多人说,如果冯云山不死,太平天国或许能避免内讧的惨剧。

实际上,这只是一种善意的推想。杨秀清、萧朝贵借"代天父天兄传话"早就夺取大权,扶植起自己的嫡系,将冯云山的势力排挤出去,到了金田起义前夕,冯云山不但在地位上是杨、萧的副手,实力更远不如杨、萧。有一次萧朝贵因为芝麻绿豆大的小事,要打一个叫谢享才的两千棍,冯云山看不过讲情,竟要跪在天兄附体的"六妹夫"萧朝贵脚前苦苦哀求,最后"天兄"才开金口:这次给你面子,下次再讲情,连你一块儿打——就这样的权威、这样的实力、这样的表现,冯云山就算到了天京,也只能像韦昌

很多人说,如果冯云山不死,太平天国或许能避免内讧的惨剧。实际上,这只是一种善意的推想

辉、石达开那样"在东王面前不敢多言"。冯云山死后,他的政治地位是崇高的,包括东王在内的太平军诸王都对这位开创拜上帝会的前辈"冯先生"尊敬有加,但是,冯云山毕竟是早早被边缘化的"老同志",身后的礼遇只是一种补偿。

萧朝贵的消失与死亡

冯云山之后,第二个战死沙场的便是西王萧朝贵。与冯云山不同,萧朝贵不仅拥

有"天兄下凡"的神力，还是拥有自己山头的本地人。筹划起兵时，由于杨秀清得了重病，萧朝贵一度是太平天国的实际首领。但是，金田起义爆发之际，杨秀清忽然痊愈，"耳聪目明"，指挥、决策井井有条，被此时连小兵还不是的李秀成赞叹为"天意不知如何化作此人"，而眼光、胸襟均等而下之的萧朝贵相形见绌，逐渐走下神坛，只好充当先锋官。

萧朝贵的权势在战死之前就已从巅峰跌落。据《天兄圣旨》记载，萧朝贵代天兄传言多达120余次。但1851年10月水窦村之战后，萧朝贵负伤，"天兄"两次下凡安抚众人。此后，直到1852年3月，"天兄"为鼓励将士攻取桂林再次下凡，仅留下五个字便匆匆归天。在此之前长达五个月的时间里，"天兄"没有下凡，一向披坚执锐、"遇战当先"的西王也不见了踪影。之后直到萧朝贵战死长沙，五个月的时间里，天兄继续保持缄默，萧朝贵也极少出场。

对水窦村战役后萧朝贵的踪迹和天兄的缄默，有人提出了所谓"政变"说，永安封王是太平天国体制的巨大变化，是一次重要的权力再分配。这样就能解释为什么太平军在永安长期停留。在永安，太平军可能召开了"扩大会议"，会议后，杨秀清获得了更多的政治资源，取得了"节制诸王"的权力。

永安封王使得太平天国的政治权力格局发生重大变化。先前是天王与"五军主将"共治，杨、萧作为左右二军师，地位并无明显高下之分。永安封王后，所封各王俱受东王节制。正是由于"天兄"萧朝贵的重伤，东王一家独大，洪秀全和杨秀清达成了政治妥协，牺牲了不能自理的西王和已经出局的南王。等到"天兄"萧朝贵病愈归队时，也只能接受东王独裁的局面。

1852年9月，萧朝贵得到情报，长沙外城尚未完工，守军只有不到两千人马，他带领一千多精锐奔袭长沙。不料清军援军恰好到达，城中团练也刚刚成军，总兵力五六千人，萧朝贵兵力不足，只能聚在城南攻打。由于不熟悉地形，又误把高耸的天心阁当作城门，走了一段冤枉路。战斗中，萧朝贵中炮阵亡。

随着南王冯云山和西王萧朝贵的相继升天，首义六王已经减员三分之一，起兵之初的政治平衡随之瓦解。不论在永安城里发生了什么，封王实际是一次政治权力"大洗牌"，天王和五军主将共治的政治格局，悄然变成了东王"节制诸王"、与天王共治的新形式。此后，太平军在杨秀清的带领下一路打进南京城，并改南京为"天京"，建立起了"小天堂"。当这四位草根王爷来到这片"应许之地"时，他们建立起的却不是一个"人间天国"。

（《国家人文历史》2014年12期）

官员穿戏服 金冠重八斤
奇葩制度 底层狂欢

文 | 张宏杰

中国历史上的农民起义成功与否，关键在于起义者能否实现文化升级。

一般来讲，农民起义初起之时，起义领袖和主要追随者文化水平都比较低，视野狭小，战略水平有限。因此，他们必须经过文化升级，即吸引知识分子加入队伍，吸收上层文化中的统治原理及统治技术，这样才有可能问鼎或者割据。朱元璋是一个成功的典型例子。太平天国起义则是一个失败的典型。洪秀全等起义领袖拒不与上层文化接轨，是他们最后失败的主要原因之一。

"贼中无读书人"

虽然本身属底层知识分子，洪秀全对起义队伍中的其他知识分子一直有一种强烈的排斥心理。在太平天国起义初期，领导阶层中本有一些底层知识分子，或者说粗通文墨之人。除了主要领袖冯云山外，还有卢贤拔、曾钊扬、黄玉昆、赖汉英、何震川、曾水源、黄再兴等，然而，这些人大多数未得重用。除了冯云山外，这些人后来或者得罪被诛，或者因故离开起义队伍。明明在起义领袖中应居第二位的冯云山，却被压制到了第四位。第二位由目不识丁的杨秀清取而代之。

虽然太平天国起义过程中，也俘虏劫持了许多底层知识分子，但主要是利用他们做文书、书写之类的辅助性工作，并不让他们参与决策。后来，虽然为了展示"文治"，太平天国在南京等地进行了几次乡试，但进行得不伦不类，参加者多是行险侥幸的不逞之徒。所以太平天国政权虽然占据了文化发达、人才荟萃的江南地区，但是却没有延揽到什么高级人才。时人对此的评述是："贼中无读书练达之人，故所见诸笔墨者，非怪诞不经，即粗鄙俚俗。此贼一大缺陷。"连李秀成也说，太平天国最大失误是不用读书人："官兵多用读书人，贼中无读书人。"

之所以如此，首先是洪秀全过于迷信宗教的作用。民间宗教通常是反智、愚民、蒙昧主义的。如果追随者文化水平比较高，方便快捷的宗教手段就不那么容易起作用。其次，洪秀全其人心胸不广，他不但要占据政治、宗教的权威之位，还要成为文化上的权

△ / 太平天国天王洪秀全，19世纪铜版画，欧洲画家绘制

等的毁坏也非常严重。太平军前期以中国书籍皆为妖书，大加焚毁。"搜得藏书论担挑，行过厕溷随手抛，抛之不及以火烧，烧之不及以水浇。读者斩，收者斩，买者卖者一同斩"。起义军进驻宁波，浙东天一阁一半珍本或被毁或流失。存放四库全书的江南三阁两阁荡然无存，一阁损失多半。因此苏南知识分子叹息："经典书籍，弃等秽污，自古流寇之毒祸，未有如是烈者。"晚清人柯悟迟甚至说"我恐焚书坑儒之后，未有如此之大劫也"。

尊卑之分细化到史上最高水平

因为拒绝文化升级，太平天国的文化面貌十分特殊。太平天国文化的第一个特点是特别强调等级差距。

早在永安时期，洪秀全就在敌人重重围困中，开始制定等级制度。他把太平军（此时不到一万人）的军官分成十六等，有王、国宗、侯、丞相、检点、指挥、将军、总制、军帅、师帅等，名类多达三十九种。与等级地位相配套的是物质待遇，洪秀全专门下诏，将所有物资供应按级别进行划分，比如他规定，天王一天可吃十斤肉，以下逐级递减半斤，直至总制以下无肉。

在行军过程中，这种等级制度无暇体系完善。进入南京之后，洪秀全终于有充分的

威。他不想让比自己文化水平高的人登上领导地位。

因为拒绝文化升级，所以太平天国战争期间，太平军兵锋所过造成的文化浩劫十分酷烈。太平天国起义与历代起义不同之处，是视中华传统文化为"妖"书"妖"术，史载太平军所到之处，必焚毁孔庙、毁掉神像、拆改庵院，"神佛像非毁坏即搬去"。因此太平军统治区内名寺古刹、书院、古迹、文物，皆焚毁一空，或者改作兵营、仓库、屠场。此类记载比比皆是。除了建筑文化外，书籍

时间发挥他的创世天赋。在太平天国之内，贵贱尊卑之分远比清王朝为严为细。可以说，号称平等的太平天国社会里，等级差别的细化达到了中国史上的最高水平。太平天国社会之中，人们被分为十几个等级，代代世袭，永不改变。在每个等级之间，也有精细的内部区分。比如太平天国的首义诸王之间，就有明确的高低贵贱：天王为君，以下东王第一，其次是西、南、北、翼四王依顺序排列。所以天王称为"万岁"，东王称为"九千岁"，西、南、北、翼诸王依次要递减一千岁。

这种差别在生活起居的各个细节中都明确地体现出来：天王府宫殿中的彩绘是双龙双凤，东王府只画一龙一凤；南、北、翼、燕、豫五王府则画一龙一虎。天王冠上绣的是双龙双凤，东、北、翼王的王冠上则绣双龙单凤。这三王的凤凰也有差别：东王帽上的单凤栖于云中，北王的单凤栖于山冈，翼王的单凤栖于牡丹花上。至于龙袍上的差别更为一目了然：天王袍上绣龙9条，东王绣龙8条，北王7条，翼王6条，燕、豫二王各5条。他们下达的文书称呼也不一样：天王的文书叫"诏旨"，东王文书称"诰谕"，北王文书曰"诫谕"，翼王为"训谕"，燕、豫则是"诲谕"。至于玺印，尺寸也有严格不同：天王玺印8寸见方，东王印长6寸6分，宽3寸3分，以下依次递减。

太平天国社会中，人们绝不可以下犯上。太平天国明文规定：各王驾出，侯、丞相轿出，军人百姓如不回避，冒冲仪仗者，斩首不留。除了这些高级官员，社会其他阶层也一样尊卑分明，下级见到上级，必须起立致敬，违者将受到肉刑直至斩首等处罚。

长期以来，在文化定义上，我们形成了这样的定势：底层文化是革命的、质朴的、道德的、进步的，上层文化则是专制的、落后的、虚伪的、腐朽的。

这个定势其实并不那么靠得住。事实上，建立在贫乏的物质和智力基础上的底层文化，更听从于嘴巴和胃，而不是大脑和心灵。中国传统文化中那些稍有超越性的内容，都属于上层文化：什么老吾老以及人之老，什么天下之行，大道为公，什么富贵不能淫，贫贱不能移，都是上层文化的命题。"朝闻道，夕死可矣"、"鞠躬尽瘁，死而后已"、"知其不可为而为之"之类的非功利的执着精神，也是底层文化所不能理解的。甚至历代农民起义者喊出的"均田"、"均富"、"摧富益贫"口号，最初也都是儒家学者提出来的，而不是造反农民发明的。

底层文化从来也没有提出过改变传统等级宗法制度的要求，相反，在长期的被统治、被压迫中，他们积累了对统治阶级生活方式的强烈向往。一旦掌握了权力，往往表现出对尊卑贵贱、等级制度近乎变态的迷恋。

生活在天国，有太多机会掉脑袋

太平天国文化的第二个特点是缺乏人道主义精神。

太平天国文化中严重缺乏对人的生命的尊重。我们完全可以说，这是中国历史上最不人道的政权之一。除去水浒式的热情、质朴和反抗精神外，底层文化还有它的另一面，那就是比上层文化更专制、更野蛮、更保守、更愚昧、更不人道。在中国历史上的许多次大动荡中，我们看到的，往往是文明全方位的大倒退。

太平天国领袖们的生活中，唯一的遗憾是没能用上太监。这并不是因为他们不赞成太监制度，而是太平天国没能拥有这个技术手段。事实上，刚刚进入天京，洪秀全就命人制造太监，但是没能成功。"太平军要为天王府制造一批太监，但又缺乏有经验的医生，对割什么，怎么割，敷什么药，都不了然。于是，将四千（一说三千）多童子兵胡割一通，大多数流血不止而马上死去，少数不久之后也因创口溃烂而死。"

太平天国政权人道精神的缺乏还体现在他们的法律中。太平天国的战斗力来源自两个方面，一方面来自前面宗教宣传，另一方面就来自杨秀清建立的严明的纪律。

杨秀清和朱元璋一样，都是迷信纪律的铁腕铁血人物。"天国刑律对重罪和轻罪、甚至轻微过失，在量刑上几乎没有什么区别。"确实，生活在太平天国之内，一个人有太多机会被砍掉脑袋：在太平天国内，如果举行"讲道理"时发现两次无故不到，则"斩首不留"。礼拜仪式三次缺席，也"斩首不留"。如果和别人一言不合，动手打起来，"恃强斗殴"，则"不问曲直，概斩不留"。除此之外，如果在干活执勤时口出怨言，也是斩首；至于辱骂官长、私留"妖书"、唱邪歌邪戏、饮酒赌博者，一概都斩首不留，甚至连剃胡须、刮面等，也"皆是不脱妖气"，必得斩首示众"。

其实"斩首不留"在许多情况下并不是最严厉的惩罚。在《太平刑律》六十二条中，除了四十三条"斩首不留"外，还有三条"点天灯"和"五马分尸"。《贼情汇纂》主编张德坚对此评论说："'贼'之灭亡，则在虐民无人理。诸伪制皆足以亡之，而尤以伪律为至酷耳"。

未有先例的男女禁忌

"男女之大防"，视性为邪恶之物，这一传统文化的负面因素，被太平天国弘扬到了极致。

因为相信"淫为万恶之首"，迷信"性"会降低战斗力，所以太平军实行男女分开，严禁发生性行为。"要别男营女营，不得授受相亲。"一旦和异性发生关系，"如系老兄弟定点天灯，新兄弟斩首示众"。"凡夫妻私犯天条者，男女皆斩"。无论是过夫妻生活也好，两厢情愿也罢，只要是和异性发生了性关系，便一律格杀勿论。

为了隔绝男女，太平天国内的"讲道理"、"礼拜"等聚众场合，一律实行男女分开。天国对女馆实行严密的监控，男人即使到女馆探望自己的家人，也一律被挡在门外，母子之间，也只能隔着门问答。

为了确保男女隔离，连太平军请民间妇女缝补衣服等，也"概斩不留"。在这种严厉政策下，太平天国内的所有公共场合，比如街市茶肆等，男人女人一律不敢交谈。这样严格的男女禁忌，在中国历史上尚未有先例。

△／1855年《伦敦新闻画报》插图，江苏镇江府和化州的太平天国统领

戏服做官服

除了以上诸条之外，太平天国的底层文化特征，在服装、历法、忌讳等方方面面，都有鲜明体现。

首先来看服装。太平天国普通士兵通常穿得光怪陆离，五花八门。他们全身从头到脚，都是一路上陆续抢来的。至于各级官员，服装更是斑斓夺目。太平天国称清代满族式的官服为"妖服"，拒绝使用。但是大汉民族的官服如何制作，他们也不清楚。所以一开始，太平天国官员基本上都是以戏班的戏服作为官服的。由于官多衣服少，所以每攻克一地，太平军最首要的事就是四处寻找戏班，没收行头。定都天京后，洪秀全亲自设计天国的官服系统。官服总体上仍然采用戏服风格，天国的高级官员穿黄缎龙袍，中低层官员则穿红缎袍。

除了服装明显区别于清朝统治区外，太平天国的时间系统也自成体系。"奉正朔"和"改衣冠"一样，在中国文化中是重要的政治问题。太平天国在中国历史上第一次彻底废除了旧的历法，建立了全新的时间体系。出于农民式的禁忌心理，洪秀全和冯云山认为，中国历代沿用的太阴历，因为每隔几年就有一次闰月，所以不规整、不吉利。

因为不用闰法，以三百六十六日为一

/ 1855年《伦敦新闻画报》插图，江苏南京的太平天国士兵

年，所以冯云山创立的天历每一年就比实际的年长了十八时十一分十四秒。这样累加下来，每二十年就比实际的年就多了十六天多，差了一个节气。每四十年，就差了一个月。为了调整这个误差，冯云山的设计是每四十年减去一个月。但洪秀全认为，天国之内事事只能有加无减。这样一来，天历不但不减，反而每四十年再加上一个月，误差就达到了两个多月。也就是说，一百二十年之后，太平天国历法规定的冬天，正好出现在一年中温度最高的时候。好在太平天国只存在了十六年。

不过一些小小的不便难以避免。比如天历规定的中秋节，并不在农历的八月十五日。广大太平军"大摆宴席，笙歌竞作"，摆好了瓜果梨桃聚众准备赏月，发现月亮升上来后居然不圆，新参加太平军的战士大为愤怒，认为月亮敢不听天父上帝的调遣，遂纷纷搭弓放箭，射向月亮。

除了日期与清朝不同外，太平军统治区的避讳，也与清朝有极大不同。

避讳乃中国特产。不过正统王朝的避讳，只是讳皇帝名字等极少几个字。然而在太平天国治下，需要避讳的名字极为众多：不但要避洪秀全的名字，还要避洪秀全父亲和儿子们的名字。不但要避天王一家的名字，还要避首义诸王的名字。不但领导者的名字是禁忌，在太平天国统治区，连"君"、"王"、"臣"、"后"、"主"、"督"这样的字因为代表了尊贵和权力，也成了避讳。姓"王"必须改成姓"黄"，"君"字要用"上"来代替，"臣"字要用"下"来代替，"天后"改"添後"、"天厚"。不但这些尊称是避讳，连"京"、"都"、"宫"、"阙"、"殿"、"府"这样贵族、官员居住的地方，也不许在文字中直接提起。

高层的黄金崇拜

一般来讲，一个新政权在开始阶段，总会展现出一副蓬勃向上、清新有为的崭新面貌。而太平天国却基本上没有经过这个阶段,或者说这个阶段为时很短。从一开始,太平天国政权就展露出强烈的物质欲望。攻占武昌之后,洪秀全和他的领导集团们不是致力于考虑如何打破清军的围困,而是派出士兵在武昌大肆搜求财宝美女,在武昌又建立了天朝门、天朝殿,铸造"金龙头金玺",令军民进贡献礼,挑选嫔妃。定都天京后,他们更是迫不及待地一头扎进享乐之中。

定都天京后,洪秀全的生活过得比所有皇帝都气派。他"朝晚两食,掌庖用金碗二十四只,备水陆珍馔,杯筯亦用金镶,后尔用玉盆玉杯,群贼多效之"。

英国传教士富礼赐记载了他在天京亲眼见到天王进膳的情形:"忽然间,声音杂起,鼓声、钹声、锣声与炮声高作——是天王进膳了;直至膳毕,各声始停。"进膳不但要击鼓奏乐,竟还要配上鸣炮,古今中外可能只此一例。

杨秀清等诸王的排场也不小。外国人记载说:"每天早上8点,约有800-1000名穿着体面的女子跪在第二位(杨秀清)的门口听候盼咐。"

太平天国高层的草根趣味最典型的体现就是"金子崇拜"。富礼赐在《天京游记》一书当中写道:天王有王冠以纯金制成,重八斤;又有金制项链一串,亦重八斤,而他的绣金龙袍亦有金纽。"身穿金纽绣金龙袍,乘坐由美女手牵的金车。"据说连天王府的尿壶,娘娘们骑马用的马镫都是用黄金打造的,洪秀全本来还计划用金子打桌子,打灯台,但是后来发现,太平天国控制区的金子都已经被用光了,只好作罢。

晚清官场弊端一应俱全

由于缺乏励精图治的意志,没有政治经验,更由于他们拒绝知识分子进入政权核心,所以太平天国政权自始至终是一个原始

> **洪秀全的生活过得比所有皇帝都气派。他"朝晚两食,掌庖用金碗二十四只,备水陆珍馔,杯筯亦用金镶,后尔用玉盆玉杯,群贼多效之"**

的、没能充分发育的、具有浓重底层性格的政权。在以严刑峻法为法宝的杨秀清死后,它马上变得软弱混乱。首先,太平天国的政权结构很混乱。它没有一套成熟的官僚体系,天京城里各王府均为小朝廷,机构重叠,系统紊乱,行政效率相当低下。其次,杨秀清死后,洪秀全缺乏抓牢权柄的意志力,中央软弱涣散,党争迅速发展起来。洪秀全喜怒无常,对人忽用忽废,几派交替得势,朝

事混乱无章。在这种情况下，腐败在太平天国政权从上到下迅速蔓延开来。当上帝信仰破灭后，升官发财成了这个政权运转的最大动力。太平天国后期选拔干部，一看上面有没有人，二看花多少钱。

血缘是太平天国后期用人的第一标准，杨秀清的表兄、外甥、姐夫，并无才能，均获高官。甚至连给他治病的医生也因为讨得他欢心，位高权重。而起义之初就一路攻城拔寨、战功显赫的罗大纲，却位列这些人之下。钱多钱少则是第二标准。天京事变之后，买官卖官大行其道。

强烈进取心消退后，太平天国统治集团全部精神都沉醉于追求升官发财之中。时人记载，在太平天国政权后期新年拜年时，太平军相互问候，都用"高升"。拜年者进门齐喊"升官发财"，对上级祝贺"老大人高升"，上级回答："大家高升"。甚至在宗教仪式的祝词也发生了变化。太平天国礼拜时，人们念的赞美经最后一句本来是"魂得升天"，到了天京后，却被某官改成了"功成名就"。

在太平天国官场上，晚清官场的种种弊端一应俱全，且出于蓝而胜之。官员赴任或者升官，要部下送"开印钱"，部下则又分摊给百姓。清朝官员是私下索送，太平天国则公开以公文索要。建造王府，日常应酬，吃喝玩乐，过生日，都要摊派给百姓。比如常熟守军为庆贺忠王40岁生日，在乡间征收贺钱，每师摊银1500两。听王陈炳文的妻子做寿，单是嘉兴县王店镇就被摊派了三千两银子。

在长达十多年的革命过程中，太平天国始终没有建立起正规的地方财政体系，物资供应一直靠抢劫或者"包租"。在太平天国后期，对新占领的地区，通常是先要大抢三日，英国驻宁波领事夏福礼的报告中称："关于太平军的军饷问题。作为一条业已确立的规定，叛军士兵不领饷银；他们像海盗一样靠劫掠为生。"抢过之后，太平军才开始在地方上建立"包租制度"。他们在地方上选择旧衙役、旧绅士或者地痞流氓来作为代理人，需要什么东西，就向他们下命令。包租制肯定会产生严重后果。敢于替太平天国包租的人，都是铤而走险的大胆之徒，而太平军对他们又没有什么监督考核机制。所以他们的贪婪残忍，过清政权的征收者十百倍。

所以亲临其地的夏福礼如此总结："……在其耽于饮宴作乐的这十年中，它是否有什么业绩？什么也没有。它是否曾对人民给予了最起码的尊重或一般的同情，哪怕是淡漠的宽容？有谁敢做出肯定的回答吗？它究竟是一场抱着摆脱沉重枷锁之宗旨的民众运动，还是一种血腥的劫掠行为和蔓延全国的焚毁、破坏、杀戮一切具有生命的东西的盗贼行径？唉！答案实在是再明显不过了。"

（《国家人文历史》2014年12期）

人臣随时变"天爹"
天京事变的体制基因

文 | 陶短房

在英国国家图书馆中，保存着一本癸好三年（1853年）修订版的《太平礼制》，从图书馆方面所做的标签看，当是1854年2月，英国特使小包令（洛文·包令）和麦华陀乘军舰访问太平天国天京时所获赠书，再由小包令（或其父亲老包令即约翰·包令，香港总督兼驻华公使）捐赠给图书馆的。

有位通晓汉语的不知名读者，在1856年天京事变发生前夕，仔细阅读了这本书，并留下前后15条、多达数百字的眉批，其中一条眉批从"东王显与太平（指天王）敌体"的现象中，得出"古时大都耦国犹能为乱，况大事未集之时乎？决然不能成事"的结论。这一海外旁观者的预言，不久后就为发生于1856年9月2日的天京事变所证实。一百多年后到访图书馆的史学家王庆成先生读到这里，不由惊叹"这位读者得出这一印象是神奇的"。

△ / 香港总督兼驻华公使约翰·包令

神奇并非偶然

其实在当时，做出这种神奇而准确预言的，绝非这位伦敦无名氏一人。

本身仅是"六品衔湖北即补府经历县丞"芝麻小官的张德坚，因在艰难纷繁、漫无头绪的环境里，梳理出一本翔实客观、堪称前期太平天国制度、人物、事迹最完整、准确记录的情报集《贼情汇纂》而名垂史册。在这部现编现用、供湘军作"敌情汇总"使用的工具书中，提前一年多预言"似不久有并吞之势"，并准确推测出矛盾将发生在杨秀清和韦昌辉之间。

这并非偶然。

两位预言家互不相识，从未谋面，却不约而同从同一个细节切入，得出了相似的结论：体制。

天京事变前的太平天国体制，是颇为奇特的。

表面上看，这个体制似乎颇为经典，甚至复古。

这个国家有君：天王洪秀全一人独尊，继承人则是他的长子、幼主洪天贵福；洪秀全以"上帝次子、耶稣胞弟"自居，声称受"天父上主皇上帝"委派"下凡诛妖"，为"天下万国之主"、"太平天王大道君王全"，他和"代代幼主"对君权的垄断是纯粹的、绝对的，不容任何异姓染指。

这个国家有从中央到地方，完整的行政建制架构。

在中央，四军师、五主将（因萧朝贵、冯云山早死，此时实际只剩二军师、三主将，即左辅正军师中军主将东王杨秀清、后护又副军师右军主将北王韦昌辉、左军主将翼王石达开）总揽军政大权，并总成于杨秀清，天、地、春、夏、秋、冬六官二十四名丞相分任吏、户、礼、兵、刑、工六部，各司其职，检点、指挥、将军等各级职官或留京或外派，担负军政方面之任，侍卫、左右史、学士等构成为天王宫廷服务的机构，无所不包的"诸匠衙"和各种"典官"，则担负起各行各业的管理工作；在地方，建立了郡、县两级行政机构，郡总制—县监军构成地方主官层级，军帅—师帅—旅帅—卒长—两司马和伍长则构成城乡基层管理体系；在军中，全军编成106个军，并由总制—监军—军帅—师帅—旅帅—卒长—两司马等各级"军中官"层层统帅。不论地方、军中，在地方官、军中官之上，都有被称为"佐将"或"钦差大臣"的高级官员负总责。

这个体系对于帝王时代的中国人而言，可谓再传统不过，"六官"和军帅以下军中官、乡官的编制、名称，都照搬《周礼》，军师以下各级职官，大多古已有之。一些看似变通之处，也并非无稽可查，比如"天王"，是夏商周三代和前秦、北周等所使用，且理由和洪秀全如出一辙（只有上帝才能称帝），以主将这种军衔秉政，春秋时的晋国（中军元帅、上下军主将和三军佐）和两汉（大将军）都采用过。即便洪秀全的自我神化，严格说也并未摆脱"天子"、"君权神授"的窠臼。

但实际情况却和纸面制度大相径庭。

首先，军师、主将的地位并不平等，并非共同对天王负责，而是天王垂拱而治，副军师以下都对杨秀清一人负责。

其次，表面上看起来井井有条的六官、百僚分工，实际上全然被打乱，真正执掌六部职事的，是东王府属官——东殿六部，六官丞相成为标志干部级别的虚衔，具体工作要听从杨秀清安排；本应听命于天王的各军，也要"听东王将令"，没有杨秀清领衔颁发的将凭、官执照，各路"佐将"和各军主官连"专杀"的权力都没有。

还有一些制度，表面上遵循了常规程

序，但实际上却并非如此。

如法规、制度、礼仪、冠服、历法，表面上是由杨秀清领衔制定，上呈洪秀全"旨准"，最终决断权在洪秀全手里；再如处决重要人犯，任免高级官员，同样要走"旨准"的手续，但实际上据各方记载，洪秀全对杨秀清的上奏一概"旨准"，且除了杨秀清、韦昌辉、石达开三人外，其他官员"概不准奏事"，也就是说，真正管事的不是洪秀全，而是杨秀清。

这种奇怪权力结构所造成的直接后果，是洪秀全的"消失"：大本营就在南京城外孝陵卫、从广西一路追赶太平军到江南的清钦差大臣向荣，竟很长一段时间弄不清洪秀全究竟死了没有。

洪秀全从没想过做"虚君"

太平天国史学研究前辈罗尔纲先生对于太平天国政体有个著名的论断，认为洪秀全实行的是"虚君"、是"军师负责制"，并认为这种"虚君"和"军师负责制"是"农民民主传统"的集大成者，而后期洪秀全"破坏军师负责制"则是犯了"封建化错误"。简单地说，就是罗先生认为，洪秀全这个天王本来就该是"虚"的，啥事都不负责是他的本分，后期开始管事、揽权，则是坏了国家规矩的"违章"行为。

照这一逻辑，1853年太平天国定都天京之初，洪秀全垂拱而治、杨秀清独揽大权是合理合法的，因为前者就应该是"虚君"，而后者这个军师本来就该"负责"。1856年天京事变爆发的根本原因，则是"负责"的杨秀清不满足于仅仅负责而不是"君"，要连洪秀全的"虚君"名号也一并剥夺。

事实是否真的如此？

记述洪秀全早期事迹的太平天国官书《太平天日》说，1837年洪秀全做了那个著名的"天酉异梦"后，对姐姐洪辛英说的第一句话就是"朕乃太平天子"。早在洪秀全传教之初，对"君不君、臣不臣、父不父、子不子、夫不夫、妇不妇"的憎恶，和"总要君君臣臣父父子子夫夫妇妇"的愿景就挂在嘴边。尽管仅从这两句话中，甚至都嗅不到多少"造反意识"（在当时读书人说这些"纲常"套话司空见惯，又有几个人听到这段并不新鲜的话时，会想到"君君臣臣"的君，有朝一日会是说话者本人），但洪秀全心目中理想的"君"，显然绝不是什么"虚"的。

等到真的开始"谋国"、"打江山"，洪秀全想做的，也绝非什么只有虚名、没有实权的"虚君"，他极力渲染、并添油加醋的"上天诛妖"事迹中，天父赐给他的两件宝物，是一枚金玺和一柄"云中雪"（战刀），前者表示授予权力，承认他是"天下万郭真命真圣主"，是尘世间至高无上的王，后者表示授

△ /油画，英，呤唎作，描绘清咸丰四年底，太平军在江西湖口粉碎清军水陆进攻，为扭转西征战局的关键一战

予"斩邪留正"、生杀予夺的大权，也就是说，他这个"太平天王大道君王全"既有权综理国务，又有权决断杀伐，且这两项最"实"不过的君主权力，是"天父上主皇上帝"亲自赋予的。

建国后直至1856年天京事变，大权虽一直掌握在杨秀清（最早期还有萧朝贵）手里，但杨、萧都是文盲、半文盲，虽然前者精明强干，后者狡黠多思，却无力构建一个像样的政府构架。这方面的工作，自然只能任由洪秀全本人，和冯云山、卢贤拔等围绕在洪秀全身边的"笔杆子"来设计，因此早期太平天国的官职体系，若仅从名目上看，反映的其实是洪秀全本人、而非实际掌权的杨秀清意志。因此，太平天国前期的官职体系，是一个再传统不过的君主集权体系。

这一时期太平天国自己的口径，也从来不说什么"虚君"。印刷数量巨大的儿童识字课本《幼学诗》写得明明白白："天朝严肃地，咫尺凛天威；生杀由天子，诸官莫得违"、"一人首出正，万国定咸宁；王独操权柄，逸邪遁九渊"，对洪秀全君权的描述，和明、清帝王并无多大分别。甚至由所谓"军事负责制"的"一把手"——杨秀清授意编写的《天情道理书》，上面也清清楚楚写着"王（天王）独操权柄"——洪秀全说了才算。

问题是，自1851年（甚至更早的金田团营时期）至1856年天京事变，洪秀全这个照纸面规定一点不"虚"的君，实际上却的确给人以"虚君"的感觉。

之所以如此，并非由洪秀全一手设计的太平天国官制，本着什么"农民民主思想传统"，设置了一个"虚君"和一群"负责的军师"，而是杨秀清、萧朝贵这两位既有一定头脑、又有一定实力的拜上帝会后起之秀，抓住冯云山打官司的良好时机，用假托天父天兄下凡的手段，以"洪秀全亲爸爸、亲哥哥"的名义，理直气壮地先把自己变成军师，再把军师变成"实际负责"。"生杀由天子"、"王独操权柄"不假，但"天子"和"王"总得听天父天兄的吧？"诸官"当然"不得违"，杨秀清、萧朝贵没有"真神附体"时，也的确以臣子、弟弟的面目出现，对洪秀全这位"二兄"、"天子"恭恭敬敬，一旦他们觉得洪秀全的发号施令让他们觉得不舒服、不满意，便随时可以祭起"传天父天兄真神真圣旨"的绝招，让"天子"的亲爹亲哥哥来教训这位并不"虚"的君。

似是而非的"军师负责制"

洪秀全是否对这种大权旁落感到万分不自在？恐怕不见得。

从其前后表现和性格特点看，处理烦琐的政务并非其兴趣和能力所在，他更喜欢以教主和理论家自居，致力于在他看来更重要的"神学"，并借助神的力量驾驭和控制部众，这样更轻松，在某些时候的确也更有效。杨秀清等人的"实权"一半是连骗带抢拿走的，另一半（甚至一多半）则是洪秀全主动让出的，如封授官爵、核准死刑等，洪秀全是有权多过问的，但实际上他却连新上任官员的谢恩本章都懒得多看。后期杨秀清等人或死或走，他的权力再不受任何制约，但他先是把行政权力分配给由外戚、武官组成的"掌率"团队，继而再移交给1859年才辗转赶来的新军师、族弟洪仁玕。

杨秀清的"专权"并非"擅权"，而是洪秀全认可的。事实上杨也的确比洪更善于处理军政事务，在杨秀清专权的背景下，原本应该作为中央六部主管对洪秀全负责的六官丞相，原本应该在"殿前"充当各种职责的检点、指挥、侍卫，也就必然"不务正业"，被杨秀清当作"哪里需要哪里搬"的一块砖，而职责相对固定的东殿六部，反倒承担了诸多实际行政事务。这并不意味着东殿六部才是中枢行政机构，事实上大多数关键政务，是由杨秀清临时指定地位比东殿六部尚书地位更高的"侯相"来负责，这种临时指定，自然不可能和六官丞相的本来系衔——对

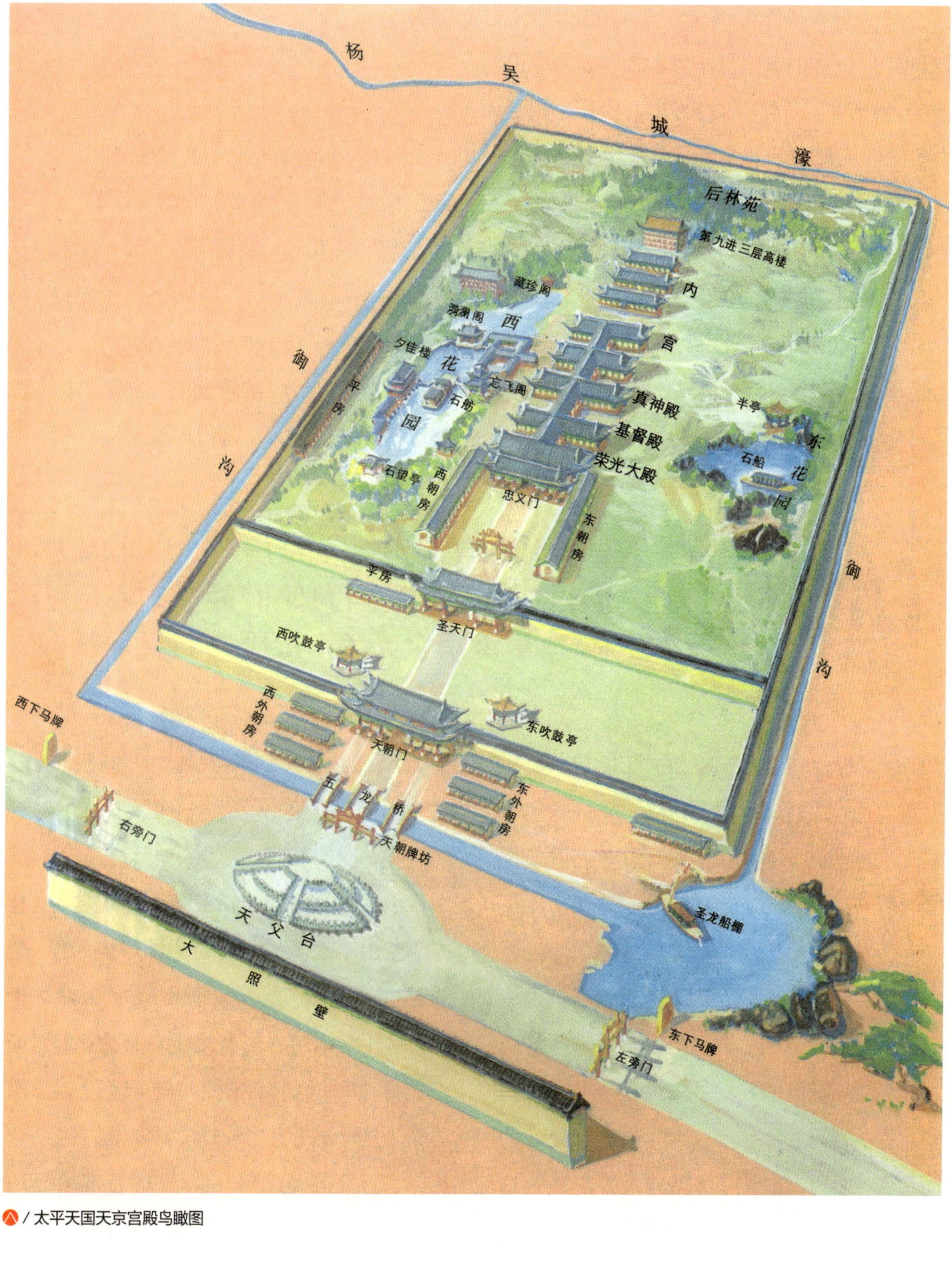

△ / 太平天国天京宫殿鸟瞰图

应。如夏官丞相黄玉琨在1853年到1854年期间曾经负责刑事案件审理，而刑部本应由秋官丞相负责，可这期间的几位秋官正副丞相，朱锡锟参加扫北远征，卢贤拔实际负责的是制礼作乐等本应由春官丞相承担的工作，曾天养西征，钟廷元在扬州镇守，竟没有一个从事"本职工作"的。

说到这里就该明白，所谓"军师负责制"是并不存在的。杨秀清、萧朝贵能发号施令，并非因为他们是军师，而是因为他们能"天父天兄附体"，用洪秀全亲爹、亲哥哥名义说话。而另一些军师，如同时期的冯云山、韦昌辉，后期的洪仁玕、李秀成，因为没有这种特殊"技能"，即便挂上军师头衔，也负不了什么大责。

如前所述，不喜欢实际工作，更擅长说"天话"的洪秀全，对这样的分工并非不能接受，在天京事变后韦昌辉要大开杀戒，他就表示"尔我非东王不能至此"，主张对杨秀清部属家人宽大处理，这表明他对杨秀清的能力是认可的，杨的专权一方面是自己有意揽权，另一方面，又何尝不是洪秀全因"厌政"而主动交权所致。当然，洪秀全并不认为这是厌政，因为在他看来，自己所负责的"天事"，比凡间军政大事更重要。

天人交战

问题恰恰在于，随着军事形势的好转，洪、杨两人都渐渐觉得，现有的"革命分工"变得不那么牢靠，或不那么合理了。

认为不那么牢靠的是洪秀全，他渐渐认为，杨秀清要攘夺的不仅仅是君主职权，还有君主地位本身，这一点在杨拥有"天父下凡"这一"超能力"的背景下，的确是有可能做到的——更何况，这位"传天父上帝真神

> **杨秀清、萧朝贵能发号施令，并非因为他们是军师，而是因为他们能"天父天兄附体"，用洪秀全亲爹、亲哥哥名义说话**

真圣旨"的通天人物，只要自己高兴，就随时可以从人臣变"天爹"，这是最看重"神权"的他所不能接受的。

早在癸好三年（1853年）进城之初，杨秀清就因不满洪秀全否定中国历史人物、禁焚古书的政策，托天父下凡，说"天命之谓性，率性之谓道，及事父能竭其力，事君能致其身，尚非妖言，未便一概全废"，逼迫洪秀全改"烧书"为"删书"，设立删书衙，宣称四书五经等经过删改就可以"旨准颁行"；当年天历十一月廿日，杨秀清为了惩罚洪秀全苛待女官，并想借机夺取天王府内著名美

女朱九妹姊妹俩，在和韦昌辉、秦日纲（顶天侯，仅次于诸王的太平天国大员）等议事时突然"天父下凡"，连夜闯入天王府，以"迎接迟缓"为由，要杖责洪秀全四十，闻讯赶来的韦昌辉、秦日纲哭求代君受过，方才免杖；甲寅四年（1854年）六月初一日，他再托天父下凡，称"旧遗新遗诏书（即旧约和新约）多有记讹"、"不用出先"，停止了洪秀全最为重视的《圣经》出版；乙荣五年（1855年）八月廿六日，"天父下凡"至金龙殿，借批评洪秀全不让妻子长时间问候母亲，要求洪"凡事若想不到，宜与尔清弟商酌为可"……这些仅是在《天父下凡诏书》和《天父圣旨》中记载的，实际上的"天父下凡"自然更多。

且不说原本要作为臣子"立在陛下"的杨秀清，一旦"天父附体"就登时乾坤倒转，可以逼洪秀全下跪、打洪秀全屁股，这是多么让人难堪的事，"天父"的许多"圣旨"，实际上已侵犯到洪秀全认为神圣不可侵犯的领域。如果说，让"立在陛下"的臣子杨秀清独揽大权，把自己架空，是洪秀全能忍、甚至乐为的，那么和"高高在上"的"天父"共享"神权"，甚至屈居其下，则是洪秀全所不能接受的。

即便如此，倘杨秀清能把握"神"和"人"的分寸，在"下凡"方面适当把握分寸，对洪秀全的君权表现出足够尊重，这种难堪的关系，仍然可以维持较长时间。毕竟，洪秀全之所以能顺利当上天王，杨秀清"代天父传言"证明他这个"上帝次子、耶稣胞弟"和"太平天王大道君王全"货真价实，是极其关键、甚至可说必不可少的一环。正因如此，天京事变杀死杨秀清后两年，洪秀全不得不捏着鼻子给杨秀清"彻底平反"，因为倘说"天父下凡"有问题，不啻说，他这个"天父次子"和"天父"亲封的"天王"，也是彻头彻尾的赝品。

应该说，最初杨秀清是很注意这个"度"的：打洪秀全屁股后两天，他就以杨秀清"臣"的身份登朝谢罪，大谈了一番"君君臣臣"之道，缓和了与洪秀全的关系；该请"旨准"的事，他也礼数周全，不厌其烦地走这个繁文缛节的过场。但随着军事形势越来越好，自己权势越来越大，他对这个"度"，开始有意无意地忽视甚至藐视，这不免让本已对凭空多出个"天爹"郁闷不已的洪秀全，开始担心自己若不先下手为强，恐怕连"虚君"也快做不成了。洪秀全熟读的《周礼》中说，天子的八项最重要权柄，是爵、禄、废、置、生、杀、予、夺，按照今天的话说，就是用人权、提拔权、赏赐权、赦免权，以及与之对应的废黜权、降职权、没收权、处死权，别的权都可以放，这八样必须由决策者牢牢掌握。而如今，这八项大权，几乎都旁落东殿，洪秀全自然不会不感到芒刺在背。

配角的争夺

太平天国毕竟不是只有洪、杨两个人,身为副军师、主将的韦昌辉、石达开,以及地位仅次于他们的几位——秦日纲、胡以晄、陈承瑢等,在权力格局中也是举足轻重,他们中任一人都不可能和洪、杨分庭抗礼,但他们的向背,却足以影响洪、杨博弈的结果。

韦昌辉地位仅次于杨,在朝中、军中势力深厚,且城府很深,凡事不动声色。杨秀清曾因为各种缘故责骂甚至杖责韦昌辉,如果说,甲寅四年(1854年)二月,韦昌辉部下张子朋激变水营,险些闯下大祸,杨秀清处罚负有连带责任的韦昌辉尚属公道,那么丙辰六年(1856年)三月初五,"天父"因为韦昌辉迎接"下凡"不敲锣,打了四十大板,就显得蛮不讲理。虽然老辣的韦昌辉表面上满不在乎,甚至对杨秀清"益恭",心里却只能是既恐且恨。

相对而言,石达开和杨秀清的关系,似乎要好得多。《贼情汇纂》里说,杨秀清"喜其诚悫",经常委以重任,相对于地位更高的韦昌辉,石达开手握重兵、独当一面的机会更多,时间也更长,安徽、湖北、江西的军政大权,都曾交到他一人之手。但本身"不甚附会邪教俚说"的石达开,对喜怒无常、动辄下凡的"天父",自然巴不得敬而远之。时人记载,他每逢听说"天父下凡",就吓得浑身冷汗。

至于秦日纲、陈承瑢,两人都曾在"同庚叔事件"中蒙冤受屈。秦日纲府中牧马人见到杨秀清同庚叔父未起立致敬,被同庚叔抽了200鞭后送负责刑审的石达开岳父、卫国侯黄玉琨处惩办,黄认为抽200鞭本就过当,不肯追加处罚,同庚叔大闹公堂后向杨秀清告状,杨秀清袒护亲戚,勒令石达开严惩黄玉琨,黄玉琨和为之打抱不平的秦日纲、陈承瑢都辞职抗议,杨秀清大怒,重责秦日纲一百、陈承瑢二百,黄玉琨投水自尽。秦日纲更一度"革职为奴",陈承瑢作为朝官领袖屡受屈辱,两人对杨秀清同样既有怨恨,也有恐惧。

以上三人是朝中地位仅次于杨的最高级别官员(胡以晄天京事变前病逝),尚且如此畏惧,比他们地位更低的,则对杨秀清和"天父"的喜怒无常、刑赏莫测战战兢兢,唯恐一不小心触了霉头。

他们之所以如此恐惧,是因为"天父"无所不知、无所不在、无所不能,"洞人隐私,无所不中",这当然不是真的靠"神力",而更多仰赖其发达的耳目。正因为这些耳目无孔不入,各级官员才对这位东王畏若神明。正因为此,他们很难对这位半人半神的"天父",发自肺腑地亲近。同病相怜加上君臣名分,这些人很容易在洪杨之争中倒向洪秀全,这就注定了天京事变的结局。

(《国家人文历史》2014年12期)

盛极而衰 大喜大悲
1856：全盛期刚开始就戛然而止

文 | 陶短房

不论对于太平天国或杨秀清而言，1856年——或者咸丰六年、太平天国丙辰六年，都是充满了戏剧性和转折点的一年，是盛极而衰、大喜大悲的一年。

这年开始的时候，太平天国还与清军呈胶着的战局，双方都难以在任何一个战场集中足以彻底压倒对方的绝对优势兵力，不得不在每个战场不死不活地对耗。相对于清方，基本处于内线作战状态的太平军更被动，因为后者显然更难聚拢一支有相当战斗力的机动部队，投入到最关键的战场，从而打破力量平衡。

秦日纲部的外线机动

然而在1856年初，杨秀清似乎找到了这支机动部队，也找到了投放这支机动部队的切入点。这支部队便是在皖北地区活动的陈玉成、李秀成、涂振兴、陈仕章、周胜坤部，这5人都是自1853年定都后，经历多次战役成长起来的新生代战将，所率领的部队是太平军中较有战斗力的，又会合了刚刚归附的原捻军李昭寿部，虽然这支捻军军纪不佳，但战斗力是很强悍的。当时清方估计，这些太平军集结在皖北，是为了收复庐州，不能说杨秀清一开始没有这样的想法，但随着战局演变，他开始为这支难得的机动部队寻找更合适的战场：镇江。

尽管庐州也很重要，但攻打庐州，只能调动安徽、河南地方军，和一部分江北大营的人马；与之相比，镇江和江北的瓜洲是运河与长江的交汇处，也是天京的东大门，对清、太双方都关系重大，这座城原本由罗大纲驻守，但主力已被抽调反攻芜湖，罗本人也受伤不治，只剩下吴如孝所率领的少量人马死守，被清军吉尔杭阿部围得水泄不通，如不增援，陷落只是时间问题。正因此地至关重要，一旦太平军有大动作，清江南、江北大营势必连动，届时就极可能出现有利于太平军的战机。

1856年2月，皖北太平军悄悄从天京以西江面渡江，经栖霞、龙潭，绕过天京城和江南大营，直奔镇江杀去。这支人马的5员将领都是丞相，其级别已经超过扫北军（3丞相1

△/《平定粤匪图》之《克复瑞州府城图》绢本设色，清，宫廷画师作

检点）和扫北援军（3丞相），不仅如此，杨秀清还特意派出刚刚复职的顶天燕秦日纲统一指挥，可以说，这是定都天京以来，太平军在一个战役方向所派出的最强大阵容。

如此浩大的阵势，清方自然不敢怠慢，原本围攻镇江的副帅余万清撤围堵截，江南大营头号悍将张国梁从东路追堵，两支生力军在句容仓头、下蜀、高资等地苦斗一个多月，最终靠着陈玉成单舟冲入镇江，太平军内外夹攻，击破了围城的吉尔杭阿部，并打退了增援的张国梁部。

接下来的一步出乎所有清方将领的意外：太平军并没有凯旋，也没有扫荡镇江外围残敌，而是径直渡过长江，在太平军江北唯一据点——瓜洲登陆，然后杀向清江北大营驻地扬州，措手不及的江北大营主将托明阿连吃两个大败仗，不得不丢掉扬州城和土桥、三汊河两个经营多年的据点，向西南溃退到蒋王庙一带。

太平军打败吉尔杭阿、张国梁是4月2日，当夜就渡江，3日破土桥，5日破扬州，很显然，这是杨秀清早就筹划好的战役，否则兵力调度、船只准备，都不可能如此得心应手。

接下来的计划，杨秀清似乎并没有想好，他派出一支人马渡江占领江浦，而与此同时，秦日纲部太平军分出周胜坤守江南的仓头清军旧营，让吴如孝回镇江，主力则沿江东进，在4月中旬占领浦口。

许多军事史著作都认为，杨秀清是打算让秦日纲部从江浦、浦口渡江凯旋，但仔细推敲就可以发现，并非如此。

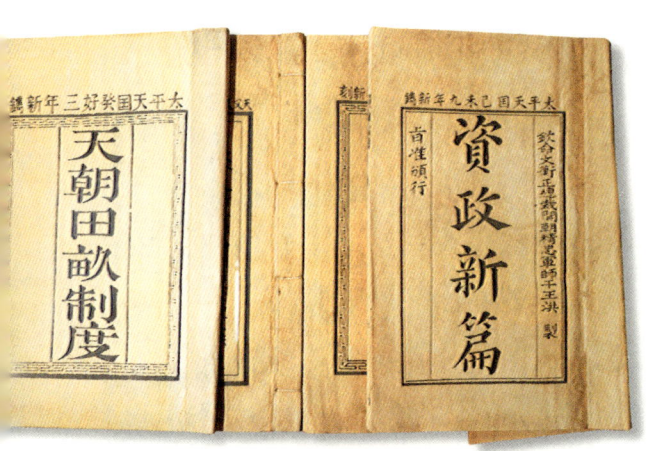

/ 南京天王府，太平天国发布的《天朝田亩制度》和《资政新篇》但这两篇"纲领性"的文件因其空想性和没有现实的土壤而均未实行

江浦、浦口占领后，秦日纲部和天京援军已经会合，从16日占浦口，到22日失守，中间长达6天时间，足够全军渡江至下关回京，但秦日纲部却安安稳稳地待在原地不动，说他们想从浦口回京于理不合，说他们后来因渡江路线被切断而被迫东返，则更说不通。

我们看看此时清方做了些什么。

巅峰势头维持了不到一个月

4月6日—4月10日，清军江南大营主力张国梁部，江苏省兵主力吉尔杭阿部一直在忙着和留守仓头等地的周胜坤部作战，最终周胜坤战死，余部由哥哥周胜富率领撤入镇江城；16日，得知江北大营失利、浦口失陷，江南大营主将向荣在咸丰的催促下，又急忙将张国梁部抽调渡江，这支江南大营主力果然不含糊，在4月22日和27日先后收复了浦口、江浦。

尽管看上去势头不错，但原本合在一处的张国梁、吉尔杭阿两部已经被拆散，最精锐的张部也疲于奔命，而秦日纲部却获得了宝贵的10天休整。不仅如此，4月8日，也就是秦日纲部占领扬州后第三天，江西太平军石达开部约3万人分三路进入皖南，开始向天京外围靠拢，并直接威胁江南大营的后方基地宁国。这一举措不但进一步分散和疲敝了清军（张国梁部就因为宁国告急，而不得不在收复江浦当天匆匆渡江增援），也让太平军在天京-镇江主战场上的兵力更加集中。很明显，这又是一个深思熟虑的大战役规划，其最终战役目标，就是从广西一路追到天京的清军主力——江南大营向荣部，而能下如此一盘大棋的没有别人，只能是主宰太平天国军政大权的杨秀清。

4月底，秦日纲部开始向东进军，在没有太多阻力的情况下却兜兜转转，直到5月27日才从瓜洲渡江，返回镇江城外的金山，而在此期间，石达开部连克太平府、宁国府，进军天京城南的重要据点秣陵关，迫使向荣不得不让张国梁带重兵抵御，疲于奔命，镇江外围的吉尔杭阿部成了一支孤军。

6月1日，秦日纲、吴如孝部猛攻困守高

△ / 江苏南京总统府景区内天王宝座复原景观。1853年3月太平军占领南京，定都于此，洪秀全建了规模宏大的天王府

资烟墩山的吉尔杭阿部，经过连日会战，先后击破吉尔杭阿、虎嵩林、余万清等部，杀死八旗副都统绷阔、江宁知府刘存厚，迫使吉尔杭阿自杀，并在6月13日回到天京近郊。

秦日纲等人或许并不知道杨秀清的全盘计划，他们认为救援镇江的任务已超额完成，转战4个多月的人马早已疲惫不堪，理应回天京休整。没想到他们接到的是杨秀清劈头盖脸的一道严令：攻破江南大营，否则不许回城。

这时天京城外的重镇溧水已被石达开攻克，天京城里的太平军也已经出城扎营，原本包围天京的江南大营，此刻反成为太平军反包围中的一步死棋，外围友军都已战败，据点也大部分丢失，主力张国梁部早已是强弩之末，在秦日纲等人看来，不许回城也许是不近情理，但对于杨秀清，恐怕早已是成竹在胸了。

6月20日，秦日纲、石达开和天京太平军分4路猛攻江南大营，仅一昼夜就将向荣全军击溃，次日向荣被迫放弃孝陵卫等地营盘和要地句容，退守丹阳。杨秀清随即派秦日纲等追击向荣，石达开回援武昌，北王韦昌辉等进军江西，8月9日，向荣在丹阳城中气愤忧闷而死，太平天国达到国势、军势的顶峰。

然而这种巅峰势头只维持了不到1个月：8月底，在丹阳、金坛受到小挫的太平军竟放弃攻势，以至于清方吹嘘，他们击毙了太平军主帅秦日纲；与此同时，江西、湖北的两路太平军，也忽然变得行动迟缓。

真相很快大白于天下：杨秀清死了，死

于1856年9月2日的天京事变。

是否逼封"万岁"还是一个谜

关于天京事变，各方的记载出入很大：《金陵省难纪略》《金陵续记》等都说杨秀清飞扬跋扈，使得忍无可忍的洪秀全密令韦昌辉、石达开、秦日纲等人设法除掉杨秀清。这些记载和李秀成的供词都认为，杨秀清逼洪秀全封自己"万岁"，惹来杀身之祸，但和其他几位不同，当时在句容、金坛前线的李秀成坚持认为，洪秀全本人没参与密谋，是石达开、韦昌辉、秦日纲三人"大齐一心"合计的结果；被一些人认为参与了杀杨密议，但事发时远在湖北的石达开则称，杨秀清性情高傲，洪秀全为激怒韦昌辉等人动手，故意加封杨秀清万岁，结果韦昌辉等人果然发作，把杨秀清杀了。

各家记载都说有"封万岁"的事，只是有杨秀清逼封、洪秀全故意加封两个版本；密议杀杨的版本则更多，有认为系洪秀全主使，韦昌辉、石达开、秦日纲参与的，也有认为洪秀全或石达开未直接参与的，记载者既有当时人也有被认为相当严谨的后来人，既有太平军方面的人，也有根据目击者口述写作的外国人，但事实真相究竟如何？

杨秀清"性情高傲"显然是毫无疑问的，他有强烈的权力欲，对洪秀全百般压制，也是无争议的事实，但他是否逼封过"万岁"？目前的说法，其实都来自一个信息源——洪秀全。

唯一记载"逼封"日期的是李滨《中兴别记》，称8月22日逼封，9月23日（太平天国丙辰六年八月十七日）杨秀清生日当天正式加封。但李滨自己的记载称，他在同治六年（1867年）才十三岁（其实应该是实岁12），《中兴别记》出版于清朝灭亡前一年的1910年，天京事变发生时，这个土生土长的南京人只有两岁或三岁，很显然，他的记载不能作为一手资料。而其他记载者都直接或间接来自杨秀清死后、洪秀全方面的说辞，只能说，杨秀清是否封万岁，是主动逼封还是洪秀全故意加封，仍然是个未解的谜团。

是否有密议，洪秀全是否参与密议，有不同意见的是李秀成和石达开，但从韦昌辉、秦日纲几乎同时秘密回京，朝臣领袖陈承镕亲自接应，以及"无所不知、无所不能"的杨秀清竟然毫无防备等事实可以断定，洪秀全正是杀死杨秀清的主谋，没有他的调度，这些人就算有杀杨的胆子，也不敢互相串联，同时动作，更不可能如此成功地瞒天过海，在杨秀清眼皮底下磨好屠刀。

李秀成并没随秦日纲回天京，事发整个过程都不在场，他的说法显然是洪秀全的官方版本，没有洪秀全这个主谋毫不足奇；石达开否认存在密议，则有两个可能，要么他事先被排除在密议之外，要么他为了撇清自己，索性连密议也矢口否认了。

如此一梳理，天京事变的脉络就很清楚了：被攘夺了权力的洪秀全对动辄借"天父下凡"威胁自己地位的杨秀清忍无可忍，表面继续推崇，暗中却与韦昌辉、秦日纲、陈承瑢（可能还有石达开）等朝中大员密议，趁太平天国刚获得空前大捷、杨秀清志得意满放松警惕之际，利用陈承瑢掌握城门钥匙的便利，悄悄将韦昌辉、秦日纲等人及其心腹亲兵召回天京，用突袭的手段杀死杨秀清全家和许多亲信。

天国第一人死于非命

《金陵续记》称，是韦昌辉亲自指挥了突袭东王府的行动，当场被杀者包括东王父子、家丁27口、"伪王娘54口"以及"掳禁服侍被奸有孕"的其他侍女，随后的记载虽然众说纷纭，一些绘声绘色的描写，如"苦肉计"、"鸿门宴"和东殿—北殿内战等，都未必属实，但太平天国骨干、重臣成批死于此役是确信无疑的。《金陵省难纪略》称整个天京事变为韦昌辉等杀死的太平天国骨干超过两万，可能夸大。而《金陵续记》称，有大批东殿出征将官被调回处死，但从史料中可知，不但东殿承宣黄文金、胡鼎文等关系较疏远的东殿部属安然无恙，和杨秀清关系密切的李寿晖、李寿春兄弟，甚至"民愤很大"的林锡保，都同样幸免于难。然而在京的大批东殿属官、朝臣及其家属遇害，随即韦昌辉杀死石达开全家、洪秀全重施故技暗算韦昌辉、在石达开"靖难"压力下处死秦日纲和陈承瑢等一系列后续事件接连发生，太平天国的全盛期就这么刚刚开始便戛然而止，刚到达个人成功巅峰的杨秀清，也就这样死于非命。

洪秀全是打着"天父次子"、"天生真主"的旗号起家的，杨秀清这个"天父代言人"是他一切光环的基础，不论出于何等原因，亲手打碎这一光环的后果只能是"江山打不通"，从此丧失神秘感和号召力，沦为孤家寡人。

自炫精明的杨秀清，明知"天父"是假的，却沉醉于这种百试百灵的廉价政治幻术，既不愿还政于洪秀全、分权于诸王和大臣，又不愿索性抹下脸皮篡位，在这种不进不退的尴尬局面中又"性情高傲"，最终令上至洪秀全、下至普通朝臣人人自危，耳目众多、神通广大的太平天国第一人，最终竟死于暗算偷袭而不自知，实在是莫大讽刺。

他是个奢侈铺张的人，据说连洗脸盆都是金的，出门时总带着如耍龙灯般的超级仪仗队，坐轿和睡床据说是玻璃做的，可以蓄水养金鱼。至于"东王好色"，也是丝毫不假，从他被害时有如此数量的"王娘"和编外王娘殉葬，和郑重其事到处贴布告寻访眼科大

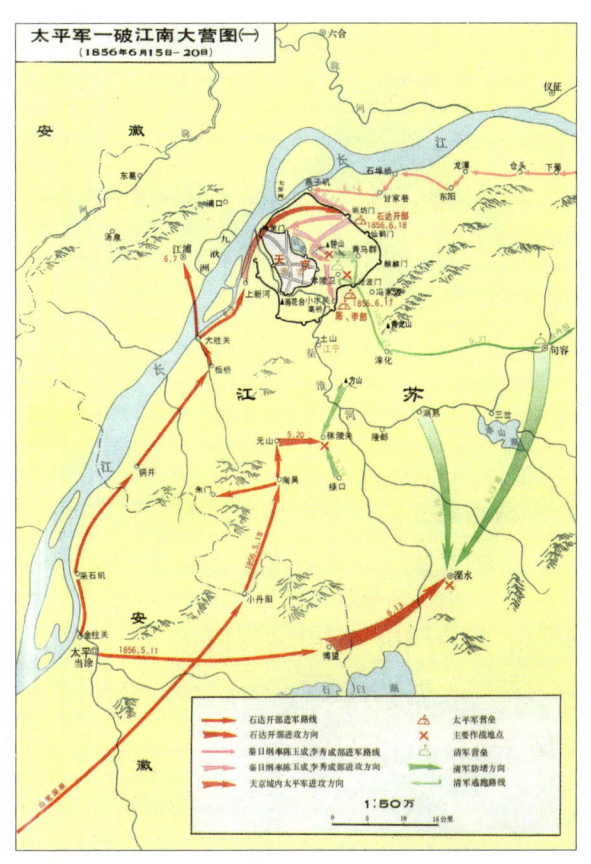

太平军一破江南大营图（一）
(1856年6月15日—20日)

太平军一破江南大营图（二）
(1856年6月15日—20日)

夫可知，他因为"纵欲过度"导致眼疾复发、一目失明的传闻，是有很大可信度的。不过对于一个政治家而言，奢侈或好色都不算最大的错误，身为一国军政的主心骨，却始终不能建立起一个符合时代水平的、稳定的政治、法律制度，刑赏任意，文武不分，正常的城市商业制度被打破，甚至城市家庭生活也一度被强行中断。与此同时，洪、杨等几个"神人"却可以广拥妻妾，坐享富贵。这样一个政权无论如何都是畸形的、非常态的，即使得势于一时，也终究难以持久。

代价高昂的政治再平衡

杨秀清的突然消失，让原本微妙的太平天国政治平衡一下被打破了。

首先膨胀起来的是韦昌辉。"天父"这块一直压在自己头顶上的巨石一旦消失，他被压抑已久的野心便突然爆发，曾经谦恭拘谨的北王，突然变成比杨秀清更傲慢、更疯狂的杀手，他像杨秀清一样大权独揽、作威作福，并不顾洪秀全反对，设计屠杀了大批东殿亲信、部属，更杀害闻讯赶来劝阻的石达开全家。只可惜，他徒有杨的做派和野心，却既没有杨的能力，更没有杨"天父下凡"的"神力"，如果说，杨秀清的权威一大半来自自己，韦昌辉的权威则几乎都来自洪秀全的授权、背书，一旦洪秀全取消支持，他的威势就顷刻间荡然无存。事实也正是如此。11月2日，洪秀全暗中联络城里的秦日纲、陈承镕，和远在安徽宁国的石达开，在韦昌辉恼羞成怒围攻天王府时，突然在宫城城墙上打出石达开的黄心蓝边旗，适才还不可一世的韦昌辉登时众叛亲离，死于非命。

秦日纲、陈承镕在天京事变中，扮演的是洪秀全打手的角色，"要咬谁就咬谁，要咬几口就几口"，杀杨、杀韦、攻石，都是洪秀全的授意。但他们树敌过多，又为石达开所不容，最终迫于压力，成了洪秀全收买人心的替罪羊。

丙辰六年底，石达开这个硕果仅存的前期王爵回天京辅政，他有能力、得人心，也留心军政事务，但"被东北王弄怕"的洪秀全，此时已不敢再信任异姓外臣，分封哥哥洪仁发、洪仁达为安王、福王，以分散石达开的权力，令石达开怏怏不乐，唯恐重蹈韦昌辉、秦日纲的覆辙。

不仅如此，石达开只是"凡人"，他即便能替代"东王"在人间的角色，却无法替代"天父"在太平天国神学体系中的地位。和杨秀清、韦昌辉等不同，石达开既不愿成为君臣猜忌的牺牲品，更不愿和洪秀全翻脸，成为"不义的翼王"，丁巳七年（1857年）7月2日，他率领部下离开天京出走，此后六年间转战数省，直到在大渡河边全军覆没，石达开始终打着太平天国的旗号，洪秀全虽对他不喜、不满，还始终保留着他的职衔，君臣二人，最终用这种既分家、又不分家的方式，实现了代价高昂的政治再平衡——代价是被清方各个击破，同归于尽。

不得不进行的平反

杨秀清死后曾被贬为"东孽"，但这种

石达开只是"凡人"，他即便能替代"东王"在人间的角色，却无法替代"天父"在太平天国神学体系中的地位

"妖魔化"的趋势很快就被叫停，随着韦昌辉的被杀，打着"为杨秀清报仇"旗号"靖难"的石达开回朝辅政，杨秀清的评价问题似乎被悬了起来，既没有继续贬低，也没有就此平反，杨辅清、杨宜清等东王直系仍然各处漂泊，不敢回朝。

这种趋势随着石达开的出走，和洪秀全任用亲戚尝试的失败，在几年后得到扭转。1858年11月，英国特使额尔金率舰队进入长江，洪秀全在给额尔金的诏书中令人瞩目地首次明确承认，杨秀清是上帝的第三子、自己和耶稣同父同母的亲弟弟；次年天历十月初七日，洪秀全颁布诏书，宣布将每年三月初三定为"爷降节"，纪念杨秀清的首次"天父下凡"，每年七月二十七日为"东王升天节"，纪念杨秀清的"升天"；庚申十年（1860年）九月十三日，托幼天王名义加封杨秀清伯父杨庆善"爵同南（和冯云山地位待遇一样）"，三十一日，同意为杨秀清修建"正九重天廷"；十二月二十七日，宣布从今以后"内外本章"只许盖幼东王一个人的印，干王洪仁玕和"一概金印"都不许再盖，次年二月二十一日"永定印衔"，东王获得了"传天父上主皇上帝真神真圣旨圣神上帝之风雷劝慰师后师左辅正军师顶天扶朝纲东王"这长达37个字的头衔，可谓煊赫已极，甚至杨秀清生前，也未能攀上如此堂皇的"神人双高峰"。

太平天国这个神权国家，洪秀全这个教主君王，其君权的依据，除了洪秀全自己早期那个升天幻梦外，主要依靠的便是杨秀清、萧朝贵，尤其是杨秀清的"代天传言"，甚至洪秀全的幻梦也要依靠"天父天兄"亲口证实才有说服力。尽管他们借这个特权玩弄洪秀全于股掌，攘夺了军政大权，但也确实让洪秀全的天王地位获得了神圣的光环，没有这一光环，所谓"天王、幼天王"便缺乏君临天下的理由，洪秀全的上帝教也难以自圆其说。因此不管洪秀全内心有多痛恨、害怕杨秀清，他都不得不最终给杨秀清平反，并连本带利地奉还那些曾被他剥夺的神圣头衔。

实际上，1858年以后的杨秀清，已经是一个死人了，虽然他表面上有儿子、有众多兄弟，但幼东王杨天佑其实是洪秀全的亲儿子洪天佑，甚至过继给杨秀清后连姓也没全改，被洪秀全称为"天佑子侄"——一半儿子、一半侄子。而杨辅清等人实际上都不是杨秀清的血亲，虽然官职不低，但在后期军政体系中始终处于边缘化的地位，杨辅清虽然做过中军主将、辅王和军师，算是后期官爵最显赫的人物之一，但如此高官却连块巩固的地盘都没有，也从没获得入朝辅政的恩典。

对这样的一个"天弟"，当然是再怎样加封、颂扬，也毫无政治风险了，正因如此，"天佑子侄"这个不到10岁的"东王继承人"，自辛酉十一年（1861年）四月二十七日首次出现在诏书上起，就一直大摇大摆地排在满朝权贵的第一名，而在大约同年或稍后颁布的"朝天朝主图"上，太平天国前10位权贵的排名为"爷哥朕幼光明东西长次"，其中"爷哥"分别为上帝、耶稣，属于神；"朕幼"是洪秀全、洪天贵福，属于君，"光明"则是洪秀全的三子洪天光、四子洪天明，东王赫然排在上述六位之后，洪秀全两个哥哥之前。表面上看，这是在推崇杨秀清，实际上还是"自家把戏"：所谓"幼东王"，本来就是洪天光、洪天明的五弟，紧排在光明两人之后，实在是再合适不过了。

（《国家人文历史》2014年12期）

天堂向地狱滑落
太平天国治下的江南

文 | 黄金生

长毛，是当时和后来江南百姓对太平天国队伍的称呼（因为太平天国提倡留长发）。据从小在嘉兴平湖长大的岳泰回忆，直到他幼年（20世纪50年代初）时期，每当有小孩哇哇大哭时，大人为了要吓唬小孩制止哭泣，不是说"狼来了……"而是说"长毛来了……"太平天国战乱在平湖的普通百姓心理上留下非常恐怖的印象。据平湖县志记载：道光十八年（1838年）全县人口为304365人，可是仅仅过了二十多年，到同治三年（1864人）全县清查人口仅为50750人。

太平天国运动后，曾经繁华富庶的江南"几于百里无人烟，其中大半人民死亡，室庐焚毁，田亩无主，荒弃不耕"。1851年，江苏人口约为4430万，经历战乱后十年恢复，即到1874年，人口连2000万还不足。范文澜在其《中国近代史》中说：扬州、苏州、南京在太平天国战争后，"二三十里无居民"，"竟日不逢一人"。

太平天国对江南的破坏主要是在1856年天京事变之后。太平天国运动初期，由于有拜上帝教这样的宗教约束，军纪也很严明，所以烧杀之事还有所克制，但也有全州屠城的恶例。天京事变后，太平天国朝纲紊乱，大量的流民、土匪以及捻军、清军的降军等等各路势力相继进入太平天国，此时太平天国正在走下坡路，为壮大实力，也就来者不拒。这些人打着太平军的旗号，烧杀抢掠无恶不作，这不仅进一步败坏了太平天国的名声，还使其纪律废弛，一些军队已与土匪无异。当时的一个外国传教士麦高文曾说："其致令人民受灾劫最惨者，非官军及太平军，而为毫无管制的土匪。土匪有临时铤而走险的，也有常年惯匪……每当一城失守，种种毁坏、强奸、抢劫——所有加之于太平军的罪行，皆土匪所为……人称土匪为'本地妖魔'。"

而在这场浩劫中，死于清军之手的人口绝不少于太平军。

湘军打出"以理学治军"的旗号，咸丰八年（1858年），曾国藩创作了集中体现"仁"这一儒家核心价值观的《爱民歌》，要求士兵背诵传唱，做到"军士与民如一家，千记不可欺负他"。但另一方面，又纵容其军队烧杀抢掠，还打出"民可爱而刁民不可爱，绅可敬而劣绅不可敬"的幌子，主张对太平军斩尽杀绝，即使对叛变投降者也不例外，以至于落下了"曾剃头"之称。

湘军为维系军心，"大索"成为其刺激士气的重要手段，晚年曾国藩退隐后，其同乡王湘绮曾问他为何纵容手下杀戮时，曾国藩平淡对之："吾之兵士，非朝廷俸养，然为朝廷竭力，故唯有薄民生而厚朝廷也哉！"

正是这样一支标榜仁义道德的军队，一手制造了太平天国战争期间罕见的三次屠城暴行。

次战役，太平军先后投入数十万兵力，最终归于失败。1861年，曾国藩攻下安庆后，下令士兵"大索三日"，屠杀淫掠，整个安庆几乎变成了一座空城。"大索"字面上是搜索"残敌"，实际则是纵容士兵在当地公开抢劫奸淫。曾国藩的亲信李榕称："通计前后杀毙援贼、城外垒贼、降贼及城中之贼实有四万余人，军兴以来，杀劫此为最重。"

1864年7月，曾国荃部攻陷天京，顿时"十年壮丽天王府，化作荒庄野鸽飞"，繁华

> **安庆在太平天国的地位仅次于首都天京。由于安庆是天京上游的重要门户，安庆的得失，对太平天国后期战争的全局关系极大**

湘军三次屠城

1858年四月，湘军悍将李续宾经过一年多时间的苦战，攻克重镇九江，为湘军战胜太平军奠定了决定性的基础。李加封巡抚衔，赐黄马褂，成为封疆大吏。然而在破城之后，他不仅下令杀了太平军守将林启容以及1.7万名守军，还大规模杀戮平民，开了湘军屠城的先例。九江城内一时积尸成阜，流血成渠。

安庆在太平天国的地位仅次于首都天京。由于安庆是天京上游的重要门户，安庆的得失，对太平天国后期战争的全局关系极大。安庆保卫战是太平军战史上最惨烈的一

的古都南京顿成瓦砾。同时，湘军也再次大开杀戒，"沿街死尸十九皆老者，其幼孩未满二三岁者亦斫戮以为戏"。曾国藩上报说：曾国荃率所部在南京城内"分段搜杀，三日之间毙贼共十余万人。秦淮长河，尸首如麻"。这实际上是三天就屠杀了十余万南京居民。

清人记载："金陵之役，伏尸百万，秦淮尽赤；号哭之声，震动四野。"所谓伏尸百万，除了战死者，还有大量的平民。湘军亦以"大索"为名，从上到下，每一个人置备一个大竹筐，抢到钱财就往竹筐里装。同时

▲ /《平定粤匪图》之《克复安庆省城图》绢本设色，清，宫廷画师作

第一部分
湘军的崛起

亦大肆在城内外进行野蛮的屠杀。

曾国藩的幕僚赵烈文在《能静居士日记》中记载破城后七天时他所目睹的情形："其老弱本地人民，不能挑担，又无窖可挖者，尽遭杀死，沿街死尸十之九皆老者。其幼孩未满二三岁者亦斫戮以为戏，匍匐道上。妇女四十岁以下者一人俱无，老者无不负伤，或十余刀，数十刀，哀号之声，达于四远，其乱如此，可为发指。"

太平天国强盛时，南京最多有100万人，可屠城之后10多年，到光绪登基时，南京只剩不到50万人。

江浙之殇

苏州位于太湖流域下游，唐至明清时期，苏州一直堪称中国最美丽、最繁荣之地，号称"富甲天下、绝冠中华"。苏州和以苏州为代表的江南体现着中国传统文化的极致。

"三江财富尤贼（指太平军）所觊觎"，苏州的富庶对太平军来说，也有巨大的吸引力和诱惑力。1860年5月，太平天国忠王李秀成攻打苏州，江苏巡抚徐有壬和总兵马德昭为巩固城防，"首令民装裹，次令迁徙，三令纵火"。一把大火，使苏州曾经繁华盖世的阊门外直到枫桥寒山寺，顷刻之间烟焰蔽天，日夜不息，数十万苏州市民逃往上海租界。时人李寿龄曾做《姑苏哀》："清军十万仓皇来，三日城门闭不开。抚军下令烧民屋，城外万户成寒灰。健儿应募尽反颜，弃甲堆积如丘山。"

6月2日，李秀成军攻克苏州，并以苏州为首府建立了太平天国苏福省。苏福省建立后，李秀成虽采取了一些稳定社会秩序的有效措施，苏州的商业重新出现了兴旺景象。但苏州也遭受了严重破坏，太平军不仅摧毁了城市里的行会组织，也破坏了手工业工场和作坊，许多行业陷于停顿。一向十分活跃

⋀/油画，上海前线作战的太平军，英，呤唎作。图中太平军已配备了来复枪、单筒望远镜等当时先进的武器装备

的行会组织完全被摧毁，行会董事大多逃散或死于战乱。

1863年初，李鸿章统帅的淮军向苏福省挺进，李秀成军与之展开惨烈的争夺战。在这场大搏杀中，繁华的江南"尽成废墟"，田园荒芜，农村的家庭手工业和城市手工业被摧毁殆尽。1865年1月13日《上海之友》报发表了一位外国商人从苏州到南京的沿途见闻：

（苏州陷落前）南京和苏州之间一带乡间是可爱的花园，运河两岸十八里内全都排列着房舍，居民像蜂群似的忙碌着，处处显示出这些人民有理由可以预期到的繁荣景象。自苏州复归于清军之手后，这些房舍以及无数桥梁全都消失了。整个十八里之内没有一幢房子，四周乡间，举目荒凉。人民畏清兵如豺虎，一见就惶惶逃命。看不见男人，看不见妇女，看不见儿童，也看不见任何一头牲畜……在通往无锡的路上，遍地荒芜，荆草蔓生……可是沿途布满了数不清的白骨骷髅和半腐的尸体，使人望而生畏。这里没有做买卖的船只，商业绝迹，无锡已成为一片废墟……到常州府，沿途九十五里，仍旧是一片荒芜凄惨的景象，不见一个做工的人。遍地荒蒿，杂草没胫……从常州府到丹阳遍地布满了白骨，不幸的太平军，更可能是无辜的村民，一定遭到了极其可怕的屠戮。我从丹阳前进四十五里，前进得越远，地方上的情况就越坏，一言以蔽之，整个情况是"一团糟"。

太平天国战后的苏州，人口由1831年的340万下降到1865年的129万，经济上的富庶与繁华和文化上的标致与优雅都已随风而逝。同样，有着"人间天堂"之称的杭州在1861年至1864年被太平天国占领期间，因死于战火、屠杀、瘟疫以及人口的逃亡，原有居民由81万骤减至20万，一度仅剩下数万人。

1853年，太平军占领江南地区时，封锁了大运河上的交通运输，切断了贯通南北的经济大动脉，清廷和商人只好发展途经上海的海上运输，这种变化导致了运河城市带的急遽衰落。1860年，太平天国攻克杭州，据生活在杭州的徽商子弟程秉钊的日记《记事珠》记载，劫后的杭州城："积尸横路，血肉淋漓，秽气熏蒸，不可逼视。人家墙扉洞然，无一完善者……"昔日的繁华街市顿时化为人间地狱。

整个江浙的人口，到民国初期才恢复到原来的水平。还有资料说，到太平天国失败十年以后，安徽一带有些地方，那些被杀死的尸骨都还没埋起来。在这场浩劫中，究竟有多少人丧生至今仍是个谜，时任美国驻华公使柔克义估计，太平天国战争导致的人口死亡数为2000万。而1883年一位美国传教士则称，太平天国战争造成中国人口损失为

5000万。葛剑雄教授通过系统的研究分析后认为，从1851年到1865年，中国绝对人口的数量减少了四分之一。

上海崛起

太平天国战后东南财富遭受严重破坏，安庆、苏州、杭州都因此而衰落。不过，在这场浩劫中也有例外，那就是上海。因太平天国运动，上海从一个普通的滨海县城，迅速发展成为近代化的大都市，并取代苏州和杭州，成为江南新的中心城市和长江三角洲地区社会经济发展的龙头。

上海与太平天国政权，似乎没有什么太多的联系。1860年，李秀成三次进攻上海，均无功而返。太平天国一度占领了上海周边地区，却始终没有占领上海。但在无意之中，太平天国运动却成就了上海的繁荣。

1853年，太平军进军南京，9月，上海小刀会起义，列强趁机在上海扩大租界，经数度扩充，英美法在上海租界总面积方圆约10公里，有"十里洋场"之称。小刀会起义前，居住在租界内的华人只有500人，之后则猛增至两万人。1860年之后，太平天国攻占长江中下游地区，引起官员、士绅和百姓的大逃亡，老百姓逃亡的路线几乎一致：由南京、镇江、常州、无锡、苏州、上海，再由上海及上海周围县城向租界逃亡，上海因有洋人而令人感到安全，上海的租界更因为是"国中之国"，更加令人感到安全。于是，上海租界在短期内急剧膨胀，1860年上海租界人口激增至30万，1862年又增至50万，一度还曾达到70余万。难民逃亡的结果，使浙江和苏南一带大量游资在上海的租界内积聚并沉淀，从1860年到1862年短短的两年时间里，至少有650万银元的华人资本流入租界。上海租界接纳的这些难民以及他们带来的资金和智慧，给上海的经济发展带来巨大的活力。此后的上海便步入超常规的大发展时期，迅速超过了宁波、福州、厦门等沿海城市而繁荣起来。

姚公鹤1917年在《上海闲话》中曾经感叹道："上海兵事凡经三次：第一次道光时英人之役，为上海开埠之造因；第二次咸丰初刘丽川（上海小刀会首领）之役，为华界人民聚居上海租界之造因；第三次咸丰末太平军之役，为江浙及长江一带人民聚居上海租界之造因。经一次兵事，则租界繁荣一次。"

上海，成为饱受摧残的江南之唯一亮点。

参考资料：周武《太平军战事与江南社会变迁》；洪均《湘军屠城考论》；王兴福《太平天国在浙江》；华强《关于太平天国时期上海战略地位的思考》等。

（《国家人文历史》2014年12期）

/ 浙江省金华市九坊巷天平天国侍王府大门

天国很远 苏杭很近
侍王府：太平军三号人物的浙江攻略

文 | 熊崧策

地处浙江金华的侍王府是我国现存太平天国王府建筑中规模最大、保存最完整、艺术品最多的一处，分为宫殿、住宅、园林三部分，总面积约2.4万平方米，建筑面积3000多平方米，是太平军在浙江的指挥中心，这里当年的主人是侍王李世贤。

太平天国后期的军事领袖经常被提及的有两个：英王陈玉成和忠王李秀成。和他们相比，在很多史书上李世贤更像是一个跑龙套的。要么略过不提，要么一笔带过。实际上，无论是朝中地位还是手里掌控的地盘和军队，他都是太平天国军事领袖中的第三号人物。如此重要的角色偏偏名气又很低，这让李世贤身上带着一丝神秘。

三号人物二破江南大营

李世贤生于1834年，广西藤县人，是李秀成的族弟。1851年，萧朝贵和韦昌辉的部队经过藤县时，二李一起加入太平军。光凭着走出了陈玉成和李氏兄弟，藤县都该被太平天国封个"革命老区"。

李世贤在太平天国前期的事迹很模糊，只知道他是一个默默无闻的小军官。1856年的天京事变，太平天国功臣宿将折损殆尽，但这也给了年轻人崭露头角的机会。之前已经脱颖而出的陈玉成和李秀成当上台柱子，李世贤也在李秀成的提拔和扶持下成了芜湖的守将，力保天京粮运。两人约好，哥哥在江北、弟弟在江南，互为犄角。1858年7月，洪秀全设立五军主将制，李世贤被任命为左军主将，进入太平天国的最高统帅层。位次排在蒙得恩、陈玉成、李秀成之后，韦昌辉的弟弟韦俊之前。仅就军事方面来说，蒙得恩没什么实力、唯洪秀全意志是从，李世贤此时实际上是太平军的第三号人物。但他更多充当着李秀成的战略助手的角色。

直到1858年12月，李世贤在芜湖东南的湾沚困住了清浙江提督邓绍良，他以一军之力先是歼灭总兵戴文英的五千援兵，第二天全歼邓绍良部七千余人，整个皖南震动。调集多路人马以多打少本是太平军的风格，但这次李世贤孤军奋战以一打多，算是相当漂亮的一场歼灭战。也正是这场战役，李世贤才让人看到了他独当一面的能力。

洪秀全在天京事变后曾宣布永不封王，但1859年族弟洪仁玕自香港来天京后，被他封为干王。为了平息诸将的不服，陈玉成、李秀成也先后被封为英王、忠王，大概在当年的11月，李世贤晋封为侍王。都说太平天国后期封王滥，有"王爷遍地走、小民泪长流"之说，但在此时王爷还比较值钱，是太平天国官方认定的"上帝家庭"成员。洪仁玕、已经出走的石达开、陈玉成、李秀成、李世贤、蒙得恩、杨辅清、林绍璋八王被洪秀全称为"胞"，诏书上称呼为玉胞、秀胞、贤胞等等，同时让幼天王叫他们"叔"。天京事变前能被洪秀全叫"胞"的也就东、西、南、北、翼五王。

1861年1月底，李秀成从天京跑到了芜湖，此时清军江南大营已经在天京外围挖了一条长壕，李秀成此行的目的就是和兄弟商量如何解天京之围。商量的结果是李秀成定下"围魏救赵"的计策——佯攻杭州，吸引江南大营分兵，然后急速回师解围。执行奔袭杭州任务的自然是李秀成和李世贤的部队。

在东进浙江的过程中，二李配合极为娴熟，时而分兵，让清军摸不准他们的真实意图，时而合兵一处，并力大破清军，经常是李秀成正面强攻，李世贤迂回敌后。3月3日和4日，两人三仗连捷，直指重镇湖州。二李决定分兵，李世贤攻打湖州，李秀成从小路突袭杭州。

3月7日，李世贤抵达湖州城外，这也是他第一次到浙江。他在城下大造攻城器械，让清军终于做出错误判断——太平军主攻方向是湖州，派军增援。李世贤的佯攻成功吸引了清军的注意力,导致李秀成率军到达杭州城外时,清军还蒙在鼓里。从围城到破城,李秀成只用了9天。咸丰皇帝震怒,命钦差大臣和春发兵救援浙江,这样,江南大营七万人有五分之二不是在浙江就是在去浙江的路上。

李秀成在杭州待了六天后主动撤出,李世贤大放烟雾,他满世界求购习走山路的骡马,制造将由西川岭北取宜兴的声势,又大举砍伐竹林制作竹排,制造驶入太湖北上苏州的假象。浙江清军又没头苍蝇似的往湖州集结。李世贤看出清军有将他合围的态势,跳出逐渐收紧的包围圈。4月8日,李秀成、李世贤、杨辅清、刘官芳在建平会合,具体部署分路进援天京。李世贤朝东北方向机动,猛攻宜兴、金坛、苏州,虽然都没打下来,但清军不得不在苏南各个城池分兵把守。4月23日,李世贤突然转向西北方向,轻松拿下句容,进抵天京城下,由外线作战转为内线作战。此时,陈玉成、李秀成、杨辅清、刘官芳等天国名将已在天京城外会齐,5月2日,太平军五路并进,猛扑江南大营,5月5日,江南大营总部被攻破,天京解围。

如果说李秀成是"二破江南大营"(第一次是1856年)的总导演兼主角的话,李世贤对于兄长虚实相间、变幻莫测的战争艺术心领神会、贯彻坚决,应该是此役的最佳配角。

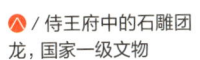

△ / 侍王府中的石雕团龙,国家一级文物

△ / 侍王府屋檐下的木雕

浙江像一块吸铁石

虽说是一军主将,李世贤自立门户的欲望倒不强烈,他没有在朝执政的经验,缺乏通盘考虑的能力,所以很多时候都把战略上的思考交给李秀成,自己一门心思只负责打仗。1860年5月11日,太平军高层在天京开会,对未来的战略提出了三种构想:陈玉成要救自己的根据地安庆;洪仁玕和李秀成要打苏州、杭州、上海;李世贤则要开拓闽浙。从事后诸葛亮的角度来看,陈玉成的主张无疑是上策,但遗憾的是太平军执行了第二种方略,在当时,攻打苏、常一带最容易,短期效益也最大。表面上看来,李世贤

第一次也是唯一一次提出战略层面的规划，但实际上他的思路还是从李秀成跟班的角度出发，浙江、福建是李秀成主攻目录苏南地区的战略延伸。上有天堂、下有苏杭，占领东南沿海的好处一目了然。虽然当时未能执行，但这一构想主导了李世贤今后几年的走向，也深深影响到太平天国的命运。

当年秋天，李世贤打下徽州，军锋直逼曾国藩的老营祁门，可惜的是他情报工作做得太差，根本不知道曾国藩在这里，反而因为看到东南空虚攻入浙江。攻打杭州不利后他又回到皖南，吊儿郎当地打了一下祁门又转向别处，再次和建不世之奇功擦肩而过。年底，天京下达了西征武昌以解安庆之围的命令，李世贤的规定动作是从江西入湖北南部。

众所周知，李秀成对西征武昌兴趣不大，但他起码还到过湖北，把程序走到。而李世贤一进江西就碰上了刚出来打仗的左宗棠，两人在景德镇和乐平两次交手，李世贤先胜后败，总体上看是平局。双方都损失惨重，左宗棠半天没缓过劲，说李世贤是"贼中渠魁，凶狡特甚。"而李世贤却在战后把天地会的"花旗"军纳入麾下，实力大涨。按说咬咬牙，说不定就突入湖北了，但碰上左宗棠这块硬骨头似乎给了李世贤不去武昌的借口，他来了个大调头，奔赴像是一块磁石般吸引着他的浙江。

浙江清军怎么抵挡得住和左宗棠平分秋色的李世贤？他于1961年5月3日进入浙江，长驱直入，摧枯拉朽，5月28日，太平军进占金华，李世贤把这里作为自己在浙江的大本营。这年9月，李秀成率部70万，声势浩大地进入浙江，二李分兵五路，攻下宁波、绍兴、杭州、湖州等重镇。到1852年5月，太平军已经占据了浙江十一府中的九府七十个县，李世贤成为浙江几十座城市的主人，紧靠着李秀成的根据地苏福省（太平天国以苏州为中心建立的行政区）。然而，比起天京上游战略重镇安庆的陷落，占领浙江实在是捡了芝麻丢了西瓜，这一点二李难辞其咎。

太平天国艺术宝库

李世贤在金华的侍王府原为唐宋时期的婺州府治所在地，元朝为浙东道宣慰司署、肃政廉访司署，明初朱元璋曾驻跸于此，此后又改为巡按御史台,清代为试士院。李世贤在原有基础上进行了拓建,并修子城、设照墙、建大门、围园林、辟练兵场,在不到一年的时间内建成的集宫殿建筑(东院)、住宅建筑(西院)、园林建筑、后勤建筑和练兵场为一体的建筑群。当时的规模有六万三千平方米。

东院以大殿为主体。门前的照壁,高约六米,面阔十七米,正背面均镶嵌着一组组相互对称、造型精美的砖石雕,是太平天国遗留至今唯一的一座照壁。大殿后为二殿、耐寒轩(三殿)。大殿系当年太平军首领议事厅,宽27.65米,深16米,园柱直径一抱有余,所有墙壁、梁柱上均绘有各种壁画和彩画。西院以住宅建筑为主,共四进。一二进之间有一长廊,构成工字形,这和东院大殿与二殿由过厅组成工字形一样,是太平天国王府建筑中的一大特点,二三进是李世贤的办公地址和住址。四进相传是王府卫队的住处。西院门厅西南的空旷地是当年的练兵场,可以容纳上万军队操练。

除了建筑,侍王府还有太平天国艺术宝库之称,其内木雕、石雕和砖雕及彩画保存非常丰富,其中壁画119幅,彩画407方,数量之多为全国之最,超过全国各地太平天国遗址所保存的壁画、彩画总和。一些建筑的墙壁、房梁、柱子、斗拱、天花板都有彩画和壁画装饰,几乎达到无所不画。这些壁画在太平军撤出金华时被抹了一层泥糊住,直到1963年才被发现,经过对泥层的小心剥离才重见天日。

如果说太平天国有其美术特色的话,那么壁画应该是它最辉煌的成就。中国社会自周、秦以来直至隋、唐、五代,统治者多在宫苑寺庙的堵壁上绘以壁画。宋以后,士大夫卷轴画兴起,文人们觉得壁画充满了匠气,嗤之以鼻,导致这种艺术形式的衰落。太平天国的领袖都出自草根,壁画乃其喜闻乐见。天京专门有一个"绣锦衙",专门管理刺绣和壁画事务。

那么,能否通过侍王府的壁画窥探他主人的内心世界呢?

壁画透露出对世俗生活的向往

侍王府西院二进正厅,是李世贤的办公室,也是侍王府最核心的位置。左壁有《兵营望楼图》,纵206、横322厘米。壁画上绘有一望楼,高四层,楼顶有一面大旗;下游四幢房子,是太平军的兵营;左上方一座城池,城门紧闭。右壁的《王府图》,府内有亭台楼阁,建筑的门窗都是敞开的,室内书案上放有文房四宝。左战场右王府,非常符合李世贤的身份。奇怪的是,两幅壁画上皆空无一人。这是因为洪秀全反对偶像崇拜,禁止在壁画上画人物。看来,侍王府虽然远离天京，但李世贤还是遵守了天王的规定。

但在侍王府西院一进西厢房有一幅《樵夫挑刺图》，在二进东西侧壁上有四幅《四季捕鱼图》。这五幅著名壁画，取材均是劳作场景，或是樵夫挑柴路上的情谊，或是渔夫打鱼过程中的欢愉。此外还有《读书图》《寒山读书图》《樵夫憩息图》，甚至还有一些壁画以仙道人物为题材，如《八仙同乐图》等等。统计下来，119幅壁画有16幅画有人物。

如何解释这种既守法又违规的现象呢？太平天国早期有摧毁偶像的行为，但到了中后期，这些与传统文化冲突过于激烈的行为，遭到民间的普遍抵制。太平天国后期放宽各类规制的现象也屡见不鲜，人物画的禁令也有放开的可能。结合李世贤的情况，他在政治、军事题材方面规规矩矩，在其他场合就有点不老实了。如果说这些壁画能够体现李世贤的某些审美情趣的话，我们可以看到一丝他对渔樵耕读世俗生活的亲近，那幅《四季捕鱼图》完全描绘的是江南水乡的景色，高山、流水、渔隐，透露出它刚健的主人内心中柔软的部分。

实际上，尽管被称作"胞"，李世贤在心理上也和洪秀全离得很远。自天京事变后，洪秀全对那些手握重兵的宿将极其忌惮，也想了一些办法限制二李的权力。对此，李秀成表现出来更多的是忍让，而李世贤则是抵抗。

1862年，洪秀全突发奇想，把国名改名"天父天兄天王太平天国"，以表明天下是洪家之天下。虽说众将对此都有不满，但李秀成最后还是按照旨意在公文上的国号加上了"天父天兄天王"六个字。而李世贤对其置之不理，洪秀全撤去他的王爵，他依旧抵制，一直打着"太平天国侍王李"的旗号。当然王爵对他这种实力派没什么意义。后来洪秀全硬的不行来软的，封李世贤开朝正忠军师，李世贤继续我行我素。

李世贤对洪氏父子感情淡漠

由于要应付衢州左宗棠湘军的骚扰，以及出征台州、温州，李世贤在金华侍王府待的时间并不多。到1862年5月，湘军曾国荃像一块狗皮膏药似的贴上了天京，而左宗棠也开始进犯浙江。李世贤选择两面作战，1862年10月7日，他留下十多万人，自带七万精锐赴援天京。他告诉守将，自己只去五十天，到时肯定回来。然而他这一走就再没回浙江。

李秀成这次组织的解围战并不成功，猛攻曾国荃大营四十多天不下，只好作罢。李世贤被洪秀全拉去攻打金柱关，以图打通天京粮道。他留在浙江的部署也群龙无首，各自为战。左宗棠也比李世贤手下的这些二流货色强太多，1863年初，仅用3天就拿下龙游、汤溪、兰溪、金华四城。绍兴、萧山等地的部队开始撤退，清军攻击杭州。到1863年年初，李世贤在浙江的地盘尽失，只能龟缩在苏南的溧阳。

1863年年底，苏州失陷，李秀成驻扎在丹阳，准备参加天京保卫战。李世贤劝兄长赴溧阳，不要回天京，明眼人都能看出来天京不可保。李秀成此时无愧于他"忠王"的封号，执意回去。李世贤甚至动了发兵把兄长绑架到溧阳的念头，最后李秀成以老母在家为由，轻骑入京。也许他和李世贤达成了某种默契，回去后就劝洪秀全主动放弃天京，转战别处。然而洪秀全对李秀成说："朕铁桶江山，尔不扶，自有人扶。"李世贤只得转战皖南，准备秋粮收割后再救天京。没想到，曾国荃在1864年夏天就攻破了天京。李秀成保护幼天王突围，自己却被俘，于8月7日被处决。

幼天王洪天贵福先到了湖州，此时，太平军剩下的最大一股力量就是李世贤和他的部将康王汪海洋。洪天贵福写信，让李世贤立足抚州、建昌（今江西省南城县），等他会合重建大业。然而，当幼天王到抚州、建昌时，颇有意味的一幕发生了：他"贤叔"玩"躲猫猫"，跑到广东去了，汪海洋在瑞金。幼天王再往瑞金赶，在离汪海洋部十里的地方被清军擒获。

李世贤连老天王的账都不一定买，何况这个幼天王，迎接不积极也是他对洪氏父子感情淡漠的真实写照。此时，他已成为还在战斗着的太平军头号人物，在军心浮动、士气低落的关键时刻，他在福建打出了自己的悍将本色。幼天王被俘两天后，李世贤击杀湘军名将张运兰，势如破竹连战连捷，攻克漳州，先后斩杀清军三名总兵。他打出"复兴太平天国"的旗号，力求攻下福州、泉州，获得入海口。然而，他在战略上的短板也凸现出来，自古以来就没有依托福建能打天下的。

很快，清军从江西、浙江、广东分路进剿，1865年5月15日，清军攻破漳州城，李世贤由西门突围。撤退到永定韩江时，遭清军围击，部众溃散，李世贤趁夜泅水，属下大多溺水而死。在当地人的掩护下，他剃发密藏山中，打听到汪海洋营址，昼伏夜行，终于在8月19日只身到达镇平（今广东省蕉岭县）汪海洋营中。汪海洋此前违命不救漳州，又擅杀大将以立威，害怕李世贤追究责任。8月23日，李世贤在睡梦中被汪海洋杀害，年仅31岁。他的无端被害令在广东的太平军军心瓦解，不到半年内全军覆没。

太平军撤出金华后，侍王府被清政府改为通判、经历两署。民国时期改为学堂，后又改成浙江省立第七中学。新中国成立后维持现状。1964年成立太平天国侍王府纪念馆。1988年被国务院公布为全国重点文物保护单位。

（《文史参考》2012年22期）

安庆血战
太平天国命运转折点

文 | 熊崧策

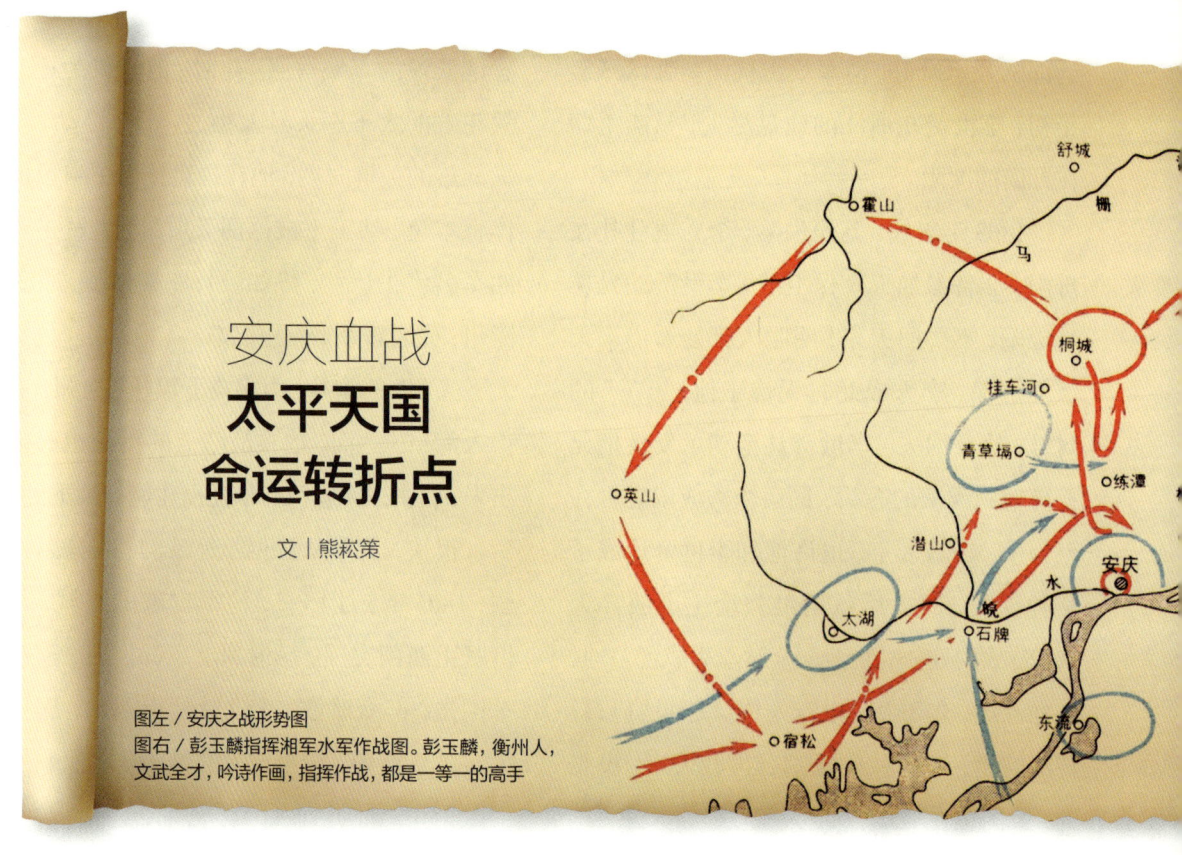

图左 / 安庆之战形势图
图右 / 彭玉麟指挥湘军水军作战图。彭玉麟，衡州人，文武全才，吟诗作画，指挥作战，都是一等一的高手

1861年9月5日，太平军占领的长江中游重镇安庆被湘军攻破，长达一年多，牵动皖、鄂、赣、苏、浙几省战略态势的安庆之战落下帷幕。此战的失败，成了太平天国命运的转折点，太平天国失去了天京上游最后一道屏障，面对清军的步步紧逼，不得不采取全面守势，直至三年后灭亡。而湘军在此战中主动、灵活的围城打援战术，为今后百年来中国战争艺术，提供了一个经典的范例。

咸丰对绿营死心，押宝曾国藩

在1861年之前，其实太平天国经营得有声有色。虽然1856年的杨韦内讧、1857年的石达开出走让太平天国大伤元气，但随着陈玉成、李秀成等青年将领的崛起，太平天国在1860年几乎迎来了又一个全盛期。

在西边，1858年湘军悍将李续宾骄兵冒进，全军覆没于三合镇，这使得湘军精锐毁于一旦，士气低落，几年之内不敢言战；在

东面,1860年二三月间,李秀成奔袭杭州成功,随即高速回师天京,运动歼敌,当年5月在陈玉成的配合下击破江南大营,占领清廷苏州和常州等江南财赋重地,朝野震动。

然而,也就是江南大营的溃败让清廷对自己的国家武装——绿营彻底死心,只能押宝于曾国藩带领的湘军。1860年6月,咸丰皇帝授予曾国藩兵部尚书衔,署理两江总督,一个月后又实授两江总督并以钦差大臣督办江南军务。一直以在籍侍郎的头衔带兵八年的曾国藩终于获得了一个军政实职,改变了以前一没地盘、二没名分的窘境。而湘军虽然折损了李续宾,其残部在胡林翼、李续宜的操持下整编重建,而多隆阿、鲍超、曾国荃部均完好无损,特别是多隆阿和鲍超,在宿松和二郎河击败陈玉成、李秀成的联军,已经建立起对陈、李的心理优势。李秀成被俘后曾评价:鲍军"冲锋猛战",曾军"稳练不摇",多军"应变善战",虽有拍马屁之嫌,但基本属于实情。

对急于雪三合镇败溃之耻、以收复天京为己任的湘军来说，夺取安庆是进军天京关键性的一步；就太平军来说，安庆是保障天京安全的锁钥，打破江南大营之后，太平军辟地拓疆，稳定了东部战线，回师西向，解决安庆的保障问题，也是势所必然。两家都想在安庆寻求战略优势，大战一触一发！

太平军完美计划：五路大军会剿武昌

按曾国藩的说法，最初提出组织安庆战役想法的是湖北巡抚胡林翼。从1857年始，胡林翼就谋划夺取安庆，只不过受总的战争形势的制约，没有取得重要进展。1859年11月，曾国藩、胡林翼、湘军水师统帅杨载福、彭玉麟，还有时为曾国藩幕僚的李鸿章在湖北黄州开会，定下了进攻安庆的战略决断。这时湘军也没闲着，多隆阿从1859年9月到1860年2月，趁着陈玉成回师东向的时机，接连攻下石牌、太湖、潜山三个安庆周边的战略据点，逐渐形成了对安庆的合围。

就在江南大营被太平军攻下的第三天，太平天国的精英们在天京开了一个会，洪秀全主持，参加者有干王洪仁玕和英王陈玉成、忠王李秀成等，会议的议题只有一个——怎么解安庆之围。陈玉成的办法是直接到安庆扑上去打，洪仁玕的想法则是——分两路大军，一支在江南、一支在江北，不管安庆，直扑武昌。因为武昌是湘军大本营，是安庆围师的后勤补给中心。湘军必然会分兵来救，就有可能撤围，简单地说，这个办法就是"围魏救赵"。最后洪的意见占了上风，决定江北一路由陈玉成率领，从安徽入湖北；江南分四路，李秀成、杨辅清、黄文金、李世贤，以李秀成部为主，从江西入湖北，五路大军会剿武昌。从计划上看，这个安排非常精彩，只不过后来在执行层面上出了问题。

"曾铁桶"曾国荃两道长壕围安庆

"打武昌、救安庆"，实际上是太平军奔袭杭州然后回马攻破江南大营这一成功战例的翻版，湘军高层对此也有一些提前的判断，然而限于手中兵力的限制，并没有在武昌留太多的部队防守，湘军的算盘是：在太平军围武昌之前，先把安庆拿下。

> **限于手中兵力的限制，并没有在武昌留太多的部队防守，湘军的算盘是：在太平军围武昌之前，先把安庆拿下**

1860年6月8日，曾国藩的九弟曾国荃率13营近万人进入安庆城北战略要地集贤关，安庆之战打响。曾国荃打仗的特点就是"扎硬寨打死仗"，从他一开始带兵打吉安用的就是"以围代攻"这招，因此也得了个外号，叫"曾铁桶"。这一次，"曾铁桶"故技重施，在城东北西三面挖长壕两道，内壕用于围困安庆城内太平军，外壕用于抵御太平军援军，部队驻扎在两壕之间，营垒修得极为扎实、坚固。城内太平军出城作战，曾国荃绝不越壕迎击。

安庆南面临江，水路封锁由控制长江的湘军水师负责。6月20日，在水师杨载福的督战之下，太平军降将、北王韦昌辉的弟弟韦俊攻下安庆城东北的枞阳，这是安庆唯一的对外陆路联系通道。至此，湘军完成对安庆的合围。

此前，胡林翼仔细研究了过去的一些围城战例，总结出了一个心得：围城用以诱敌来援、打援用以歼灭敌有生力量，围城结合打援才是王道。他甚至提出，用弱旅去围城，用劲旅去打援，围城和打援兵力的配置最好达到一比三。实际上，胡林翼也是这么做的：只会围城不会运动战的曾国荃去围城，多隆阿和李续宜各率万人驻扎在安庆东北、桐城西南的挂车河、青草隔一带，准备阻击从桐城方向来的太平军，鲍超部"霆军"6000人则作为预备队。

打了水漂的"围魏救赵"

安庆是陈玉成的根据地，他的英王府就设在那里，所以他在援救安庆这件事上比其他人更积极。虽说按照计划他应该绕过安庆去打武昌，但是他还是决定先直接打安庆试试手气。1860年11月，陈玉成同捻军龚得树、孙葵心等率10余万人，自舒城、庐江直奔桐城，浩浩荡荡而来，在桐城西南筑40余座营垒。12月10日，多隆阿与李续宜对陈玉成部南北夹击。多隆阿将所部分为左、中、右三路，分别担任正面攻击和左、右翼侧击。每路都选数营精兵打头阵，别留一两营组成第二梯队为后继。另外，还以骑兵分队包抄太平军后路。双方激战两个时辰，太平军官兵伤亡数千人。陈玉成退入桐城，捻军退入庐江。翻过年头，陈玉成又去打枞阳，激战四十多天，当年的同事韦俊没有让他尝到甜头。

陈玉成还是决定去打武汉，1861年3月，他进入鄂西，3月18日攻陷黄州府，距离武昌只有2天路程。当时武昌只有3000兵，还都是老弱病残，全城呈瓦解之势。胡林翼是湖北巡抚，如果丢了省城，他恐怕只有自杀的份了。肺病缠身的他气得吐血，说自己是"笨人下棋，死不顾家"，急调李续宜回援。曾国藩则是咬定安庆不松口，宁失武昌，也要安庆。

然而，陈玉成放着武昌却没攻，只是打下了周边的一些小城。过去公认的解释是因为英国参赞巴夏里的阻挠，这或许是一个原因，但绝不是主要原因。分析当时的形势，武昌易攻难守，太平军此前曾三克武昌，时间不长又丢掉就是例证。如果陈玉成占领武昌，立即丧失机动性，成为被围攻的靶子。最重要的一点是，原本约好应该出现在武昌南方的李秀成和其他三路大军，连人影都没见着。

李秀成干什么去了？

从一开始，李秀成就对会师武昌兴趣不大，此时他已经在富庶的江浙建立了自己的势力范围，在他看来，在这里站稳脚跟并且能打下一座沿海城市和海外取得联系，比救安庆重要得多。他倒也不是没出兵，因为江西、湖北一些零星起义者要加入他的麾下，他要带兵出去接应。陈玉成到了黄州的时候，李秀成还在江西境内转悠，虽然他曾距离曾国藩在祁门的大本营只有几十里地，弄得绝望的曾国藩甚至准备自杀。但李秀成没去攻祁门，一来不知道曾国藩在那儿，二来打祁门也不是他此行的目的。到了1861年6月左右，李秀成终于出现在湖北南部，招兵30万，此时陈玉成留在黄州的部将赖文光和他联系，李秀成觉得自己手下大部是"新兵蛋子"，又急于回江浙经营。另外，湘军高层总结的"李秀成怕鲍超"这一经验发挥作用，

△ / 1857年《伦敦新闻画报》插图：清军官兵

李秀成以为回援武昌的是鲍超，没敢上去招惹。最终，他既没有攻武昌也没有救安庆，而是东归开辟浙江根据地去了。而杨辅清、黄文金、李世贤干脆就没去湖北。洪仁玕的"围魏救赵"就这么打了水漂。

太平军就是过不了多隆阿这道关

诱敌不成功，还得硬碰硬，1861年4月，陈玉成离开湖北，躲开了在安庆东北的

▲ / 1857年《伦敦新闻画报》插图：太平天国士兵用滑竿送伤者

多隆阿，从安庆西面的宿松、石牌攻入集贤关，并在集贤关外的赤岗岭修筑四个堡垒，对围攻安庆的湘军展开攻势。陈玉成还会同安庆守将叶芸来在城东北的菱湖南北两岸扎下18个寨子，以小船向城内运送粮食，安庆总算能和外界有了点联系。曾国藩飞檄江西，令驰援景德镇的鲍超回军，与陈玉成决战。

同时，干王洪仁玕、章王林绍璋等也统太平军2万余人，自桐城南援安庆，进至安庆东北面的新安渡、横山铺、练潭一带，连营30余里，谋与陈玉成部会师。由于李续宜西援武昌，隔在东西两支太平军中间的打援部队只剩下多隆阿一军。大字不识一个的多隆阿绝对称得上有勇有谋，他在这块地面待得久，地形熟，事先算好了太平军的退路，预设伏兵，并在河水上游用木板堵水。和湘军其他部分不同，出身蒙古八旗的多隆阿手底下还有一支剽悍的几千人的黑龙江骑兵队伍。

5月2日，多军分四路向练潭、横山铺一带的太平军猛扑。太平军营垒不坚，旋被攻破。驻新安渡的太平军1万余人前往救援，多隆阿以3营步兵迎面接战，以5营步兵从侧翼攻击，以马队绕到后面夹击。洪仁玕抵挡不住，下令渡河北撤。正当半渡之际，多军在上游开启河闸，河水陡涨，多军伏兵四起，太平军被淹被击，遭受重大损失。5月6日，多隆阿又派出疲弱之兵，把洪仁玕的太平军诱到事先布置好的口袋阵里，虽然太平军奋勇拼杀突围成功，但伤亡惨重。

陈玉成见与洪仁玕的援军无法会合，决定留下刘玱琳部4000人和菱湖边18个寨子的8000人，自己带一部分队伍绕远道去找洪仁玕，会商进军事宜。5月24日，陈玉成合洪仁玕、林绍璋、黄文金等部2万余人，分三路往攻多军大营。这一次，多隆阿又事先侦得敌情，先让骑兵埋伏，步兵分成五队，前三队分三路迎敌，后两队做预备队，未等太平军布好阵势即发起攻击。正当双方接战处于相持状态时，预伏的骑兵突然横杀而出，冲乱了太平军的大阵，预备队也投入战场，太平军又被打得大败，陈玉成北退桐城。

战后，清军在缴获的物品中发现了一封陈玉成写给洪秀全的蜡书，说多隆阿"老谋善战，用兵如神，臣与对阵，屡为所败，今百万精锐悉遭顿挫，自料力不能敌"。

鲍超"霆军"啃下了最硬的骨头

就在陈玉成离开他的下属刘玱琳的1861年5月19日，鲍超和胡林翼从湖北调来的成大吉部进抵集贤关。一方主将暂离战场，一方生力军加入，本来兵力呈劣势的湘军在战场局部集中了几倍于对手的优势兵力，安庆城下的相持状态立即被打破。5月20日，鲍超和成大吉开始对赤松岗的刘玱琳部发动猛攻。

鲍超，字春霆，因此他的部队号称"霆军"。在湘军中，"霆军"比较独特，每哨八队中四队抬枪、四队鸟枪，没有刀矛队。另外，别的部队都是第一排射击完后转到队尾装弹，第二排变第一排，如此往复，这样实际上队形一直是在后退的。鲍超鄙视后退，"霆军"第一排射击完后原地不动装弹，最后一排上前至第一人前方，这样就是一个有进无退阵型，号称"连环叠进，奋勇而前"。自1856年"霆军"建立以来，从未吃过败仗，"霆军"的军旗是一面白旗上面三个黑块，被称为"黑膏旗"，很多太平军见着这面旗就跑。这一次，鲍超遇上了一员劲敌。

当天，湘军对赤冈岭的攻击遭到了顽强抵抗，太平军喊杀不断，枪弹如雨，湘军死伤惨重。鲍超带头冲锋数次，却无法接近任何一垒，不禁惊道："此处贼之悍勇，超过各处！"驻守赤岗岭的刘玱琳部，全部是从广西开始就转战千里的老战士,太平军内部叫"老兄弟",湘军叫他们"老贼",个个身经百战,战斗力极强。主将刘玱琳自加入太平军起,就仗仗冲锋在前,勇猛无比,曾率部连续踏平清军营垒10余座,清军对他极为胆寒。曾国藩既对刘玱琳痛恨无比,又很尊敬这个对手,言必称"玱琳先生",或称"玱翁"。

湘军硬攻无效,于是改变战法。鲍超也学起了曾国荃,筑堡垒数座,每日轰击,消耗守军实力,并断绝岭上粮草与水源,企图困死坚守的太平军。6月8日,湘军对赤冈岭发动了全线猛攻,太平军的第二、三、四垒向鲍超投降,湘军将2800名降卒全部杀害。刘玱琳苦战到6月9日,终于抵挡不住,最终被鲍超部活捉,送到水师杨载福的大营。湘军敲锣打鼓地把刘玱琳拉到安庆城下,当众将其肢解。

赤冈岭之战的同时,曾国荃又挖了一条壕沟,把菱湖18垒包起来,切断菱湖对赤岗岭的支援。杨载福将战船从长江拖入菱湖,对湖面进行封锁。7月8日,菱湖18垒终被攻破,除了战死的,俘虏全部被曾国荃屠杀。至此,安庆城外已无太平军一兵一卒,湘军的围困已成水泄不通之势。

最终血战,数万太平军阵亡

到了8月初,杨辅清带2万太平军到桐城,陈玉成集合兵力又攻了一次多隆阿,还是没有突破多军的防线。万般无奈下,他绕了一个大圈子,再次从安庆西南插到集贤关。此时,安庆粮食外援之路彻底断绝,太平军将士和城内百姓开始每日只喝粥水,继而吃猫、狗、田鼠,再而吃树叶草根。饿死的人越来越多,甚至活着的人也无力掩埋,只好堆在露天,致使白骨沿路。

办法用尽的陈玉成剩下最后一招——人海战术。此前,多隆阿的打援队和鲍超的预备队都出色地完成了任务,现在就看曾国荃的围城队了。

8月25日,陈玉成把部下4万人分成10路,猛冲曾国荃的外壕。曾国荃的外壕有几丈深几丈宽,营垒布满枪眼炮眼。太平军每人抱着一捆干草冒着枪林弹雨冲到壕边,将干草扔进壕中,再返回搬另外一捆干草,在付出重大伤亡的代价之后,太平军在外壕填出了一条路。随即,陈玉成发起了集

> 湘军装备的火器之二:鸟枪

团冲锋。

太平军每2小时发起一次冲锋，整整冲了一个昼夜。而成百上千人的密集阵型对于湘军来说，简直就是一场屠杀。湘军的鸟枪、抬枪、劈山炮攻坚不给力，但是在野战中对密集步兵的杀伤力却非常强悍，特别是劈山炮，每炮打出三四百颗葡萄大的钢珠，一炮就在人群中开出一条血路。外壕边尸积如山，后面的太平军几乎是踩着尸山进攻。

此时，已经把大本营搬到长江北岸就近指挥的曾国藩，给他九弟调来了一支800人的鸟枪队，水师也从战船上拆下30门大炮到曾国荃营里助战。可是连续作战带来的疲劳和地狱般的战场景象，让湘军杀得有点手软。太平军逐渐冲过长壕，到了湘军营垒墙下。曾国荃派兵劫杀墙边的太平军，杀红了眼的太平军令湘军胆怯后退，曾国荃当场手刃数名部下才压住阵脚。

一天一夜，太平军冲锋12次，阵亡15000人，湘军用掉了17万斤火药，50万斤铅制枪子。

9月5日，太平军降将程学启从地道攻破安庆北门，湘军一拥而入，守将叶芸来、吴定彩等阵亡。城内16000名守军全部饿到奄奄一息的地步，湘军大开杀戒，成年男子全部被杀，万余妇女被掠走，无数尸体顺扬子江而下，密密麻麻塞满了江道。曾国荃后来写信给大哥，觉得自己杀戮太多，罪孽深重，懊悔不及。曾国藩立即回信训斥：统军打仗，杀人就是使命，有什么可懊悔的？

陈玉成见城内大火冲天，无法援救，快快退回庐州。1862年5月12日，在克星多隆阿的围攻下，陈玉成弃庐州而走，被地方团练首领苗沛霖诱捕，解送给清军，6月4日，陈玉成在河南延津被处死，年仅26岁。至此，太平天国在江北防务完全瓦解。

1861年9月11日，曾国藩进驻安庆，从此安庆成为湘军的指挥中心和后勤中心。当年11月，他在两江总督的基础上，奉旨督办苏皖浙赣四省军务，掌握东南军政大权。同时，湘军及和湘军关系良好的人相继出任川、鄂、湘、赣、皖、苏、浙、粤诸省督抚，清廷为湘军攻打太平天国量身订制的封疆大吏团队开始运作。

1861年12月，曾国藩创办安庆内军械所，中国近代工业就此起步，次年徐寿、华蘅芳在安庆设计制造出我国第一台蒸汽机和第一艘机动轮船。

1862年初，李鸿章在安庆组建淮军，同年3月，淮军坐轮船赴上海，从东向西剿杀太平天国。5月31日，曾国荃率兵进驻天京城外雨花台，开始了对天京长达2年的围困，在他炉火纯青的"铁桶战术"包围下，1864年7月19日，弹尽粮绝的天京陷落，太平天国灭亡。

（《文史参考》2011年17期）

战事失利 祸起萧墙
26岁英王陈玉成之死

文 | 熊崧策

清兵部侍郎胜保很兴奋。他把玩着自己的两枚私章,一枚上镌"我战则克";另一枚上刻"十五入泮宫,二十入词林,三十为大将",或许不久这第二枚印就该扔掉重刻,原文保留,只需再加五个字:"四十为宰辅。"现在,他要会一会那个能让自己加官晋爵的"机会"——

太平天国英王陈玉成。

英王困守庐州,忠王拒不发兵

自从咸丰十一年(1861年)八月在安庆城下战败,退守庐州(今合肥)以来,一连串的失败就伴随着陈玉成。本来他想去襄樊招兵,但大败之后,军心涣散,部将都不从命。湘军多隆阿部又尾随而至,桐城、舒城、庐江、无为等战略要地相继失守,庐州和天京之间的交通被切断。北面,在清钦差大臣、漕运总督袁甲三的压迫下,定远陷落,庐州几成孤城。

庐州向西南可直达安庆,向东南则径达天京。在安庆没有失陷之前,这个介于江淮之间、濒临巢湖大米产地的皖北重镇,既是支援安庆前线的军事基地,也是保证天京粮食供应的转运中心。安庆沦入敌手后,这里又是天京的战略屏障。陈玉成死守对天京存亡举足轻重的庐州,苦盼援军,然而,他等到的是敬王林大居、畏王秦日南带来的圣诏:陈玉成失守安庆,调度失宜,革去英王王爵。

按理说,安庆之失,第一责任人应是忠王李秀成,坐拥重兵的他既没有按照计划和陈玉成合兵攻湘军之必救——武昌,也没有赴安庆直接解围,但洪秀全并未责罚他。庐州危急,最应该也最有实力去救的还是李秀成,可是他沉迷于经略富庶的江浙,并未把安徽的战局放在心上。同治元年(1862年)年初,当李秀成打下杭州,正在踌躇满志时,干王洪仁玕却怎么也高兴不起来:"虽得杭州等郡,而失一安省为京北屏,大有可虑之势"。在洪仁玕的战略规划中,湖北是头,安徽是腰,江苏是尾。头已不存,腰再有失,尾还能活?李秀成虽认为洪仁玕的看法是"高见",但以"吃果子不到成熟的时候"为由拒不发兵。

深感"朝中办事不公平"的陈玉成只能自己想办法,他的部将赖文光提出了一个计划:固守庐州,联络活动于豫皖交界的捻军张洛行部和接受太平天国封爵的团练首领苗沛霖,分兵攻打荆襄,把战火烧到湘军后院,最终庐州、荆襄两路大军在安庆会剿湘军。陈玉成同意联络张、苗,但他并不想硬捍湘军,而是避实就虚,用兵河南、陕西。赖文光的意见没有被完全采纳,他甚为不满:"英王等畏曾国藩如神明,视楚军如熊虎"。在陈玉成的命令下,陈得才、赖文光渡过淮河,赴西北招兵,本来兵力就匮乏的庐州更是捉襟见肘。

"墙头草"苗沛霖诱捕陈玉成

反观湘军,此时的战略布局全部展开,多隆阿自同治元年正月十七从舒城进至庐州城外三十里外。陈玉成在城外筑起石垒,保护巢县运粮要道,但至三月初,城外据点一一被攻破,袁甲三也逼近城北。庐州护城河非常宽阔,多隆阿派总兵雷正绾佯攻,其他部队埋伏在城东西二门之外,以备守军出城突袭,4营亲兵轮番开挖护城河,引开河水。陈玉成向陈得才、赖文光发出求救信,又被多隆阿拦截。到三月二十八日,湘军的大炮已能直接轰城。

此时,几乎陷于绝望之中的陈玉成等来了寿州(今寿县)的团练首领苗沛霖的使者。苗沛霖喜欢政治投机,反复无常,清廷曾授予他布政使衔,后来他又跳槽到太平军,被封为奏王。他派人伪装成乞丐,挂着中空的竹竿,内藏黄缎一方,上皆蝇头小楷,对陈玉成极尽阿谀奉承之能事。他说困守孤城乃兵家大忌,英王盖世英雄何必为这股"残妖"所困。请英王到寿州,自己可以提供四旗人马,一旗三十万人,攻打汴京。

陈玉成过去常说:"如得汴京,黄河以南大江以北,实可独当一面。"苗沛霖的建议可谓正中陈玉成下怀,他和手下商议,有人说听说苗沛霖已经投向胜保,寿州万不可去。有人建议:"与其到寿州,不如回天京见天王后,重整旗鼓,何患残妖不除也。"陈玉成像被点着一样大声呵斥:"本总裁自用兵以来,战必胜,攻必取。虽虚心听受善言,此次尔等所言,大拂吾意。"此前战无不胜的他又有何面目带着残兵败将回天京,即便回去见了那个不理政事的天王又有何用?

四月十四日,陈玉成率众突围,伤亡惨重,最终只有2000余人抵达寿州城下。苗沛霖确已投靠胜保,为了向清廷再次表明忠心,他打起了陈玉成的主意。陈玉成的兵马被安排在城外驻扎,他只带百余人入城,住在一间极为豪华的宫殿中。苗沛霖自己无颜露面,派侄子苗天庆去劝降。苗天庆身披顶

△ / 连环画《陈玉成战六合》封面

△ / 中华书局出版《中国历史小丛书：陈玉成》封面用图，描述陈玉成大骂清将的场景

戴花翎，跪在陈玉成面前说："叔父看清朝洪福过大，祈英王同享大清洪福"。陈玉成扔掉酒杯，指着苗天庆："尔叔真是无赖小人！墙头一棵草，风吹二面倒；龙胜帮龙，虎胜帮虎。将来连一贼名也落不着。本总裁只可杀，不可辱。事已至此，看你如何发落！"身边部将想当场宰了苗天庆，陈玉成淡淡地说："可以不必。"

四月二十四日,陈玉成被解往颍州(今阜阳)胜保大营。

在河南延津被凌迟

兴高采烈的胜保终于有机会杀一杀老对手的威风。中军帐外旌旗猎猎、剑戟森严,所有带兵营官分班肃立、耀武扬威,胜保升座,叫陈玉成上来。左右让陈玉成跪下,陈玉成破口大骂:"尔胜小孩,在妖朝第一误国庸臣。本总裁在天朝是开国元勋,三洗湖北,九下江南。尔见仗即跑。在白石山踏尔二十五营,全军覆没,尔带十余匹马抱头而窜。我叫饶尔一条性命。我怎配跪你?好不自重的物件!"

自诩"我战则克"的胜保面子有点挂不住:"然则曷为我擒?"

陈玉成:"吾自投罗网,岂尔之力?吾今日死,苗贼明日亡耳!尔尤记合肥官亭,尔骑兵二万,与吾战后,有一存者乎?"说完席地而坐。

胜保默然,吩咐给其酒食,劝陈玉成投降,陈玉成答:"大丈夫死则死耳,何饶舌也!"

多隆阿和陈玉成交手多年,没想到最后关头为他人作嫁衣,当知道胜保的遭遇后他心理平衡了点:"胜保真是没脑子,自取其辱。要是我,绝不见面,以宾礼相待,等朝廷旨意。"

胜保那几年热衷于招降纳叛,他的如意算盘是劝降陈玉成,再让陈玉成招降陈得才、石达开以及捻军张洛行,如此天下平了一半,建立不世之功,"胜保"二字前面的"钦差大臣"恐怕可以换成"军机大臣"。愿望虽然落空,但依旧是大功一件,翰林出身的他亲笔拟折,极尽铺张之能事,希望能将陈玉成押解至京,在午门举行献俘大典。

胜保的幕僚冯鲁川、裕朗西去见陈玉成,囚室很宽敞,面阔三间,室内一切陈设皆备,屋外环绕着一圈木栅栏,重兵围守。此前,清军中传闻陈玉成双目下各有一斑,面白而方,巨口无须,因此叫他"四眼狗"。这下冯、裕见到了陈玉成真身,眼下确有紫斑,不到中等个头,但长相秀美,谈吐优雅。说起历代战史,侃侃而谈,旁若无人。裕朗西列举太平军悍将让陈玉成评价,陈玉成摇头:"皆非将才,就冯云山、石达开还差不多。我死,我朝不振矣。"

陈玉成被押解赴京后,胜保等到了邀功折的批复,朝廷对什么献俘大典没兴趣,担心沿路防范不易,让胜保将陈玉成正法,若要走远,派人追上去就地正法,也不用传首京师,让袁甲三、多隆阿、李续宜这几个陈玉成的老对手看一眼验明正身即可。同治元年五月初八(1862年6月4日),陈玉成在河南延津县被凌迟处死,年仅26岁。

(《文史参考》2012年11期)

△ / 工笔画《李鸿章与金陵机器制造局》，桑建国，江苏省美术馆。武器装备的近代化是淮军近代化的第一步

劈山炮加洋枪
淮军援沪：中国军队近代化的起步

文 | 熊崧策

1862年3月4日（同治元年二月初四），安庆。

一大早，曾国藩就出了城，先到李鸿章的大营里晃悠了一圈，之后，他又查访了韩正国、程学启、李济元、滕嗣林四名将领的军营，直到下午才回到城内的两江总督衙门。督办四省军务、身负剿灭太平军重任，曾国藩此举当然不能看成是一次简单的领导视察,而是对一支新军的检阅。验收的结果是喜人的,几天后他在奏折中汇报:李鸿章新招来的淮勇,已"募练成军"。

从平定苏南到消灭捻军,从抗法保台到甲午战败,中国第一支近代化军队——淮军在晚清历史上的重要性毋庸置疑。这支曾经的劲旅之所以能诞生,其实还是它第一个对手太平军逼出来的。

上海士绅安庆求援湘军

1853年3月,太平军定都天京。不久,清钦差大臣向荣就跟踪而至,在孝陵卫安营扎寨,这就是江南大营。4月,另一钦差大臣琦善也进军扬州,建立江北大营。虽说未能撼动天京分毫,但江南江北大营防止了太平军向天京下游的蔓延。

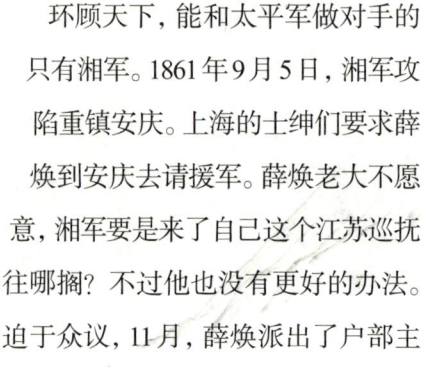

△／华尔(1831-1862年),美国人,镇压太平军的"洋枪队"头目

太平军曾在1856年击破过江南江北大营,但是由于内讧,这一战果没能保存,两大营复建。好景不长,1858年,太平军再破江北大营,1860年,江南大营溃败,忠王李秀成长驱直下,两个月的时间里连下丹阳、常州、无锡、苏州、江阴、宜兴、长兴、吴江、嘉兴、昆山、太仓、嘉定、青浦、松江诸城,进逼上海。一时间清廷财赋重地、江南诸军的饷源尽入太平军之手。

当时的上海,其对外贸易额已占全国的64%,已经是一座"国际化大都市"。江浙一带富裕的士绅大都涌向上海。

面对李秀成的军事压力,"不差钱"的各级政府大肆扩军:江苏巡抚薛焕连调集带招募,让上海附近的官军达到三万之众;上海县令刘郇膏办有民团;江海关出钱养着以美国人华尔为首的洋枪队……然而,除了洋枪队还顶点用外,其他的部队屡屡为太平军所败,而几千人的洋枪队又不可能支撑整个上海防务。绅商们决定高薪聘请外援。

环顾天下,能和太平军做对手的只有湘军。1861年9月5日,湘军攻陷重镇安庆。上海的士绅们要求薛焕到安庆去请援军。薛焕老大不愿意,湘军要是来了自己这个江苏巡抚往哪搁?不过他也没有更好的办法。迫于众议,11月,薛焕派出了户部主事钱鼎铭和候补知县厉学潮,分别代表士绅和官方,乘火轮前往安庆乞师。

曾国荃要抢头功,看不上上海

此时的曾国藩已经在两江总督的基础上节制苏皖浙赣四省军务,声望举国无两,曾国藩开始认真考虑援沪问题,在与自己身边的头号谋士李鸿章商议了几天之后,于11月24日下定了出兵东下的决心。

1861年11月26日,曾国藩写信给曾国荃，让后者带兵去上海，与此同时，他已经命李鸿章开始招募淮勇。按照曾国藩的设想，上海僻在一隅，只是饷源，而镇江才是形胜之地，应该李鸿章和曾国荃一起带兵东下，李鸿章以江苏巡抚驻镇江，曾国荃以江苏布政使驻上海，二者谁主谁次一目了然。曾国荃不愿去上海，有希望攻打天京建立首功的原因，此外，他写信告诉哥哥自己不愿"归他人调遣"，这个"他人"就是曾国藩已经向朝廷举荐的署理江苏巡抚李鸿章。

从湘军挖来安徽悍将程学启

从咸丰三年（1853年）到咸丰七年（1857年），李鸿章就一直在安徽办团练，这几年他有胜有败，有人夸他既是文翰林又是"武翰林"，也有人骂他"翰林变作绿林"，不管怎样，这都为他出任淮军统帅积累了经验和人脉。

合肥附近现成的团练有很多，首领们和李鸿章都有千丝万缕的联系，何况李现在背靠有权有钱的大树曾国藩，团练首领也乐得投靠，李鸿章招兵根本用不着回合肥。他一封信叫来了曾经的门生潘鼎新部，又通过门生刘秉璋罗致来了吴长庆部，他父亲的旧部张树声本就在安庆，除了带来自己的人马又向李鸿章推荐了刘铭传。1862年初，张树声、刘铭传、潘鼎新、吴长庆四部在安庆集结，"树、铭、鼎、庆"四营也成为淮军最核心的力量。此外，张遇春的"春字营"本就是李鸿章办团练时的老部下，现在重回淮军序列自是题中应有之义。

为了让淮军具备一定的战斗力，曾国藩还从湘军中调拨部队，作为"奉嫁之资"，先是把自己的两营亲兵拨给李鸿章，又从湘军中拨"林字营"两营，"熊字营"、"垣字营"各一营。而"嫁妆"中最具含金量的是"开字营"两营，他们的统领是程学启。

程学启是安徽桐城人，早年加入太平军，是安庆的一员守将。湘军围攻安庆时，程学启受命守卫安庆北门石垒。桐城人孙云锦劝程学启投向湘军，此事被安庆主将叶芸来察知，命八名精壮士卒持令箭招程学启入城。程学启急中生智，拿着令箭带手下精锐82人投奔曾国藩弟曾贞干营，曾贞干来不及穿鞋光脚打开营门纳降，这82人中就有后来的北洋水师提督丁汝昌。

曾国荃却对这个降将不信任，他让程学启守在护营壕外侧，首当其冲，并且把炮口对准程学启军营。为了获取曾的信任，程学启是白天有硬仗抢着上，晚上躺在床上流眼泪，甚至动过自杀的念头。更为雪上加霜的是，胡林翼和曾国藩又给曾国荃写信，让他小心提防降将，曾九帅嫌麻烦，准备一刀屠了程学启，以绝后患。在孙云锦的苦苦辩白之下，曾国荃才作罢。时时刻刻危在旦夕，命也就不值钱了。程学启亲率部卒由炮眼攻入安

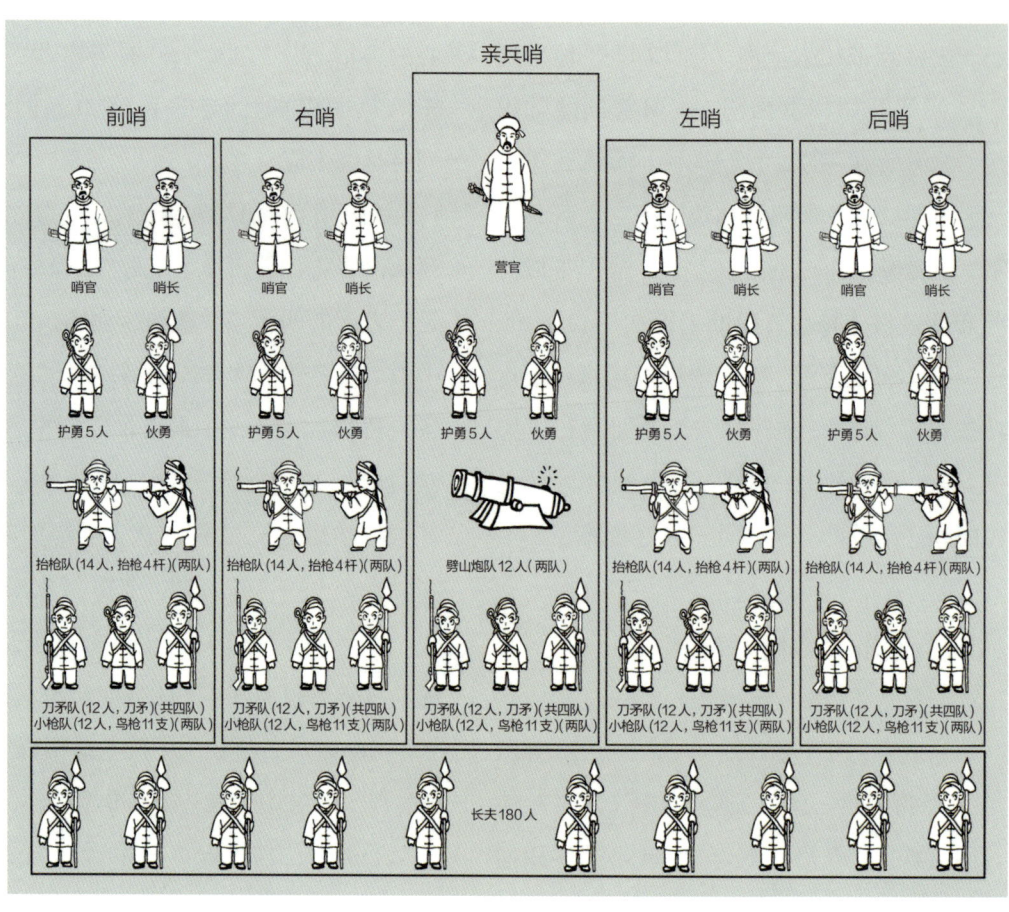

庆北门外三垒，断绝了守城太平军的陆路粮道，又率先攻入安庆城中。曾国荃这才又拨给他一营指挥，加上原来的一营，合为"开字营"。

湘军门户之见颇深，而曾国荃更是"不独尽用湘乡人，且尽用屋门口周围十余里之人"，安徽人程学启自然郁郁不得志。李鸿章见他作战勇猛，又是同乡，起了招揽之心，一方面向曾国藩、曾国荃索借，一方面派人私下拉拢。程学启最初还不敢表态，示无二心，等曾国藩批准后始真情流露，对李鸿章的说客言："吾辈皖人入湘军，终难自立。丈夫当别成一队，岂可俯仰因人。"

这话说到了李的心坎上，他在湘军营中湖南人的气也没少受。有一次彭玉麟拿他的作息习惯进行地域攻击："少荃（李鸿章字）每日晚睡懒起，想必皖地民风若此，无怪合省以负贩为业，少有正途。"李鸿章抓住彭玉麟父亲曾在安徽当官反唇相讥："雪琴（彭玉麟字）有所不知，安徽民风勤勉，然自令尊执掌数载，竟令做慵懒之态尔。"彭对李

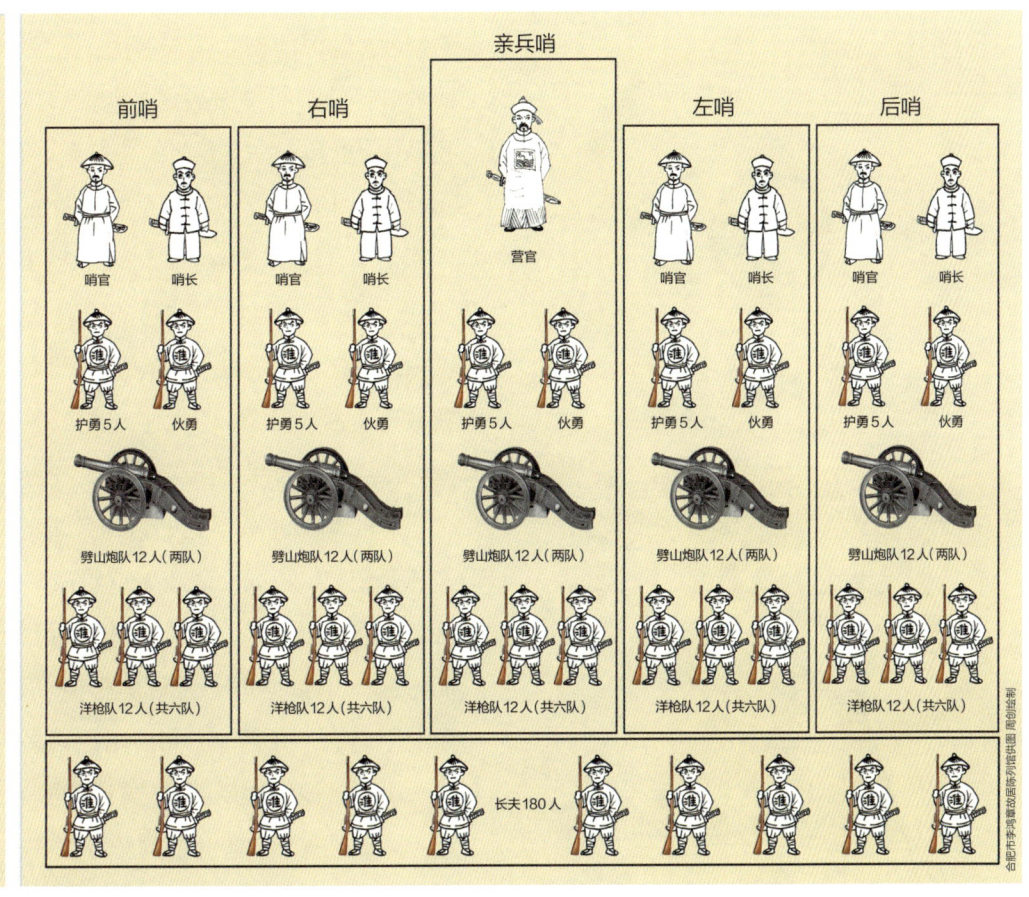

"遂用老拳",李对彭"亦施毒手",两人在地上扭打成一团……

反正,李鸿章和程学启在"安徽人要自立"这件事上达成了共识。

深得湘军真髓,学扎营绝技

队伍是暂时拉起来了,需要建立合理的制度以便指挥,这个不用李鸿章发愁,曾国藩带湘军的这些年已经摸索出一套成法,淮军照猫画虎套用即可。淮军以营为单位,每营前后左右四哨,每哨两个抬枪队、两个鸟枪队、四个刀矛队,此外还有个亲兵哨,由三个刀矛队、2个劈山炮队、一个鸟枪队组成,一营大概505人。劈山炮是用于杀伤步兵的轻型小炮,乾隆朝主持金川战事的张广泗曾说劈山炮"仅能对敌于行阵之前,无益于催坚之用"。炮身系模制而成,炮子系所谓群子,每子如葡萄大,为生铁或熟铁铸成圆滑颗粒,先装火药于炮膛,再加群子百余

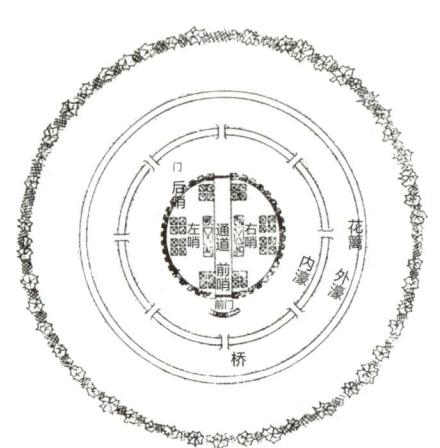

▲/濠垒位置图。营墙开前后两门，前门宽大、后门隐蔽。墙外有两层壕沟，外濠宽八尺，深一丈五，内濠减半，上宽下窄。外濠没有通道，通行时上架木板。内濠每隔两丈有一通道。外濠之外三箭地布有花篱，用五尺粗木，埋土中二尺，有时会布五六层之多

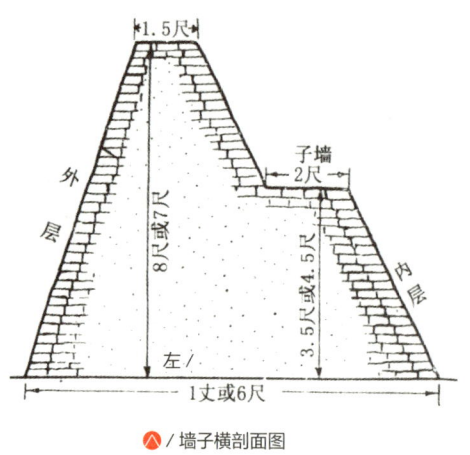

▲/墙子横剖面图

的修建。曾国藩创立长夫制度，算是中国工兵的先声。而湘军作战之"硬寨"之所以能扎得住，也和有一支专门的建筑大军有关。

"树、铭、鼎、庆"四营都是团练，说白了算是乌合之众，李鸿章亲自对他们进行了训练，也是按照老师曾国藩的成法：要能上得一丈高之屋，跳过一丈宽之沟，以便能蹿破敌营；要能手抛火球到二十丈外；要能腿绑沙袋日行百里。

而淮军从湘军学到的最为宝贵的战术，是扎营绝技。湘军无论攻城或野战，必先扎营，无论风雨寒暑，不厌其烦，营没扎好不准休息、也不准去搠战。湘军基本一营一垒，而淮军有时一营两垒。湘淮军把营垒叫"墙子"，还有一套站墙子法，虽说为其独门秘籍，实际上是个勤能补拙的笨办法——士兵站在主墙后的子墙上守望四方，时时警戒，以备偷袭。相比较其他部队巡营和岗哨不同的是，湘淮军站墙子的士兵很多，白天十分之三、晚上十分之一，这显然增大了快速发现来敌的概率，也加大了部队的反应强度，首先立于不败之地。

李鸿章自诩为曾国藩"门生长"，以曾氏嫡传自居，确不算自吹自擂，淮军也深得湘军真髓。1862年年底打福山时，刘铭传要猛扑敌营，潘鼎新担心对手援军截杀，祭出翻墙子大法，先筑一营稳守，再向前筑一营，移后营之兵于前营，再调兵守后营，环环相

颗入炮膛，点火线轰发。曾国藩所谓"喷薄而出，如珠如雨，殆无隙地，当之辄碎，不仁之器，莫甚于此矣"。淮军还吸取了湘军的长夫制度，每营配长夫180人。长夫有点类似于现代战争中的工程兵，负责各种工事

扣,营垒连绵,直向敌营。稳扎稳打、步步为营,简直如同湘军附体。

"叫花子军"到上海

李鸿章不紧不慢地练兵,上海的绅商们则像热锅上的蚂蚁,1962年初,李秀成发起第二次进攻上海的战役,薛焕部再次一触即溃,靠英法联军和华尔的洋枪队才免于被赶下黄浦江。但是随着太平军的不断加压,虽有火力优势却数量有限,洋兵也开始左支右绌,太平军军锋一度达宝山、高桥、闸北,对上海形成合围之势。在此情况下,上海士绅对淮军翘首以盼,他们原计划雇洋人的轮船顺江而上接淮军,无奈洋人狮子大开口,要25.5千两白银才肯干,价格一直谈不下来。曾国藩都准备让曾国荃一路攻城,李鸿章绕城而过走陆路,1862年3月31日启程。3月28日,钱鼎铭坐船到安庆——价格谈妥了,淮军13营6500名士兵加2340名长夫再加上李鸿章的营务处大约9000人,每人20两白银,共18万两。4月5日,程学启、韩正国带领首批淮军登舟东下,3天后,李鸿章率2000淮军抵达上海。

刚到上海滩的淮军头上包着布帕,身穿短褂衣,腿上是肥大的裤子,足蹬草鞋,被洋人们讥笑为"叫花子军",李鸿章给属下打气:"军贵能战,非徒饰美观。迨吾一试,笑未晚也。"4月25日,清廷终于把薛焕挪走,李鸿章署理江苏巡抚,反客为主,控制了上海这个饷源。

5月1日,英法联军和洋枪队攻打嘉定,李鸿章作壁上观,回来赞不绝口:"洋兵数千,枪炮并发,所当辄靡,其落地开花炸弹,真神技也。"此时他已下了要引入西洋火器的决心,令属下将官注意观摩洋人"临敌之整齐静肃,枪炮之施放准则"。

5月16日,李秀成率主力精锐万人在太仓聚歼海道李庆琛部5000人,趁胜围攻嘉定、宝山,到5月29日,太平军占领泗泾,旋东进占领七宝、虹桥、漕河泾一线,距上海县城仅20里,同时连营30余座,四面合围青浦县城。李鸿章命程学启赶赴虹桥,迎击太平军。针尖对麦芒,淮军是骡子是马终于到了拉出来遛遛的时刻。

虹桥督战,李鸿章跃马而出

1862年6月2日黎明,程学启行至漕河泾,迎面遇上太平军数千人,摇旗呐喊、声势逼人。此时,程学启营的火器还是以鸟枪、抬枪、劈山炮为主,适合平原野战,特别是劈山炮,对步兵杀伤力巨大。程学启将火器集中起来齐放,形成更为密集的杀伤力,又手持洋枪放倒太平军骑马的一名头目,张遇春此时率队赶到,前后包抄。太平军退却。事后李鸿章承认这场遭遇战是"无意中小胜仗"。

此后淮军和李秀成部在泗泾、新桥一带形成拉锯，6月7日，程学启、韩正国率领军进攻泗泾，李鸿章亲督滕嗣武、张遇春、张树声、吴长庆各营于当夜增援。太平军忠王李秀成、听王陈炳文、纳王郜永宽等深沟高垒，连营三四十里。李鸿章听见太平军营被吹号呐喊，先派张遇春攻泗泾，引诱太平军迎战。太平军果然派出大队迎战，淮军诈败后退，伏兵以劈山炮、抬枪射击，双方相持半日各自收兵。

淮军是边作战边开始洋枪化的，武器装备的西化则是军事近代化的第一步。此前湘淮军用的鸟枪和抬枪都是火绳枪，发射前先从前膛装药装弹，再用通条捣实弹丸和发射药，然后点燃火绳固定在击锤上，扣动扳机，火绳落下点燃发射药。射速慢，精度差、射程近，而且风大时药粉会被吹散，雨天时火绳会被浸湿。而此时的洋枪虽然还要前膛装弹，但已经是击发枪，也叫铜帽枪。原理是将含有雷汞的引爆药装入铜帽内，并将其套在与枪膛相连、并且有传火孔的击砧上，扣动扳机，击锤落下，对震动、撞击极其敏感的雷汞爆炸，通过传火孔引燃发射药。洋枪性能及使用环境上比火绳枪优越一大截。6月17日，程学启就带着百人的洋枪队诱敌。

19日，太平天国听王陈炳文、纳王郜永宽率太平军大举进攻，分二十小队，直扑程学启驻扎的虹桥，攻占了法华、徐家汇、九里桥，把开字营团团包围。太平军用土石填平了开字营的外濠，猛扑营墙。开字营枪炮齐发，有时来不及点火干脆扔瓦石，太平军前队死，后队踏着尸体上，即将登上营墙时，程学启点燃劈山炮，开门冲杀。太平军稍退，不久又连续发动了七八次攻势，程学启险象环生。

李鸿章知道，开字营要是被踏破，恐怕淮军的大好前程就要打水漂。急派张遇春、滕嗣武部支援，自己亲率郭松林坐镇殿后，搬了一把椅子坐在虹桥桥头督战，他后来自夸"鸿章跃马而出，不作生还之想"，倒不算吹得太悬。可是太平军势大，张遇春几个回合就撑不住跑了回来。李鸿章对左右说，去，找把刀来把他头砍了。张遇春只好回去拼死冲杀，用排炮轰散太平军，冲至营边，程学启出门夹击，终于打退了太平军。此战淮军杀太平军千余人，活捉200俘虏，是淮军在上海的首个重要战果。李鸿章得意洋洋："此极痛快之事，为上海数年军务一吐气也。"

劈山炮加洋枪的火力优势

1862年5月31日，曾国荃率兵进驻天京城下，洪秀全派专使一天三次催促李秀成回援。李秀成被迫率兵回苏州，召集手下诸王商议救援大事。而淮军也开始分批次装备洋枪并改编营制，首先以旧换新的是韩正国的亲兵营和程学启的开字营。改编后,以前的刀矛队、鸟枪队、抬枪队全部不复存在,而代之以洋枪队和劈山炮队。以前每营只有鸟枪、抬枪124杆,外加两队劈山炮,现在每营有洋枪400杆,劈山炮10队,火力自不可同日而语。1862年8月26日的七宝街之战,劈山炮掩护洋枪的火力优势首次展现。

此战淮军的对手是太平天国慕王谭绍光,战前,由于程学启熟悉火器特性,临阵沉稳坚忍,李鸿章命各营听程学启调度。程学启与十营营官会商,南北各横排五营。谭绍光率两万士兵层层包围,淮军壁立不动,等对手到了射程之内,劈山炮加洋枪齐放,太平军三次冲锋都遭到重创,只有退却。李鸿章给曾国藩的书信中说:"韩正国的亲兵营,枪炮为上海诸军之冠,太平军先打此营,难怪大败,老师您知道了,应该也会莞尔一笑。"而程学启则凭借此战奠定了自己淮军头号名将的地位。

在攻打青浦城的时候,华尔的洋枪队用大炮轰塌城墙,淮军一哄而入,青浦陷落。近距离目睹了洋炮的威力,让淮军很是"羡慕嫉妒恨"。淮军拥有的劈山炮只能用于野战群杀,而没有摧城拔寨的能力。这在1862年11月的四江口战役中表现得尤为明显,淮军利用劈山炮轰散太平军的阵型,给对手造成很大的伤亡,但是缺乏重火器,不能乘胜攻破太平军的营垒,只能眼看着太平军退回昆山等要塞。不过,此战之后,太平军再未进入上海,淮军得以攻略太平天国的苏福省。12月3日清廷实授李鸿章江苏巡抚。

洋炮不像洋枪那样容易购买,李鸿章对华尔全心笼络,让华尔答应为淮军请工匠制造洋炮。在1863年初,张遇春的春字营已有200人的炮队参加战斗,这是淮军成立的正式炮队,也是中国炮兵制度的发轫。当年6月,淮军攻苏州时,程学启和刘铭传都有了自己的炸炮队伍。他们所拥有的主要是12磅短炸炮,即臼炮,因为炮身短、口径大,炮口向天,形如怒蛙,也叫"田鸡炮",算是现代迫击炮的前身。当时尚无调整高低角度和炮口方向的装置,所以发射时一般固定于45度角,用加减装药来定射程之远近。由于弹道弯曲,对遮蔽物后的目标有较大威胁,可以用来攻城。这种炮还是前膛装弹,可用实心弹和榴弹,李鸿章看重的就是"落地开花",所以淮军喜欢用榴弹。而刘铭传有两门32磅的长炸炮,就是加农炮,发射仰角较小,弹道低平,可直瞄射击,更适合用于攻坚战。

坐稳了封疆大吏位子的李鸿章通过招募、借兵、改编原有防军等手段继续扩大着淮军的阵营,到1863年,淮军在原有13营的基础上增立营头30多个,兵力超过2万人。作为中国当时最先进的军队,一个属于李鸿章和淮军的时代就此来临。

(《文史参考》2012年6期)

小组赛磕磕碰碰 淘汰赛状态神勇
曾国藩的"五星球队"

文 | 十年砍柴

清朝末年,有一幅年画在民间广为流传,豪门或寒舍的人家在过年时纷纷张贴这幅画增加喜庆气氛,也蕴含祈福与感恩之意。

这幅年画名曰《曾国藩庆贺太平晏》,图上标明由铭香斋出品。铭香斋是上海旧校场"年画一条街"上有名的店铺。上海旧校场有数十家年画铺,聚集了全国顶尖的年画高手。旧校场年画发源于苏州桃花坞。太平天国占领南京、苏州等重要城市后,苏州大多数年画铺被毁,画师避祸于未烧战火的上海。

这幅年画用现在的话来说属于"主旋律"作品,歌颂的是平定太平天国、光复东南半壁的"中兴名臣"。年画中坐在中堂正位的是曾国藩、李鸿章两师徒,左右两侧分坐的座次排序是:左宗棠、彭玉麟、骆秉章、李续宜、鲍超、曾国荃。背后三三五五站立的官员未标姓名。大堂中间一军官正在接过一位通信兵递来的捷报。

这幅年画的背景即是东南底定,国家已进入太平时期。除早期战殁或病逝的江忠源、胡林翼、塔齐布、罗泽南等人外,湘淮系重要人物几乎聚集一堂。但我们知道,真实的历史场景不是这样的,曾国藩不可能把镇守各处的文武大吏如左宗棠、骆秉章等重臣叫到一起摆酒庆贺——果真如此,太后和皇帝那还不生疑?而且这些牛人真的聚集在一起,左宗棠恐怕很难接受自己的座次比李鸿章低。

艺术创作是"源于生活,高于生活",年画反映的是当时朝野对"中兴名臣"——或者说"曾国藩"团队历史功绩的认可和赞美。这幅年画创作时,去平定洪杨未远,"中兴名臣"的勋业尚属当代史。今天,时间已过了一个半世纪,再来看这幅年画,不得不对画师的历史眼光而赞叹。当然,画中李鸿章的地位处在左宗棠之上,可能会引起争议,我揣度原因大致如此:这幅画印行时,左宗棠已经去世,而李鸿章此时是疆臣之首,权倾朝野。

画中的几位"中兴名臣"和身后那些没署名的高官,或是曾国藩的门生,或是其同乡、朋友、胞弟,或是其风尘中识拔的草莽英雄。除鲍超外,其余皆为书生出身。可以说,这张"全家福"式的年画,是对以曾国藩为首的满清"中兴"团队最到位的描绘和诠释。

△ /《曾国藩庆贺太平宴》，清末年画。正中榻上坐着李鸿章（左）和曾国藩（右），左边坐着从左至右分别是：鲍超、骆秉章、左宗棠，右边坐着从右至左分别是：曾国荃、李续宾、彭玉麟

那么，这一个主要以湖南籍士人（李鸿章、骆秉章、鲍超虽非湘籍，但与湘地或湘籍人士关系密切）为班底的团队是如何形成的，它运行的逻辑是什么？和洪秀全以两广边缘精英为班底的团队区别何在？

湘军和太平军区别在管理层

"湖南士子"、"湘籍官员"这类标签出现较晚，因为在整个明代和清代康熙以前，两湖合为湖广省，湖南偏处内陆。大湖与高山环抱，交通闭塞，经济文化欠发达，一直被视为荆楚之附庸。直到康熙朝湖北、湖南分省，雍正元年（1723年）两湖分闱，湖南独立举行乡试，从此，湖南的士子不需要长途跋涉冒着渡船毁于洞庭湖的风险去武昌应举，湖南人才方才蓬勃而出。至1840年，14位通过科举官至大学士、尚书、总督的湖南籍人士，其中12位是两湖分闱后出现的，包括曾国藩之前的湘籍官员领头人陶澍。

1811年曾国藩出生于湘乡县荷叶塘一个小地主家庭时，距两湖分闱近一个世纪。此时湖南士风激昂，学风纯良，在这样的文化氛围里，曾国藩和其他湖南籍同龄士人成长起来，为日后曾国藩组建"湘军系"团队做好了人才准备。

△ / 罗泽南（1807-1856），湖南湘乡人，湘军初期的精神教父

考察整个湘军结构，可以称之为"精英驾驭群氓"。任何一个军事集团，第一线冲锋陷阵当炮灰的，多为普通老百姓，或农民或手工业者和城市贫民。就这个基本盘而言湘军和太平军差不多，关键的区别是管理层，即高层和中层的构成。

以儒家理论为基础而建构起来的科举制度和乡村自治体系，打通了朝廷到山乡僻野的治理通道和信息通道——这是曾国藩团队能够建立起来的关键。就管理层而言，层层选拔的科举制，使曾国藩和其同乡师友，构成了进士——举人——诸生彼此关联同声共气的三级人才体系。基本格局是：进士在朝，即出任朝廷命官或在京或外放；举友关系，因此在重大问题上能互通声气，彼此协同。笔者试以曾国藩、胡林翼、郭嵩焘（此三位进士）、左宗棠、江忠源（此二人举人）、罗泽南、刘蓉（此二人诸生，罗由地方官荐为"孝廉方正"）为例来说明之。

遍布朝野的三级人才结构

这些几乎是同龄人的湘籍士大夫中，曾国藩的运气最好，地位最高。其28岁就进士及第，并遴选为翰林院庶吉士，38岁官至二品侍郎；而罗泽南命运多舛，其尚是童生时，即以大儒之名闻名湘省，四方设馆授徒，人到中年后才通过童子试取得生员资格。这些人属于价值观相同、话语体系一样的精英阶层，早年因为同乡关系而相识，多有书信过从，有些还是少年好友。如曾国藩登进士第前，就和刘蓉、郭嵩焘是一起就读于岳麓书院的好友。当曾国藩成为京官，并快速升迁时，他便很周到地照顾来京赶考的同乡，如任侠好义的江忠源落魄京华时，曾国藩一见视为奇才，遂订交。

湖湘人才在康雍乾三朝后开始喷涌的大势，以及曾国藩早年与同乡俊杰结交的机缘，加上他早登科第、仕途顺遂和理学名臣的人望，使他在巨变来到之前，已具有扭转大局、成为"中兴名臣"领袖的潜质。

曾国藩于咸丰三年（1853）在家丁母忧

▲ 李续宾（1818—1858），湖南涟源人，湘军名将

▲ 李续宜（1822—1863），湖南湘乡人，李续宾弟，湘军名将

人在省，有举人身份的士子即使不当官也在全省有相当的名望，或聘为官员幕僚或聘为书院教师；诸生（即秀才）在乡，考不取举人的诸生成为本乡本土的绅士，维护本地秩序，与社会底层联系紧密，用现在的话来说"接地气"。这三类士人，因才华或运气差别而导致身份有差别，但他们之间有同乡、师

时接上谕为帮办团练大臣之前，湖南已经有了两块不错的湘军"试验田"。一为新宁江忠源所办的楚勇，早在咸丰元年，江忠源已组建楚勇赴广西与风头正盛的太平军交战，咸丰二年，江忠源在蓑衣渡设下伏兵，与太平军鏖战两昼夜。南王冯云山中炮而死，太平军溃逃，辎重尽被缴获。也是在咸丰二年，太平军进入湖南后，与曾国藩同为湘乡人的罗泽南和弟子王鑫在家乡操练湘勇，以卫桑梓。所以日后曾国藩在其撰写的《罗泽南墓志铭》云："湘军之兴，威震海内，创之者罗忠节公泽南。"在办团练前，罗泽南已建构了自己的学术理论，也有了起兵卫道的人员班底，而且与地方绅士的交往，使他获得了较好的社会声誉。湘中带兵立功的书生，如王鑫、刘典、李续宾、李续宜、蒋益澧、曾国荃、曾国葆等人，皆为罗氏弟子。郭嵩焘后来评价道："曾文正公初募湘军，专依罗泽南、王鑫。"

正因为这种"进士—举人—诸生"分布在朝野的三级人才结构，彼此联系紧密，才使得离乡14年的曾国藩，在初建湘军时，与湖南官场龃龉不断，却在民间社会具有强大的动员能力。在湘军屡建功勋，曾国藩成为手握重兵的湘军统帅并总督两江时，他和其他湘军系高层之间的同乡、朋友关系的底色依然没变。他靠朝廷授予的权力以及自身具备的道德威望来调度兵马，其他湘军系高层尽管官职比曾国藩低，但依然有着独立发展的空间。这种彼此有相对独立性而又上下呼应、相互支援的结构，在大乱之时是最为合适的——它最大程度地保证了单个人的积极性、行动力和政令统一全盘统筹之间的平衡。

这一优势的反例则是：太平天国高层所形成的"君臣关系"，改变了早期传教时的合伙人关系，"君臣关系"必然导致"人身依附"与彼此巨大的不平等，影响到高层其他精英能力的发挥。可以说，洪、杨天京内讧、石达开出走是这一不平衡的高层结构之必然。

湘军的激励机制更优

就高层人士聚合的意识形态纽带比较，湘军集团高层高扬的是"卫道"大旗，如曾国藩《讨粤匪檄》所言："举中国数千年礼仪人伦，《诗》《书》典则，一旦扫地荡尽，此岂独我大清之变，乃开辟以来名教之奇变，我孔

> 湘中带兵立功的书生，如王鑫、刘典、李续宾、李续宜、蒋益澧、曾国荃、曾国葆等人，皆为罗氏弟子

子、孟子之所痛哭于九原，凡读书识字者，又乌可袖手安坐，不思一为之所也。"这决定了湘军系高层一定是社会精英层——士人。而太平军的高层以"拜上帝教"这种借外来宗教之名杂糅本土怪力乱神的民间宗教聚合，其高层只能是处在社会底层的边缘精英。

太平天国永安建制时有六王：天王洪秀全、东王杨秀清、西王萧朝贵、南王冯云山、北王韦昌辉、翼王石达开。六人中洪秀全、冯云山是落第童生，杨秀清、萧朝贵出身贫民家庭，韦昌辉、石达开家境尚属殷实。但他们都是客家人，在土客矛盾十分尖锐的两广地区，是被主流社会排斥、饱受人数占优的土著欺凌的边缘人群。这种高层结构决定他们在早期有相当的凝聚力和极强的战斗力。借助"拜上帝教"，集团高层在早期吸纳的追随者一定是十分忠诚、不惧牺牲的"铁粉"。但随着"市场"越做越大，如不改变经营方针，单靠不计得失的"铁粉"是不可支持下去的。"铁粉"相信可以上天堂，可以忍受现实的贫穷，奉献一切私产过着平均而禁欲的生活。而到了后期，新加入的成员更多的是追求现实利益，不可能像早期的"铁粉"那样无怨无悔，再加上高层的腐化，这个集团不可能再具有强大的战斗力。

反观湘军集团，不但高层和中层组织结构优于太平天国，而且其动员理论和激励机制更优。太平天国的动员理论一是虚幻的宗教许诺，这只对虔诚教徒即"铁粉"有用；二是夷夏之辨，如《奉天讨胡檄》所言："今满洲另置顶戴，胡衣猴冠，坏先代之服冕，是使中国之人，忘其根本也。"此时满清已入主中原两百来年，"剃发易服"对一般士民的屈辱感几乎可以忽略不计了，而且满清统治集团在文化上已完全汉化；指责满清王室为胡虏夷人，自诩身为华夏正朔的洪杨集团却拜洋人的"上帝"，摧毁本民族的文化，逻辑上是相当的冲突。而湘军的动员理论和激励机制更符合当时中国社会现实，也更符合人性。其对社会精英——士子而言，号召的是"卫道"，孔孟之道是士子立身之本；对普通百姓而言，号召的是"保家"，保卫小家庭不被洪杨所破坏、吞噬。在具体的征战中，领军者可求令名、求官禄，普通士兵可求钱财，求富贵。这样的激励机制对大多数人更有效。

两个团队相比较，洪杨集团只可能市场越做越小，而湘军集团则可以越做越大。如果以足球队来打比方，曾国藩率领的团队是"五星巴西"这样的成熟球队，小组赛时因大牌们进入状态晚，未免磕磕碰碰，到了后期淘汰赛，状态则越来越好。洪秀全杨秀清的团队，则是一些非洲黑马球队，队员个人能力不错，敢闯敢拼。但全局观不强，战略思想不明，队员之间配合不好。这样的球队小组赛往往能惊艳，能爆冷，但注定走不远。

（《国家人文历史》2014年12期）

△ / 1862年，李秀成主持太平天国会议，英国呤唎写意画。同治元年（1862年），因天京围急，李秀成在苏州王府两次召开军事会议。画中李秀成身着朝服，慷慨陈词，左右坐着诸王

浴血坚城与兄弟阋墙
战天京：湘军的大战略和小九九

文｜谭伯牛

克复南京是天下第一大功，当时诸人没有不知道的。李鸿章诗云："一万年来谁著史，三千里外欲封侯"；无疑是当事诸人的心声。克复南京，可以名垂青史；倘若躬逢其盛，谁不攘臂而争，谁能袖手而让？于是，南京攻防战，不但是敌我之间的战争，也是清军内部的博弈，既有浴血坚城的壮举，也有兄弟阋墙的机心。

曾国荃对老哥说不

同治元年（1862年）二月十五日，回湘

度假三月的曾国荃，率新募六千湘军至安庆，即日奉旨补授江苏布政使。整军十日后，曾国荃领兵沿长江北岸，连克巢县、和州。四月二十日渡江，次日，夺金柱关。此前，在江南作战的曾贞幹已克芜湖，两人会师入江苏境，又连克板桥、秣陵关、大胜关、三汊河诸垒，而彭玉麟率水师夺江心洲与蒲包洲，泊南京护城河。五月初四日，在水师配合下，曾国荃直逼南京城下，在雨花台扎营。同时，水师控制了头关与下关之间的江面，曾贞幹在江东桥傍水设垒，保护后勤通道。其时，金陵已被太平天国更名为天京。曾国荃之师，合水陆不足两万人，围住金陵的南面与西面，是为湘军战天京之始。

然而，九洑洲未得手，不能防南渡敌军，不能保证粮道畅通；常州与苏州被太平军控制，既让天京留有一条通路，也让湘军时刻担心东来的强袭。因此，时在安庆湘军大营的统帅曾国藩，并不赞成其弟曾国荃在外围未能肃清的情况下，贸然"长扎雨花台"。他说，即使南京以外的太平军不来骚扰，围城湘军因兵力太单，火力不猛，并未完全阻断南京与外界的交通，则不可能发动攻城，无非是"终岁清闲，全无一事"的局面；而一旦太平军内外夹击，攻打围师，这支孤寄的湘军很有可能招致"归路全断，一蚁溃堤"的惨败。

果然，闰八月十九日，太平天国忠王李秀成，自苏州率领大军来攻国荃，"号称六十万众"（实数或在二十万左右），九月初三日，侍王李世贤率十万大军自浙江来，"旗帜如林，层层排列"，将湘军围了个密不透风。太平军先以大炮与地道，继以肉搏，向湘军发起猛攻。幸亏曾国荃谨守"扎硬砦"的心法，墙高且厚，壕深且宽，兼之将士用命，严防死守，在敌军人数、火力俱占优势的情况下，战至十月初五日，总算保住了阵地。只是代价不小。太平军来攻之前，湘军营中发生疫病，"死者山积"，太平军既来之后，伤亡枕藉，事后点名，竟然减员五千人，曾国荃自己也受了枪伤，所谓"军兴来未有如此之苦战"也。

兄弟受到重创，曾国藩既揪心，更后怕。若非天气转凉，太平军未备秋衣，此役结局如何，还真不好说。于是，他写信给曾国荃，劝他"莫为浮言所惑，谓金陵指日可下"，不要利令智昏，"而昧于死活之势"，当前的上策，应该是暂时撤围，转战太湖西岸一带，肃清外围以后，再来攻打南京。然而，曾国荃的回答很干脆，不。

当然，他有理由。南京是"长毛老巢"，湘军起兵，最终任务就是占领南京。现在从安庆到南京，水陆俱已打通，固应驻扎一支部队在南京城下，起到威慑作用，同时，还可以牵制苏、常、杭、嘉的太平军，令其在回救南京与扩张势力（例如进攻上海、福建与江西）之间难以取舍。如果遵从"阿兄"的建议，解围南京，转战东南，倘若事机顺利，固如曾国藩所说"不过数月间事"，可以快去快回，继续围困南京。但是，事机不顺的话，就有可能被太平军纠缠，而南京也能趁机与其他太平军取得联络，那么，再想回来围困南京，恐难如愿。这是他对大战略的理解。他也有小九九。扬州、镇江分别为都兴阿、冯子材镇守，此二人都不属于湘军系统；如果湘军撤围，此二人奉到圣旨或自作主张，前来围攻南京，届时湘军只能作为"会剿"之师参与围城，主客易位，事权旁落。所以，这个"茅坑"，不论便意之有无，他都得死死占住，不肯轻言撤离。

对此，曾国藩也无话可说，只能骂一声"呆子"，继续做好统帅的本职工作——对外，争取中央的支持，对内，协调各军的关系。

过分热情的李泰国

中央对湘军的支持，可以"李泰国舰队事件"为例。咸丰十一年五月间，恭亲王奕䜣奏请购买英国军舰用于"剿贼"，奉旨谕允，并令湖广、两江、两广督抚妥筹。两江总督曾国藩复奏，谓"购买外洋船炮，为今日救时第一要务"；但是，他这么讲，却不是说只要购买了外洋船炮，就能在军事上收到立竿见影的效果，而是想表达另一种意思："凡恃己之所有、夸人之所无者，世之常情也；忽于所习见、震于所罕见者，亦世之常情也。轮船之速，洋炮之远，在英、法则夸其所独有，在中华则震于所罕见。若能陆续购买，据为己物，在中华，则见惯而不惊；在英、法，亦渐失其所恃"。也就是说，对这些洋人"夸其所独有"的"奇技淫巧"，咱们不妨聊备一格，作为摆设，及至日久天长，积少成多，君臣国人"见惯而不惊"，洋人也就"渐失其所恃"了。近代史所谓"中体西用"的思想，颇为后来全盘西化者诟病，曾国藩此时的态度则顽固到"用"一下也不情愿，买来看看就够了。

这种表面同意、骨子里不以为然的态度，中央诸公自然看得出来，加之湘军旋即克复安庆，军情稍缓，于是，对购买船炮之事"迟之又久，未敢率行骤办"。直到传来太平军欲购美国军舰的谍报，迫于军备竞争的压力，总署才重开谈判，签订合同。合同主要内容为：筹拨沪粤各地关税，作为购船款，合同签订即预付一半，交验后付清余款。英舰驶至中国，由中国总兵官"总统"，兵弁从湖南、山东、满洲招聘，酌情聘用一些外国（不限于英国）人作为舵手、炮手。合同从同治元年正月开始生效。

同治二年四月，自称"大清国唯一海军大臣"的李泰国（Horatio Nelson Lay）抵达北京，为交接军舰作准备。由于对建设清国海军抱有过分的热情，他全盘否定了原合同

第一部分 湘军的崛起

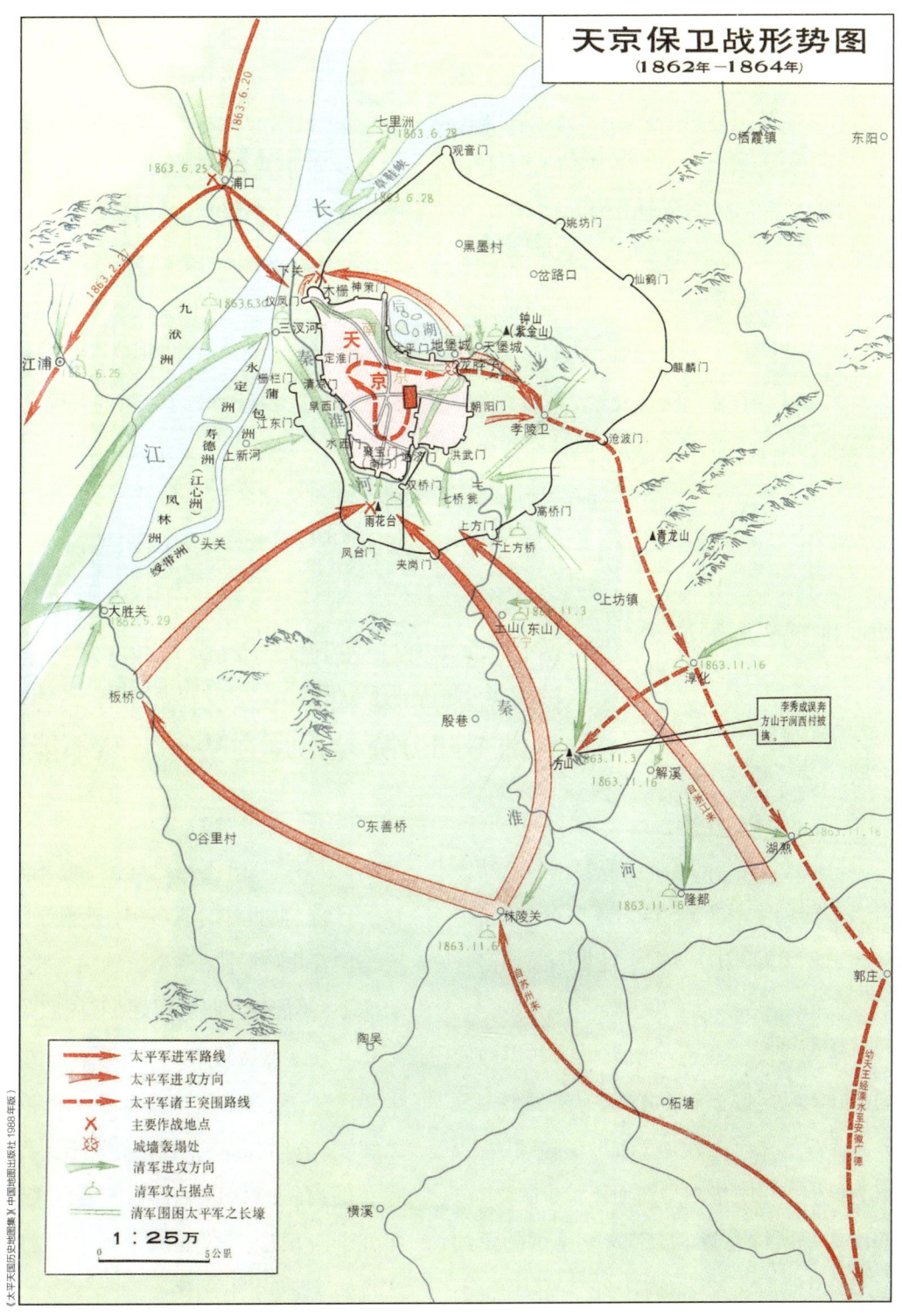

除付款方式外的所有条款。他任命阿思本（Sherrard Osborne）为舰队"总统"，随船带来六百多名外国官兵，清一色"海龟"，根本没有放土鳖上船的意思。总理衙门"不胜诧异"，迅即"严词驳斥"，"相持几至一月"。李泰国做了让步，同意设立"汉总统"，将阿思本降格为"帮总统"，二人"均听所在用兵地方督抚节制调遣"，共赴国难，协剿金陵。原订条款与此相悖者，尽行废除。不过，总署在谈判上取得了"巨大胜利"，具体操作尚需曾氏兄弟、李鸿章诸人负责，故总理衙门咨发各处，妥议妥筹。

过是排挤中国军人，而让外国人实际掌控舰队，若真如了他的愿，则"洋人本有欺凌之心，而更授以可凌之势；华人本有畏怯之素，而又逼处可怯之地"，结果则是中国花巨资购买轮船，却仍然"不得为轮船之主矣"。对此，曾国藩提出了两个解决方案。

首先，我方应"虚与委蛇"，在对方"仪文不甚倨傲，情意不甚隔阂"的情况下，"汉总统"率清军驻于我方习用的长龙与舢板，"帮总统"则率洋人驻于铁甲轮船，分船同泊，"徐讲统辖之方"。但是，对方若"意气凌厉"，"视汉总统如堂下之厮役"，则应施行B

如何排除洋人争功

曾国藩机敏，发现新合同明确了李泰国舰队"协剿金陵"的任务。若然，将来岂非要与湘军同分克复南京之功？当然不能同意

曾国藩机敏，发现新合同明确了李泰国舰队"协剿金陵"的任务。若然，将来岂非要与湘军同分克复南京之功？当然不能同意。可是，仅自不愿分功立言，格调未免太低，让人笑话。且看国藩如何寸土必争却又不失风度的反驳。

他先重复一年前与中央形成共识的原则："购买洋船之议，国藩叹为救时第一要务，盖不重在剿办发逆，而重在陆续购买，据为己有，在中华则见惯而不惊，在英、法亦渐失其所恃"。然后，谴责李泰国的毁约之举，说他巧立名目，搞什么"帮总统"，不

计划，那就是"既不与之同泊，亦不复言统辖"，干脆"将此船分赏各国，不索原价"。你不是仗着几吨铜铁，夸奇炫独吗？我不是买定离手，不能撤注吗？那好，我先照单全收，不伤和气；然后移赠友邦，另结交情。东南大势已定，固不必借重其力协攻南京，有什么脾气，有什么骄气，我让你发不到我身上。唯一的损失，"区区一百七十万之船价，每年九十四万之用款"而已，"以中国之大，视之直如秋毫，了不介意"。

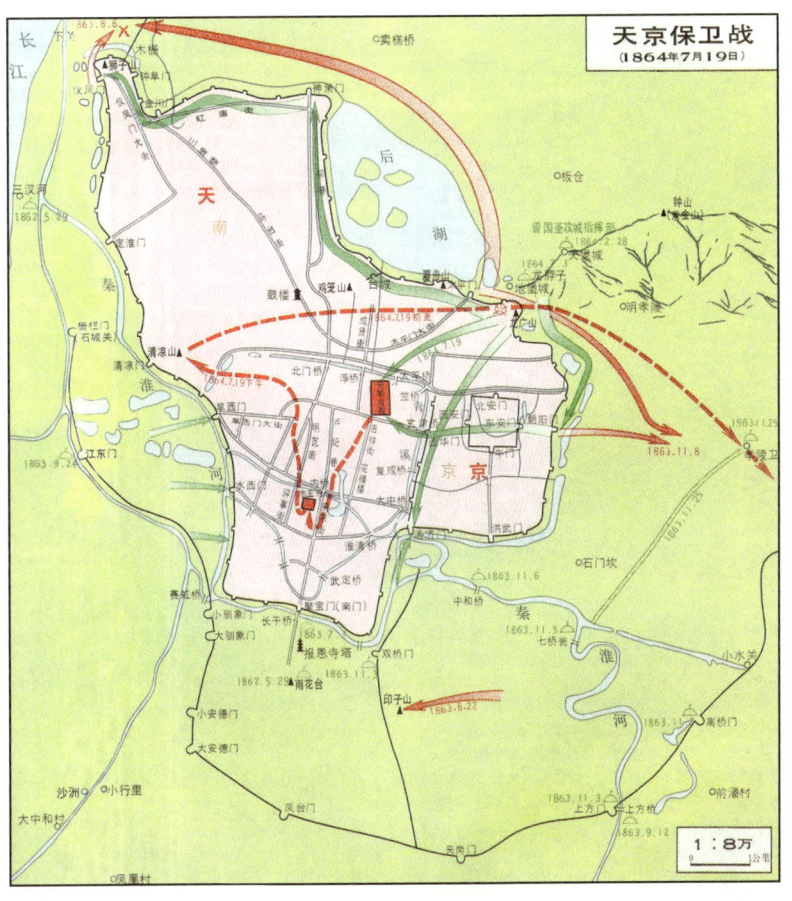

初一看，此番言论或是狭隘的民族主义，或是丧心病狂的官僚做派，但是，要认识到曾国藩这么说的前提，是默认李泰国公然毁约为既成事实，不得不曲为弥缝。而曾国藩所以大发怪论，更是因为看透了事件的本质：总署实是屈服于李泰国个人的强暴，而非迫于英国政府的压力。李泰国当时的身份是受雇于清廷的总税务司，他如此深地介入军购事宜，在其个人，固有思出其位之嫌，在其职守，必被越俎代庖之责。可以断定，

李泰国此次改约，并非政府授意，而是个人即兴。然而，曾国藩在给总理衙门的回信里，对这个判断没说一个字。因为他真能体会中央的苦衷：精通明断如奕訢、文祥者，岂不自知？而所以忍辱含羞如此，则在于他们并未掌握决策所需的足够信息。所以，他们要向封疆大吏咨商，探听下情，了解军方实力是否足以支撑总署作出更改成议的决定。曾国藩用荒诞派手法忽略掉总署诸公的尴尬，暗示可以决裂的信心，既保存对方颜面，又提供解决方案，这种智慧，实在令人佩服。

十月，在"博采众论"后，又经未来的总税务司赫德（Robert Hart）居中斡旋，清廷乃痛下决心，在新一轮谈判中采取强硬姿态，将英国军舰、兵勇全部退回，英国且须归还预付款；已经发生的薪酬、差旅等费用，则由中方支付；奖赏阿思本一万两银子；撤销李泰国总税务司之职。实事求是地说，取得这种成果，实在是中国近代史上少见的外交胜利。

▲ /《平定粤匪图》之《克复金陵省城图》,绢本设色,清,宫廷画师作。1864年,曾国藩的湘军攻克南京

第一部分 湘军的崛起

没有大炮，只好挖地道

曾国藩的另一项工作，协调各军关系，则集中体现在淮军是否助攻南京一事。同治元年三月，经曾国藩密保，李鸿章授江苏巡抚，来到上海，组练淮军。此后，连克青浦、嘉定、常熟、太仓、昆山、江阴诸城，并于同治二年十月，克复苏州，三年四月，克复常州。三年二月，左宗棠率老湘营收复杭州，进规湖州。至此，天京东面的屏障不复存在。湘军方面，二年五月，水师克九洑洲，肃清长江，八月，陆军攻下南京东、南面十处坚垒，三年正月，攻克太平军在钟山之巅修筑的"天保城"，并分守洪山、北固山等处，正式宣告合围。而周边的军事要地，如镇江、东坝、溧水、宜兴、溧阳等处，也都处于湘、淮军的控制。南京已成孤城，"外援将绝，粮米无多"，这才真正拉开战天京这出大戏的幕布。

曾国荃在南京城下围了两年，清廷还是有些着急的，三年三月，开始催他，谕云："金陵城大而坚，围攻不易。诚恐各营将士号令不一，心志难齐，曾国藩能否亲往督办？"一个字都没提到曾国荃，但每个字都是一记耳光。前此，九江、安庆自合围至攻克，费时都在一年以上，南京之险固，甚于二城，比照前事，似不应过于催促。但是，李鸿章收复苏州，只需三月，左宗棠克杭州，不过半年，然则今时不同往日，又未可拖延过久。曾国荃率兵从安庆打到南京，其部下始终跟随，并不存在"号令不一，心志难齐"的问题，朝廷未尝不知道；但偏要以此为借口，让曾国藩亲临督战，用意即在于此。曾国荃是前敌指挥，曾国藩为全局统帅，朝廷不直接催促曾国荃，而向曾国藩委婉示意，就是在不破坏行政指挥架构的情况下，暗示曾国荃应该力图进取，不事苟安，要以李、左为榜样，而不要援照九江、安庆的成例，尽早克复南京。故曰，这道圣旨的每个字都是一记耳光，扇得曾国荃头晕眼花，恼羞成怒，不顾一切，发动猛攻。

但是，湘军与李、左二军相较，在攻城装备方面，有一处巨大的缺陷，那就是没有大型火炮（"炸炮"）。李鸿章有常胜军，左宗棠有常捷军，两支部队的猛烈火力，能在攻城时发挥巨大作用。戈登在常胜军解散后，曾赴南京参观国荃的围师，就说湘军"营垒坚固，号令严肃"，令人佩服，美中不足的则是没有"好炮"。然而，国荃这会儿急眼了，没有条件，创造条件也要上。没有大炮，那就只好挖地道了。

二年八月间，曾国荃就已择地开挖，进行前期准备，三年正月合围后，更是全面开挖，路路并进。但是，地道攻城，实在不是上策。首先，炸药用量太大，难以为继，后勤部长曾国藩就屡屡抱怨，至云"无药可解，特此飞告，请弟莫再轰地洞"，"勿谓兄言之不早也"。其次，在挖地道的过程中，艰险万状，往往损兵折将，徒劳无功。地道是用来装药轰城的，挖得太深，爆破效果不好，但是入地太浅，则会伤损草根，草枯则渐作黄色，必异于周边草色。李秀成登高一望，见城下黄绿相间，晰然可辨，而地道所在，了然于心矣，遂令太平军自城内"穿隧以迎"，"薰以毒烟，灌以沸汤"，而湘军工兵因此"须臾殒命者，率常数十百人"，此外，不慎火烛，发生误炸，工兵"纵横聚葬于其中"，也不罕见。就这么挖啊挖，一直挖了大半年，炸药费去十数万斤，工兵死了一两千，南京城还是完好无损。曾国荃愤懑异常，却无计可施，加之肝病复发，身心俱坏，乃"逢人辄怒，遇事辄忧"。

曾、李师徒相声说得很默契

三年四月初，淮军克常州，清廷旋即下旨，有"会攻（南京）之说"。淮军刚刚经历大战，士卒须稍作休息，未便即刻拔队西向，故谕旨仅示咨询之意，尚未敦促。然而，李鸿章十分机智，立即向曾国藩，尤其向曾国荃表明立场。他说，中央虽有"令敝军会攻之说"，但是，"沅丈（谓曾国荃）劳苦累年，经营此城，一篑未竟，不但洋将常胜军不可分彼功利，即苏军（即淮军）亦须缓议"。除非湘军实在没辙，非请淮军炮队往助不可，届时，"只要吾师与沅丈一纸书"，淮军一定帮忙。

甚至为了情理上说得过去，李鸿章不惜得罪左宗棠，命淮军主力去"会攻"湖州。湖州在浙江境内，左宗棠是浙江巡抚，克复湖州是本分。李鸿章是江苏巡抚，去打湖州就是捞过界了。曾国荃不愿他人分功，左宗棠何尝没这个意思？怪不得左宗棠听说淮军助攻湖州，便责备李鸿章忙于"越界立功"，对本省尚未平复的宜兴、溧阳置之不顾，"不可谓谋国之忠也"。

当然，淮军助剿之议，决不会因此中止。一个月过去，南京军情依然如故。朝廷只问成效，而不问功自孰成，因此，五月八日，降下一道谕旨："李鸿章所部兵勇攻城夺隘，所向有功，炮队尤为得力。著即迅调劲旅数千及得力炮队前赴金陵，会合曾国荃围师，相机进取，速奏肤公。著该抚酌度情形，一面奏闻，一面迅速办理。曾国藩身为统帅，全局在胸，尤当督同李鸿章、曾国荃、彭玉麟，和衷共济，速竟全功，扫穴擒渠，同膺懋赏。总以大局为重，不可少存畛域之见。"这段圣旨，总结起来就是两个意思：一，李鸿章别废话，赶紧去南京；二，曾国藩别废话，管好你弟。

曾国藩当然听懂了中央的不耐烦。现在，老哥俩已经没有拒绝援剿的借口，唯一可指望的，就看李鸿章是否言行合一，实践他前此表明的立场。李鸿章真是曾国藩的好学生，复奏先说淮军因养伤、接防、会剿等原因，暂时无法组织兵力去南京助攻，其次，

▲ / 曾国荃（1824－1890），曾国藩九弟，湘军名将

▲ / 鲍超（1828－1886），四川奉节人，清末湘军将领

本人须与"英酋"就近讨论防务，暂时也不能亲率援军，最后，还有一句画龙点睛的话，即谓湘军现在不缺兵而缺饷，且又新开了十几处地道，至六月间可完工，"如能及早轰开，自必无须协助"。虽然不过是拖字诀，但要承认，这样拖法还是很有水平，更有"良心"。

当然，曾国藩也要复奏表态，不愧为李鸿章之师，他的水平就更高了。他说，前接李鸿章来函，谓淮军将士太辛苦，应做休整，且正在会剿湖州的太平军，须待克复湖州后，再派遣将领来南京助攻。对此，曾国藩大义凛然，进行批判，说李鸿章称只派属将前来，"其知者，以为怜该抚之过劳，信苏将之可恃；不知者，以为臣弟贪独得之美名，忌同列之分功"，显然这是将我兄弟架在火上烤，"犹非臣兄弟平日报国区区之意"。为了避嫌

也好，为了军务也好，曾氏兄弟都不能接受这样暧昧的决定，为此，"吁恳天恩，饬催李鸿章速赴金陵，不必待七月暑退以后，亦不必待攻克湖州之时"。这招反客为主一出，皮球就滚回了中央，请慈禧太后与军机处各位大佬想想办法，到底该怎么办理才好。

而且，紧随曾国藩的复奏，李鸿章再上一折，列出一条更有趣味的理由："现在天气炎热，洋枪连放三四次即红，多则炸裂，开花炮放至十数出后，即不能著手。昨攻长兴，各项炮具俱已震损，亟须回苏修整。以后节交三伏，战事颇难"云云。于是，从目前形势看，曾国藩不断咨催，李鸿章则有各种"实在情形"，二人确系"不分畛域，不避嫌怨"，谁也没有"推诿"。清廷再要紧催，确系无从下口，于是，六月八日的谕旨，口气

就缓和多了:"本日览李鸿章所奏,知该督、抚等志切同仇,毫无成见,为之欣慰,更需勉益加勉,和衷共济。有厚望焉。"显而易见,在中央工作的同志很无奈,既然你俩相声说得这么默契,说等秋天才能打枪放炮,那这事就秋天再说吧。

天京陷落

不过,早在四月廿夜,曾国藩给曾国荃写过一封密函(未收入《曾文正公全集》,民国间才从曾国荃后人处流出),早已确定了对待援军的态度,云:"弟愿请少荃(李鸿章)来共事否?弟若情愿一人苦挣苦支,不愿外人来搅乱局面,则飞速复函。余不得弟复信,断不轻奏先报。"我们看不到曾国荃的复函,然可想而知,他的答案还会是一个不字,正如两年前孤军深入驻扎雨花台时的态度。这个不字,恰能表出曾国荃之志。从表面看,无非是贪恋功名,究其本质,却又可说艰苦卓绝,较诸全无实际,沽名钓誉者,二者不啻霄壤。正因为这份理解,曾国藩才不得不尊重曾国荃的意见。此时此地,尊重曾国荃的意见,就是尊重五万湘军将士的意愿,更是尊重虽九死而未悔、历百折而不挠的精神。最早披露此信的黄濬,提醒读者,要正确理解"不得弟复信,断不轻奏先报"这句话。这绝不是仅仅照顾家门之内的兄弟私情。倘若当日战天京者不是曾国荃,而是其他湘军将领,曾国藩也会如此表态,也只能如此表态。

而在写这信之后的第六天,天王洪秀全在天王府病殁,天京城的根基已经动摇。再过两个月,六月十六日午后,一条填装三万斤火药的地道被点燃,"但闻地中隐隐若雷声,约一点钟之久",然后听到"霹雳砰訇,如天崩地坼之声",然后看到"城垣二十余丈随烟直上","耸入云霄"。

烟雾弥漫中,李臣典(一说朱洪章)率队冲入缺口,天京陷落。黄昏,李秀成护卫幼天王洪天贵福冲出,旋即分散。十九日,李秀成被捕,七月六日,凌迟处死。洪天贵福逃往广德,三月后被捕,凌迟处死。

湘军大队入城后,搜杀焚掠三日。令人意外的是,风传天京城内"金银如海,百货充盈",而除了缴获洪秀全在长沙南门外所刻玉玺、金印外,湘军竟一无所获。奏闻,中枢本着"逆掳金银,朝廷本不必利其所有"的高姿态,不再询问。舆论则称"江宁资货尽入(曾国荃)军中";而争议洪天贵福下落及逃出太平军的实际数目,又引发沈葆桢与左宗棠攻击曾氏兄弟;宿将功臣如彭玉麟、鲍超,纷纷告退,"人辄疑与国荃不和"。故《湘军志》作者王闿运说:"大功虽成,然军气愤郁惨沮矣"。

(《国家人文历史》2014年12期)

刘铭传
盐枭出身的台湾近代化之父

文 | 熊崧策

1886年，清政府在台湾建省，刘铭传携着他的宏愿，登上的通往大陆彼岸航船。从踏上台湾那一天开始，刘铭传就开始建设学校、开通邮局、兴办企业……竭尽心力的建设这片还被很多人视为莽荒之地的岛屿。刘铭传主政期间，为台湾创造了许多个"第一"，他本人也被后世誉为"台湾近代化之父"。

△ / 第一任台湾巡抚刘铭传，清末安徽合肥人，字省三，号大潜山人

差点加入太平军的通缉要犯

1836年，刘铭传出生在安徽肥西的一个庄户人家，字省三，由于排行第六，小的时候得天花在脸上留下麻点，被人称为"刘六麻子"。刘铭传从小就对农活和读圣贤书没什么兴趣，喜欢研读兵书、战阵、五行杂书，当年他曾登上家乡的大潜山仰天长叹："大丈夫当生有爵，死有谥，安能龌龊科举间？"刘铭传11岁的时候父亲去世，他干脆从私塾辍学，此后和同乡结伙贩卖私盐、打架劫舍，间或杀人越货。1854年，刘铭传乡里土豪以保卫地方为名派丁摊费，刘铭传伯父因拿不出钱遭到欺负，18岁的刘铭传愤而给几个兄弟说："丈夫当自立，安能耐此辱哉！"于是追上土豪，要求决战，土豪轻蔑地笑道："小子敢挡我的路？我把刀给你，能杀我就算你是壮士。"话音刚落，刘铭传夺过土豪的刀，以迅雷不及掩耳之势将其斩首。随后他筑堡扎寨，成为清政府通缉的"土匪"，不过，当时的安徽在太平军的打击之下一片混乱，也没人顾得上他这个"通缉犯"。

有一种传说，刘铭传曾和同样在肥西结寨自保的张树声、周盛波、唐殿奎等人欲投向太平天国，四人歃血为盟时大风吹断了旗杆，周围人说这是天象示警，投向太平天国大逆不道，恰逢此时又传来天京事变杨韦内讧的消息，于是大家打消了原来的念头。不过当年刘铭传仇视官府确是实情，1858年，太平军攻克庐州，合肥知县英翰弃城逃到刘铭传寨前，刘铭传闭门不纳。英翰告刘铭传造反，六安知州邹鹗派兵将刘铭传逮捕，邹鹗见刘铭传是个人才，没有杀他，勉励他办团练，刘铭传这才改听官府调遣，对抗太平军。

1861年冬，曾国藩为了增援上海，委托李鸿章仿照湘军的营制编练淮军。张树声、刘铭传、潘鼎新、吴长庆各带自己的人马投奔李鸿章，以他们名字为代号的"树、铭、鼎、庆"四营也成为淮军的骨干。

二十九岁当上一品大员

淮军初建时，一天傍晚，曾国藩在李鸿章的陪同下，悄悄来到淮军的营地，看到淮军的将领们，有的赌酒猜拳，有的倚案看书，有的放声高歌，有的默坐无言。刘铭传敞胸露怀，左手拿着《史记》，右手拿酒，朗诵一篇，饮酒一杯，长啸一声，继续读书，旁若无人。巡视完毕后，曾对李说："众位将领均可立大功、任大事，但是将来成就最大的，还是那个裸腹读书的。"这个故事虽有细节不同的几种版本，但刘铭传被素有相人之明的曾国藩看中，是不争的事实。

1862年，李鸿章率淮军沿江东下赴上海攻打苏南太平军，李鸿章对洋枪洋炮极为推崇，训示手下将领学习西洋先进武器。最开始，郭松林、程学启等将领都不肯学，只有刘铭传最为积极。李鸿章就先在亲兵营和刘铭传的铭字营装备洋炮队。铭字营还请了一位法国教练毕乃尔帮助训练和指挥作战，并

且拥有3门当时火力最猛的32磅炸炮，成为淮军攻坚劲旅。1864年，刘铭传就是凭借新式西洋火炮轰塌了常州的城墙，最终夺下该城。从这时起，刘铭传就成了一个坚定的洋务派，是中国军队近代化的先驱。

在苏南的两年，刘铭传先后攻占了南汇、川沙、江阴、无锡、常州、湖州等城镇。他个子不高，看上去威武而严厉，双目如电、声若洪钟，很多下属见着他都汗毛竖立，但他身先士卒，属下也愿意为他卖命。在打常州时，他额头就挨过一枪，导致以后每隔几天就会头疼。

1864年太平天国灭亡时，29岁的他靠太平军的鲜血染红了顶子，官至从一品的实授直隶提督，赏穿黄马褂，太早把官当到头也是导致他壮年时期大部分时间在家赋闲的一个原因。"铭字营"也发展成为兵力7000人的"铭军"，拥有洋枪4000支，不仅是淮军主力，在当时的中国也是最有战斗力的一支劲旅。

北上攻捻，火并友军

1865年5月18日，捻军一举歼灭清廷王牌军僧格林沁统率的蒙古马队，大为震动的清廷急令两江总督曾国藩北上，督师剿捻，李鸿章接任两江总督负责后勤。由于此前曾国藩害怕功高震主，主动裁撤了湘军，手中

已无太多部队，于是便统率淮军北上，铭军自然也在此列。

6月12日，铭军首战告捷，在济宁长沟大败捻军，随后发生的事情却让世人大跌眼镜。僧格林沁余部陈国瑞的军队驻扎在铭军附近。陈国瑞早年曾经参加太平军，是英王陈玉成部下最精锐的五百孩儿兵的小头目，后来投靠僧格林沁，骁勇善战。当他看到铭军装备有精利的洋枪洋炮，十分垂涎，企图强行夺取，于是就在一个夜晚率领五百孩儿兵突入长沟镇，滥杀淮军士兵十几人。刘铭传下令还击，半天工夫不到就将陈部五百人全歼，陈国瑞也被俘虏，刘铭传把他关起来，每天只给吃一顿瘦肉粥。三天后陈国瑞被"请"了出来，他一见刘铭传，既不怒骂，也不求饶，只是哭诉："这五百人都是百战之精锐，一旦被你歼灭，我的部队就此衰落了。"刘铭传觉得陈国瑞可怜，便把他放了。

随后，双方各写折子告御状，朝廷不予追究，但两人互相提防，捻军也不剿了，在长沟对峙。负有领导责任的曾国藩训斥了挑起事端的陈国瑞，但刘铭传成建制消灭友军，做事太绝，不收拾一下也难以服人，曾国藩本想敲打一下刘铭传，没想到李鸿章护犊子护得厉害，要求曾"勿加苛求"，曾只得作罢。

从此，刘铭传眼睛里揉不得沙子，心狠手辣、睚眦必报的威名传遍南北。

尹隆河之役：一生中最黑暗的时刻

和太平军不同，捻军全是骑兵，以流动作战为主，在苏、鲁、豫、皖、鄂各省流窜，动向不定，专向官军防卫之弱点突袭，以致各省当局防不胜防。曾国藩最初的战略是在苏、鲁、豫、皖四省各置一支重兵，一省有急，三省往援。刘铭传对此不以为然——捻军往往避实就虚，哪个傻瓜会向重兵屯扎处自投罗网？他的战略构想是"防河"之策——东以运河为防线，西以沙河、贾鲁河为防线，缘河岸构筑长墙、堡垒，派兵驻守，阻截捻军大规模流动，在豫东围而聚歼。曾国藩采取了刘铭传的建议，攻捻方略由"点"变"线"，但此策却遭到军队、地方的抵制，连李鸿章都不能理解，讥讽曾、刘是秦始皇的"知音"，曾不为所动。1866年10月，捻军分为东西两部，冲破了清军的封锁线，西捻军闯入陕西，东捻军进入湖北，河防之策破产，曾国藩下台，回到两江总督任上，由李鸿章负责剿捻。河防之策的创意人刘铭传也压力倍增。

东捻军在湖北连克麻城、应城、云梦、天门，全鄂震动，随后，连破湖北巡抚曾国荃、阵斩淮军健将张树珊，军威大盛。李鸿章则调湘军劲旅鲍超（字春霆）部"霆军"入鄂，汇合一直尾随在东捻军之后的铭军，准备集结湘淮两军的王牌部队协同作战聚歼东捻。刘、鲍于1867年2月18日以函约定，于次日上午七时分道东西夹击位于尹隆河之捻军。

其实，两人之间早存芥蒂，五年前，湘军久攻天京不下时，刘铭传就跃跃欲试怂恿李鸿章去助战，李鸿章不愿去抢自己老师的功，没有答应，但湘军将领自那时起就对刘铭传颇为不满。"霆军"从没打过败仗，战功卓著的鲍超视刘铭传为淮军后辈；刘铭传则视鲍超为有勇无谋之一介武夫，决定甩开鲍超单干，违约提前两个小时出发，以图抢得头功。

刘铭传令五营部队留下护卫辎重，亲率马步十五营分为三部渡河攻击。东路捻军早就严阵以待，主力上前迎战，刚要接仗，却不战而退，出奇兵突袭铭军后方，刘铭传恐后路失辎重，连忙返顾。东捻军迅速回转，分三路反攻，先败铭军左路，再败刘铭传亲自督带的中路军，后再全力围攻其右路军，右路主将唐殿魁被打死。刘铭传全军溃退，将领们都脱掉冠服坐地等死，刘铭传的红顶花翎也在仓皇中丢失。危急时刻，霆军按原定时间赶至，从侧后向捻军猛袭。捻军赶紧调转马头，大军"排列三十里、密布数十层"如潮涌般向霆军压去，霆军发挥火力优势，以劈山炮还击，双方鏖战到天色向晚，捻军渐渐不支，霆军稳扎稳打，绝处逢生的铭军也重整败军助战，捻军终于败退，连夜奔逃，霆军一路追杀。此战，捻军损失两万人。

战后，霆军夺回了刘铭传的红顶花翎，鲍超戏称："红玛瑙顶珠只可能是刘铭传的，顶子在，人不在，刘某人必然已经阵亡殉国。"恼羞成怒的刘铭传恶人先告状，上奏说霆军违约迟到，两人打起笔墨官司。李鸿章刻意掩饰刘铭传败军的罪责，曾国荃不愿得罪当权的李鸿章，而左宗棠则想杀杀鲍超的傲气，三人都袒护刘铭传，颠倒黑白，指责鲍超失期。朝廷则把鲍、刘各打五十大板——都有错，念在以往的功劳上，免于处理。打了胜仗并救了刘铭传一命的鲍超咽不下这口气，辞官回家，威名显赫的霆军也随之烟消云散。

尹隆河战败，是刘铭传一生中最黑暗的时刻；恩将仇报，也是他一生最大的污点。

攻捻第一功臣

尹隆河战败后，刘铭传在信阳整军再战。1867年6月，东捻闯入山东沿海地区。

尹隆河战败，是刘铭传一生中最黑暗的时刻；恩将仇报，也是他一生最大的污点

△ / 曾国藩组建的湘军和李鸿章组建的淮军成为清政府对太平天国作战的主力,图为淮军士兵

这时,刘铭传认为他的"防河"之策大有可为,正式提出倒守运河,把捻军挤压在海边予以歼灭的计划,并且以辞职相逼迫使犹豫的李鸿章接受他的计划。8月19日,捻军突破清军的第一道防线胶莱河,朝廷震怒,李鸿章交部议处。

东捻突破胶莱防线后,寻机冲破运河防线,均未能成功,河防之策终于奏效。刘铭传则以胶莱溃防,羞愤交煎,奋力围追东捻,五败捻军,击毙捻军统帅任柱。12月24日,再败东捻于山东寿光,东捻全军覆没。刘铭传论功居首,被赐三等轻车都尉世职。

先前,刘铭传和李鸿章约定,东捻平定后刘可以回家休养。不想,1868年2月,西捻从山西突入直隶,逼近京郊卢沟桥,清廷大震,急令各路大军"勤王"。李鸿章因而不予准假,刘铭传却不给老上司面子,依然回归故里。倒不是他对李鸿章毁约有多大意见,而是对朝廷的赏罚牢骚满腹:那个曾被他拒之门外的英翰当上了安徽巡抚,在攻捻之役屁事没干,获得的封赏却和他一样,也是三等轻车都尉。再加上恭亲王奕訢在北京招兵买马抵御西捻，重用仇人陈国瑞，刘铭传怕奕䜣对自己不利，坚持回家休养。

李鸿章只得自己北上，淮军减色不少。当捻军在豫北直隶纵横如飞时，李鸿章无可奈何，总会想起"英姿飒爽如省三，或有法制之耳"。他两次写信给刘铭传，请刘铭传出山。朝廷也下旨屡召，曾国藩和一向看不起别人的左宗棠也写信邀其复出。当年8月3日，千呼万唤始出来的刘铭传抵达前线。16日在山东茌平南镇展开决战，西捻军全军覆没。刘铭传因功封一等男爵。

刘铭传攻捻三年，找到制敌诀窍，坚持河防之策，从某种角度上说，捻军是败在刘铭传手上的。

赋闲在家十三年

刘铭传一直不满足当一个武将，他希望能出任封疆大吏，可以放开手脚大干一番事业，可是他没有功名，很难转成文官系统的总督、巡抚，再加上他桀骜不驯、脾气大、牢骚多，动辄撂挑子，属于朝廷敬而远之的那类人。屡屡被朝廷视为武人，才能无法发挥的刘铭传开始对官场厌烦，向往田园生活，从1871年起，他在家赋闲十三年。

刘铭传初还乡时，放浪形骸，以醇酒美人自娱，李鸿章写信说"似未宜尔"，劝刘铭传"多读古人书，静思天下事"。铭军也一直在刘铭传侄辈带领下，李鸿章从不让他人染指，为刘铭传复出预留资本。

刘铭传自号"大潜山人"，闲时喜欢戴着头巾，挥着羽扇，俨然一副儒生模样。他热衷于写诗，大都收录在《大潜山房诗钞》中，他的诗既有建立功业的豪情，也有淡泊名利的冲退。他的书画也有一定造诣，曾画一幅梅花，自题诗曰："圈圈点点又叉叉，倾刻开成一树花，若问此花何人画，大潜山下刘六麻。"对别人叫他"刘六麻子"，他毫不介意，甚至还津津乐道。

他古道热肠，延请曾当过太平天国丞相的朱瑞生当私塾老师，安排太平军将领袁宏谟当寺庙主持，撮合毕乃尔娶了六安城里的一位黄姓姑娘，还给毕乃尔起了个中文名——毕华清。1883年，晚清富商徐润在上海投资房地产亏了80万两白银，陷入债台高筑、穷困潦倒的地步。第二年1月，几个差官找到了焦头烂额的徐润，说是刘铭传派来的。徐润问他们有何事，差官们掏出行囊中一百个元宝放在桌上，说："爵帅（刘铭传）吩咐小人们来见徐大人，送上一百只元宝。劝勿灰心，可认真做事，发达后再还爵帅。"徐润为此感慨万端，特在自传中详细记载此事。

在家十三年，他读书作诗、修身养性，思想有了很大的变化。在一次名流云集的宴会上，刘铭传突然拍案而起，大声说道："中国不变西法，罢科举，火六部例案，速开学校、译西书，以励人才，不出十年，事不可为矣！"在座的人无不佩服他的胆魄和敏锐。他把以前镇压太平军、捻军的书信文牍一把火烧了，似有悔意。

1880年，中俄伊犁交涉事件发生，边疆局势紧张，在李鸿章的举荐下，清廷下旨令刘铭传进京陛见，为万一开战做准备。刘铭传在李氏幕僚们的帮助下，起草了《筹造铁路以图自强折》，这是清廷大员中第一份倡议修建铁路的专折，后来津浦、京汉铁路的雏形已经在这份奏折中提出。但是这封奏折遭到守旧派的激烈反对和攻击，使他郁闷不已，3次上疏求退不准，后不待批准，径自返乡。

抗法保台

1883年，中法战争爆发，刘铭传终生的良师益友李鸿章借机为他谋得了事权。1884年6月，光绪急召刘铭传火速进京。面对外侮，刘铭传没有迟疑，于6月24日抵京，清廷也终于任命他为方面大员，授福建巡抚，加兵部尚书衔，7月16日，刘铭传仅带旧部134人抵达基隆。

8月4日，法舰直逼基隆，第二天，刘铭传将登陆基隆的法军杀回海里。10月1日，法海军司令孤拔在猛烈炮火掩护下再犯基隆。守军奋勇抵抗约两小时，伤亡百余人，最后被迫后撤。这时，法军在利士比的指挥下正进攻沪尾。刘铭传考虑到台北府城是统帅部所在地，军资饷械集中于此，为保台北，沪尾重于基隆，于是决定撤离基隆，移师沪尾，集中兵力。法军占领基隆后，于8日又对沪尾发起进攻。法军以战舰七艘轰击沪尾市街和各处据点，然后登陆，分几路前进。法军不惯于陆战，一进丛林，便失去了统一指挥，只得各自为战。这时，预先埋伏在各处的清军从北、东、南三个方向奋起截杀，锐不可当。在短兵相战中，守军充分发挥自己的优势展开近战，而法军却溃不成军，伤亡累累。到最后，法军弹药已罄，陆战队司令方丹也被清军斩首，法军只得逃回舰上。事后，孤拔非常懊丧地承认："这是一次最不合算的战役。"自此以后，法国舰队开始对台湾进行封锁战术，企图困死台湾。

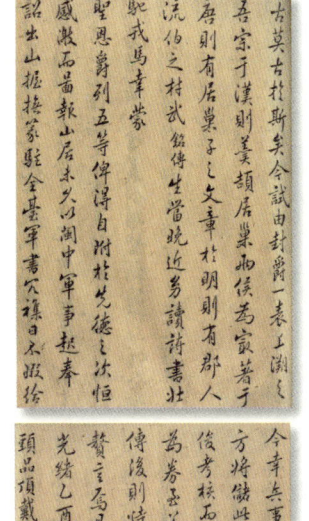
／刘铭传手迹

当时刘铭传手中可用之兵不足三千,物资匮乏、外援断绝,处境非常艰难。但他表示:"同将士惟拼死守,保一日是一日"。他穿短衣草鞋,和士兵同吃同住,经常亲自担任先锋,士兵人人乐为之死。他组织将士筑长墙、挖巨洞,做好持久固守的准备。

最艰难的时刻,当听说台湾可能不保,刘铭传难能生还时,李鸿章曾放声痛哭。为了支援台湾抗法,李鸿章高价雇外国轮船运兵运物资,反复催请粤督张之洞、江督曾国荃、闽督杨昌浚等援台。在全国军民的支援下,法军终未能再有进展。

1885年6月,法军撤出基隆,侵占台湾的战争以失败而告结束。

台湾第一任巡抚

1886年1月6日,清政府在台湾建省,并任命刘铭传为第一任台湾巡抚,刘铭传终得以大展宏图。他在台北建机器厂,自制枪弹,又聘德国技师重建基隆炮台,配备强劲大炮,他整军、练兵,防军全部改用洋枪,聘请外国教习。他创造了许多个第一:第一条中国自行投资、自行主办、自行控制全部权益的铁路;中国第一条海底电缆;中国第一个邮政总局;中国第一个驻外招商局等等。他还兴办新式企业,设立煤务局、办硫黄厂、机器锯木厂、煤油局。在台北设立警察,此外还装设电灯,开凿新式公共水井,购买第一架蒸汽压路机,并设置了专管市内卫生的机构,创办西式学校……

1891年,在朝野政敌的掣肘、打击和诬蔑下,刘铭传告病辞官回乡。1894年甲午战争爆发前,清廷又想起了刘铭传,光绪两次下诏,李鸿章奉旨5次电召,但此时久经戎马、屡受战伤的刘铭传两耳聋、左眼瞎、右眼只能感光、左边手足麻木,已成了废人。他告诉李鸿章,天津教案时、中俄边疆危机时、中法战争时,每一次他接到命令就出发,这一次如能勉强出马,"公谊私情,断不敢托词推诿"。其时,湘淮宿将也大多凋零,7月18日,曾随左宗棠收复新疆的湘军名将刘锦棠准备东赴战场时暴卒,"湘淮二刘"一死一病,导致朝鲜前线始终有将无帅。久经沙场铭军旧将叶志超、卫汝贵、聂士成等人各自为战、进退失据,或许是因为老上司刘铭传既不在身前领队杀敌、也不在身后运筹帷幄。

1895年,《马关条约》签订,台湾被割让给日本,刘铭传悲愤至极,常常半夜坐起,怒目圆睁,眼眶欲裂,老泪纵横,恨自己不能上阵杀敌,马革裹尸而还。次年1月他自知病重不起,写诗对自己的一生进行总结:"历尽艰危报主知,功成翻悔入山迟;平生一觉封侯梦,已到黄粱饭熟时。"12日,刘铭传在安徽六安九公山新居溘然长逝,享年60岁。

(《文史参考》2011年10期)

左宗棠与胡雪岩联手成大业
借债西征，收复新疆

文 | 郭晔旻

1876年，为收复被阿古柏匪帮窃据达十年之久的新疆，清廷陕甘总督左宗棠挥师西进。这场战争的胜利，让左宗棠从此名垂青史，也使胡雪岩圆了"红顶商人"之梦。

鸠占鹊巢

公元1759年，清军平定天山南北，将这块汉代西域都护府、唐代安西都护府的故土，重新归入了大一统王朝的版图。乾隆皇帝遂取了"故土新归"之意，将这块广袤达一百六十万平方公里以上的土地，命名为"新疆"。到了一百多年后的1864年6月，库车的一群无力缴纳粮赋而被迫服劳役的百姓发动了起义，星星之火引发了全疆暴动。这场起义虽然倾覆了清朝在新疆的统治，但是领导权却落到了大大小小的"伯克"（突厥语意为财主、贵族）们手里。这些利欲熏心的封建主各自割据，互相混战，致使天山南北一片混乱。最终，整个南疆都落到了一个名叫穆罕默德·雅霍甫（Mohammad Yaqub）的外国人手里，此人在汉文史籍上被称为阿古柏。中国的大好河山却被一个外国人所割据——"鸠占鹊巢"正是对这段动荡历史中最为荒诞一幕的真实写照。

阿古柏大约是在1820年出生在中亚历史文化名城塔什干附近。1847年，不满三十岁的阿古柏出任阿克麦吉特（意为"白色清真寺"）伯克，成为拥有自己势力的一方诸侯。

1866年，阿古柏带着六十八个死党从浩罕窜入新疆，在封建主们的混战中渔翁得利。1867年，天山以南大大小小的割据势力都被消灭，阿古柏自称"毕条勒特汗（洪福之汗）"，建立了所谓"哲德沙尔汗国"，开始了他长达十余年的统治。1870年，阿古柏甚至侵占了乌鲁木齐和吐鲁番。但他貌似强大的政权，根基仍旧十分脆弱，按照当时曾潜入喀什噶尔"访问"的俄国军事观察员、三十年之后曾在日俄战争中担任俄国"满洲军总司令"的库罗

/ 南疆首领阿古柏

巴特金上尉的看法,尽管阿古柏取得了南疆"所有城镇的统治大权",但"没有得到人民的支持","因而,他从一开始执政的时候起,就决定依靠军队的力量。"为了笼络追随自己亡命入寇新疆的浩罕军人,阿古柏在占领区恢复了中世纪军事封建采邑制度。军官们按不同级别领有相应大小的采邑。他们并不拿阿古柏的工资,其收入来自于辖区征收的赋税,数额多少完全取决于这些人的意愿,抑或是良心。

可想而知,"洪福之汗"治下的人民会有什么"洪福"可言:赋税多如牛毛,甚至在名目繁多的"常规"税种之外,每个礼拜还要交纳一次保护费(美其名曰"警察捐")。残酷的剥削使得劳动者大多数衣不蔽体、食不果腹。沦为奴隶的各族人民在喀什噶尔、叶尔羌等地的"巴扎"(市场)上出售。

"塞""海"之争

差不多在南疆爆发起义的同时,天京失陷,太平天国运动走向终结,大清帝国的首次近代化的努力——洋务运动也开始兴起。当时的史家不无溢美地将这段时期称为"同治中兴"。庞大的帝国在付出骇人的代价:中国人口从1851年的4.36亿,减少到1867年的大约2.8亿。之后,终于开始缓慢地恢复秩序和元气,"收复阿古柏窃据的新疆地区"随即摆上了清廷的议事日程。1873年11月,时任陕甘总督的"中兴名臣"左宗棠调兵遣将,准备发兵新疆。

就在这个关键时刻,1874年发生了日本侵台事件。此事虽然最后和平了结,但围绕着"海防"与"塞防"孰轻孰重,清政府内部发生了激烈辩论。鸦片战争以来,大清帝国突然意识到自己面临着"三千年未有之变局"——"三千年未有之强敌"竟然是"从海上来"!而大清的水师既不能歼敌于海上,炮台亦不能御敌于海岸,加强海防顺理成章地成为朝野的共识。可是建设海军费用不菲,购买一艘大兵舰动辄就是几十万两白银。因此,以"海防"为重,停止出兵新疆,把经费用于海防,就成为朝廷上不小的呼声。所谓"新疆不复,于肢体之元气无伤;海疆不防,则腹心之大患愈棘",持此论调的便是另一位清廷重臣——直隶总督兼北洋通商大臣、文华殿大学士李鸿章。

守旧派官员大多反对放弃新疆,比如大理寺少卿王家璧就斥责洋务派在改变了"祖宗之法"的同时,也丢弃了"祖宗之地"。保守的思想和爱国的精神,在这时显出了不那么协调的一致。

以当时的形势论,欲壑难填的沙俄侵略者在征服中亚细亚的同时,以"代为收复"的名义武力强占了我国伊犁地区,进而要求阿古柏政权臣服。可以想见,如果清廷放任阿古柏政权的存在而不去剿灭,所谓"哲德沙尔汗国"盘踞的大片中国新疆的土地,也会像希瓦、布哈达、浩罕这几个中亚汗国一样变成俄国的下一份盘中餐,而十九世纪的沙俄在东方的侵略扩张行动,从来是没有尽头和界限的。左宗棠在奏折中一针见血地指出,正因为海疆多事,所以才要一劳永逸地解决新疆的阿古柏政权,以便集中全力经营"海防"。不然,就会"我师退一步,则俄人进一步;我师迟一日,则俄人进一日"。放弃新疆就是自撤藩篱,沙俄必将得寸进尺,不但甘肃和陕西堪忧,就是北路的科布多、乌里雅苏台也失去保障,这样北京城也会丧失

△ 左宗棠(1812-1885),字季高,湖南湘阴人,清朝杰出的军事家,湘军统帅之一,洋务派重要首领。清马骀绘

门户，后果不堪设想。清政府考虑到攸关北半个中国的存亡，最终决定采纳左宗棠的意见。一场"海防"和"塞防"的争论才告结束。

积粮筹款

1875年5月，清政府任命左宗棠为钦差大臣，督办新疆军务。说起战争的准备，无非"兵"、"粮"、"财"三字。此时，集结在西征军大本营肃州（酒泉）的清军，已经有一百多个营，达七万之众。为了解决部队的吃饭问题，左宗棠又殚心竭虑搜集了足可供大军食用一年的粮食。唯独"财"成了大问题。从河西走廊运粮到阿古柏占据的乌鲁木齐附近，路程是八百五十公里，每百斤粮食的运费就高达二十两白银，差不多是凉州一带粮食原价的二十倍，阿古柏的巢穴喀什噶尔更是远在一千八百公里之外，光是出关粮运经费每年约计白银二百余万两，加上西征军官兵的饷银，每年共需经费八百余万两白银——银子从哪里来？

要是时间倒退一百多年，这根本不是问题：西征的费用自然是由大清国库买单。但此一时彼一时，随着湘、淮军等地方势力的崛起，清廷的财权也随之下移到督抚大员手里，战乱甫定，素来作为清廷财源的东南各省都是百废待兴，地主家也没有余粮。此外，虽然左宗棠在"海防"和"塞防"的辩论获胜，主导朝政的"洋务派"依旧"但急洋（海）防，于塞防漫不经意"。1875年7月，总理衙门正式议定海防筹饷办法，有限的资金集中建设李鸿章的北洋舰队去了，"东南厘金大宗既被洋防占去，其波及塞防者固不能多也。"几番周折下来，左宗棠几乎绝望，感慨西征大业"将如海市蜃楼，转眼随风变灭矣"。

走投无路的左宗棠最后想起了一个人：

太平天国战争时期，胡雪岩在办理善后中的"急公好义，实心实力"就给左宗棠留下了深刻印象

胡雪岩。

早在太平天国战争时期，胡雪岩在办理善后中的"急公好义，实心实力"就给左宗棠留下了深刻印象，两人就此结下渊源。1866年，胡雪岩还主持上海采运局务，购买了大批洋枪洋炮装备左宗棠的西征大军。以西征军主力，西宁道尹刘锦棠所部老湘军为例，这支一万三千人的精锐部队（步兵十八营，骑兵七营），拥有各种来复枪多达两万支。此时的左宗棠在得到清廷"何惜筹备巨款"的绿灯放行之后，又只得请胡雪岩出面，在上海滩向外国银行团借款，以充抵军费不足。

实际上，当时各洋行的流动资金并不充裕，要借外债谈何容易，连恭亲王奕䜣向洋人举债都被拒绝了，诚如左宗棠所说："闻今年海口缺银，出息三分尚无借者，不知明年又将何如，已致信胡雪岩，问其如何设法"。

好在胡雪岩就是有办法。早在结识左宗棠之前，胡雪岩就几乎和上海的所有洋行和著名买办人物打过交道了，他也成为这些外资乐于合作的官员经纪人。而且，当时上海的外国金融业基本被英国财团垄断，而胡雪岩旗下的"阜康钱庄"又恰好与英国渣打银行有生意往来，于是胡雪岩亲自出面，向其借款。对于敏感的借款对象问题，胡雪岩的态度是："谈得成功，我是代表中国政府；谈不成功，我只代表我自己。"在与渣打银行经理首次面谈中，双方在利息、借款期限等问题上无法达成一致，搞得不欢而散。后来经过几昼夜的秘密谈判，双方终于就利息、期限、偿还方式等细节达成一致。今天已经很难知晓，胡雪岩在密谈中究竟是用什么手段搞定了这位自称"中国通"的渣打银行驻中国地区总经理；但可以确认的是，当时洋人所标榜的"职业操守"或许也得打个折扣——这位"中国通"居然"入乡随俗"向胡雪岩索要了回扣。

无论如何，胡雪岩终于以江苏、浙江、广东海关收入为担保，为西征筹得第一笔借款二百万两，开中国政府商借外债之先例。此后更是如法炮制，依靠自己在上海滩生意场上的商业信誉，先后四次出面向汇丰银行等英国财团借得总计白银1595万两，解决了西征的经费问题。这被左宗棠称赞为："雪岩之功，实一时无两。"

当然，英国人绝不是慷慨到要为左宗棠西征提供财政援助，向他们借钱是要利息的，而且是货真价实的高利贷。当时一般的贷款行情，年息最多不过4%，而西征借款的利息居然超过了10%。在股东大会上，汇丰银行的董事长承认，"从中国借款中所得的好处是很可观的"。到1882年，西征借款本金只归还了833万两，利息反倒付出了395万两，差不多占到本金一半。这被当时的《申报》痛斥为"暂救燃眉之急，顿忘剜肉之悲"，左宗棠自己也知道借外债打仗属于政治不正确，承认是"仰鼻息于外人"。但终究避免了因财力不济使得西征大业功亏一篑，也算是两害之中取其轻了。

光复北疆

1876年4月起，准备充分的大批清军先后入疆。到7月下旬，连同原驻塔城、哈密的部队，清军已在新疆集结八十余营。坐镇肃州城大本营指挥全局的左宗棠手中尚握有二十个营的预备队。得悉清军大兵压境，正在"成天骑着高头大马，挥霍金银，吃着人间少有的饭菜"的阿古柏只得仓皇迎战。

从表面上看，阿古柏的军队实力相当不弱。其总兵力多达五万人，其中骑兵约占三分之一。步兵的武器是火枪（阿古柏军队从英属印度和奥斯曼帝国获得了一万多支前装和后装线膛枪），骑兵则使用火枪和腰刀。尽管拥有优良的武器装备，安集延（即浩罕）人在清代也一直有善战之名，连清政府都一度认为阿古柏是"气吞天南之概"的强敌，但阿古柏的军队其实只是一只色厉内荏的"纸老虎"。士兵大都是阿古柏统治区被强征来的十五岁到三十五岁的男性，他们衣衫褴褛，士气低落，甚至"用最下流的话咒骂他们的国王（阿古柏）"，逃亡现象时有发生。库罗巴特金就曾一针见血地指出："从阿古柏军队的士气看，它不适于打硬仗。"

1876年8月，清军收复新疆之战终于打响。在左宗棠"先北后南"、"缓进急击"的战略指导下，刘锦棠率军直取乌鲁木齐的北方门户古牧地（今米泉）。8月12日，清军筑起炮台，用胡雪岩经手购得的德制克虏伯后膛炮猛轰古牧地城墙。8月17日黎明，南门被四公斤重的开花炮弹轰破，湘军冲进城内展开激烈巷战，以158人阵亡、450人负伤的代价全歼守敌六千余人。清军的迅速进展令敌军措手不及，在阿古柏从南疆拼凑的五千骑兵尚在增援路上之时，清军已于8月18日光复守备空虚的乌鲁木齐。至11月，阿古柏的势力已被彻底从北疆清除。此时，新疆已经入冬，天山以北已经茫茫一片的冰雪世界。清军转入休整，等待天气好转。胡雪岩又及时为前线将士送来自己旗下与北京"同仁堂"齐名的"胡庆余堂"国药号研制的"诸葛行军散"、"胡氏避瘟丹"等大批药材，免去了西征大军水土不服之虞。

决战天山

以维吾尔族民歌《达坂城的姑娘》闻名于世的达坂城，位于乌鲁木齐通往南疆一条穿越天山的隘道中，系清军南下必经之地。在1876年11月到1877年4月这大约半年时间内，阿古柏意识到达坂城将要发生的战事将决定他的存亡，在达坂城新建了坚固的城堡，派手下"大统哈（"总管"之意）"爱伊德尔胡里率精兵五千防守，这些士兵配备了先进的后装线膛枪。在达坂城侧后方的吐鲁番和托克逊，也分别有八千五百人、二十门火炮与六千人、五门火炮把守，三城互成犄角之势。阿古柏将两万人以上的主力部队孤注一掷，妄图凭借天山天险阻止清军的南下攻势。另一方面，左宗棠也认识到只要"三处得手，则破竹之势可成"。清军总计调集了在疆的主力多达五十个营，大约两万五千人的部队，又配备了强大的炮兵，准备一举歼灭阿古柏军队的主力。

1877年4月14日，刘锦棠率领清军三十个营大约一万五千余人及炮队离开乌鲁木齐南下，清军乘敌不备，衔枚急进，17日完成对达坂城的包围。达坂城内的维吾尔群众冒死出城向清军报告：城里的阿古柏守军眼看援兵无望，正在准备突围。于是清军在夜间遍燃火炬，监视敌军动向。19日夜，清军用三门开花大炮猛轰达坂城，城内的炮台、月城和城垛先后被炸塌，紧接着清军一发炮弹命中城中火药库，顿时轰然一声，如山崩地裂一般，火药库内的弹药爆炸起火，此时恰逢大风乍起，火势骤涨，阿古柏军血肉横飞，死亡惨重。清军乘势发起总攻，全歼城中守军，生俘包括阿古柏"大统哈"在内的一千二百余人，而清军不过伤亡一百余人。

经过四天休整，清军继续前进，26日在托克逊城外与正在四处抢掠的阿古柏军发生激战。结果就如左宗棠事后所说，阿古柏军虽然"火器颇精，洋枪洋炮外亦有开花炮"，但威力不如西征军的大，加之阿古柏军的炮手"又不善放"，以致"一败即不回头耳"。清军仅以不到百人伤亡的微小代价，歼敌两千余人，缴获战马数百匹，枪械两千余件。残敌烧毁存粮及火药，仓皇往南逃走，托克逊宣告光复。在此同时，从哈密、巴里坤一线西进的另一路清军二十个营约一万人，也在4月26日兵临吐鲁番城下。慑于清军的强大战力，阿古柏在吐鲁番的守军开城投降。

仅用了不到半个月的时间，阿古柏苦心经营达半年之久的天山防线就在左宗棠的雷霆一击下土崩瓦解，使得南疆门户洞开。清军表现出的强大战斗力令外国观察家刮目相看，当时英国人的评价是，左宗棠的西征军"遵照以法国和德国的方式为根据的教令前进"，它"基本上近似一个欧洲强国的军队"，有"优越的战略和优越的武器"和"更大的武力和更大的决心"。而"和中国人的战术比较起来"，阿古柏的"战术只是一个小学生的战术"。

摧枯拉朽

1877年5月29日凌晨，面临穷途末路的阿古柏在库尔勒暴死，此人死因至今是个谜：有说是暴病身亡，有说是被众叛亲离的部下毒杀，而左宗棠上报清廷的奏章则相信阿古柏是在遭到清军沉重打击之后，在绝望中"仰药自毙"。

阿古柏死后，他的几个儿子在危如累卵的局势下依旧为争权夺利展开内讧。最终伯克胡里在垂死之际的内斗中获胜，在喀什噶尔继承了阿古柏的"汗位"。此时的"哲德沙尔汗国"已是人心惶惶。

这原本是清军趁机进攻的好机会，可

/ 浙江杭州胡庆余堂内景。老字号中药店胡庆余堂为清末著名红顶商人胡雪岩于1874年创立

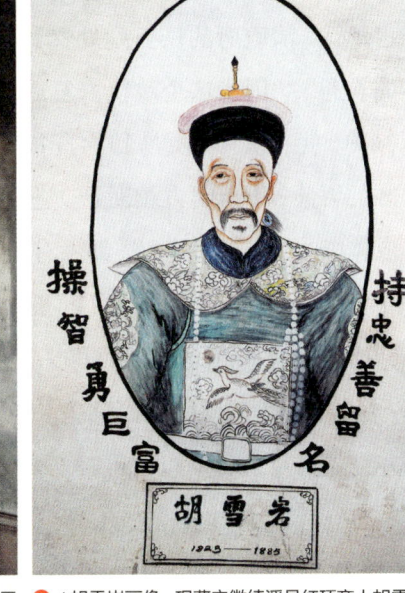
/ 胡雪岩画像，现藏安徽绩溪县红顶商人胡雪岩纪念馆

是清军也在吐鲁番一线按兵不动足有两个月时间。原因一是吐鲁番乃中国有名的火炉，夏季酷热，因此在古代被十分形象地称为"火州"。二是在阿古柏政权形将覆灭的时候，英国人又插上了一脚。1877年4月，俄土战争爆发，英国政府担心俄国会乘机进一步在中亚扩张，因此感到需要保留阿古柏政权作为俄属中亚和英属印度之间的缓冲。英国人的算盘是，让伯克胡里交出南疆东部，而南疆西部则将作为一个"独立国家"向清朝"朝贡"。左宗棠得悉此事之后愤怒地表示，喀什噶尔就是古代的疏勒，"汉代已隶中华，固我旧土"。要撤去中国新疆的屏藩去为英属印度树屏障，这绝不允许。向来在洋大人面前犯软骨病的清廷，这次总算支持了左宗棠的主张，下令前线清军"克日进兵，节节扫荡"。

8月25日，"刻下已届秋令"，天气开始转凉，刘锦棠率领马步三十二个营为前锋，长驱西进。敌军毫无斗志，劫掠秋粮后放弃库尔勒仓皇西逃。刘锦棠又挑选精兵两千五百人为先锋，穷追不舍。清军势如破竹，一个月疾驰两千里，两次击溃敌军，一举收复库车、阿克苏和乌什，用兵神速的刘锦棠也得了一个"飞将军"的雅号。清军所到之处受到各族百姓热烈欢迎，维吾尔史料记载着"没有一个城镇向皇帝陛下的大军射过一粒子弹。相反，很多城镇的好人还为皇帝的大军做了力所能及的事"。当时的英国观察家也承认,清政府的恢复到处受到"人们欣喜的欢迎","因为这个政权恢复后,就能受到保护,就有法律、贸易和物资福利。而当卑鄙的冒险家(指阿古柏匪帮)进行掠夺和不成体统的事情时,是一样都没有的"。

在清军不可抗拒的攻势面前,阿古柏匪帮内部分崩离析。先是和阗守将向清军请降,紧接着,十二年前投降阿古柏的前喀什噶尔守备何步云也宣布反正,率领数百满汉兵民占据了喀什噶尔汉城。由于伯克胡里的宅邸也在其中,因此他的亲眷也全部成为何步云的俘虏。

刘锦棠得到敌军内部陷入混乱的情报后,不失时机地发起了全线进攻。清军从南北两路向喀什噶尔发起了钳形攻势,阿古柏的残余势力顿时作鸟兽散。12月17日,两路清军同时抵达喀什噶尔,匪首伯克胡里在中国土地上已无立足之地,只得趁夜率残部逃入俄国境内。12月21日与24日,叶尔羌与英吉沙尔先后光复,到了次年(1878年)1月2日,和阗也被董福祥部清军克复,帕米尔高原上的塔吉克族牧民也把阿古柏派去的"官员"缚送清军大营。肆虐新疆十二载之久的阿古柏匪帮终于被彻底从中国领土清除了出去——这一壮举被当时的英国人誉为"从一个多世纪前的乾隆时代以来,一支由中国人领导的中国军队所曾取得的最光辉成就"!

收复新疆之后,清廷论功行赏。左宗棠晋封二等恪靖侯,并以内阁大学士入值军机处;去世后更是谥号"文襄"。按谥法,"慈惠爱民曰文"、"辟地有德曰襄"。

从一个多世纪前的乾隆时期以来,一支由中国人领导的中国军队所曾取得的最光辉成就

当然,左宗棠也不曾忘记胡雪岩所做的一切,向朝廷报告:"至臣军饷项……催领频仍,转运艰险,多系胡光墉(雪岩)一手经理,遇有缺乏,胡光墉必先事筹维,借凑预解,洋款迟到,即筹借华商巨款补之,臣军倚赖尤深,人所共见。新疆底定,援其功绩,实于前敌将领无殊!"清廷因此赏赐胡雪岩一件象征莫大荣誉的黄马褂,官帽上可带二品红色顶戴,让其就此成为著名的"红顶商人"。有清一代,富商捐官戴红顶者有,但既戴红顶又穿黄马褂的仅胡雪岩一人。就连胡母也跟着沾光封了个一品诰命,如此一来,连官居二品的浙江巡抚大人到了杭州元宝街胡家门口,骑马的也得下马,坐轿的也得落轿。胡家着实风光一时。

(《文史参考》2012年23期)

第二部分 旧军的谢幕

中国建设和发展近代海军的起步并不迟于日本,并曾具有与日本同等的在亚洲崛起的历史机遇。可惜的是,清朝封建统治者缺乏明确的海权意识,企图将一个产生于资本主义并服务于资本主义的新军种纳入封建主义的陈腐轨道,企图用代表和体现着资本主义先进生产力的坚船利炮,去维护和挽救濒临死亡的封建主义生产关系。

1894年7月19日,桦山资纪出任日本海军军令部长,海军常备舰队和西海舰队合并成"联合舰队",任命伊东祐亨中将为联合舰队司令长官。图为集结在广岛吴军港的联合舰队战舰

东京:陆奥宗光决意开战

文 | 熊崧策

1894年6月2日,日本内阁成员齐聚总理大臣伊藤博文官邸开会。

外相陆奥宗光拿出一封电报,让阁员们传看。电报是日本驻朝鲜临时代办杉村濬发来的——朝鲜爆发东学党起义,国王已准备向清朝请兵镇压。陆奥宗光的意见是:"如果清朝确有向朝鲜派遣军队的事实,不问其用任何名义,我国也必须向朝鲜派遣相当的军队,以备不测,并维持中日两国在朝鲜的均势。"

伊藤不敢怠慢,牵扯到海外派兵,他派人请来了军方的代表——参谋总长有栖川宫炽仁亲王和参谋本部次长川上操六。起初,除了陆奥、川上和海军大臣西乡从道以外,其他人对出兵都表示疑虑。陆奥努力游说大家,表示一定保护日本使馆和侨民安全。最终,内阁做出了派兵赴朝的秘密决定。伊藤博文进宫,按例奏请天皇施行。

派兵,派多少?会议没说。按照当时在日本休假的驻朝公使大鸟圭介最初的想法,五百到一千人即可。

可是,陆奥外相不这么想。

"实行干脆利落的政策吧!"

内阁做出了决定,陆奥一下子忙了起来。他命令大鸟圭介做好随时返回朝鲜的准备,又找到海军大臣西乡从道,商议决定大鸟将搭乘"八重山"号军舰赴朝,军舰和舰上配备的海军陆战队都将听大鸟的指挥。朝鲜内乱,他认为"此乃确立日本在朝鲜的势力之难得良机"。

当天深夜,陆奥和外务次官林董将川上操六请到外相官邸,共同讨论落实出兵朝鲜的计划。陆奥把自己想在朝鲜进取的想法对川上和盘托出,川上点头称是:"好!你若有这样的决心,就不要再搞姑息外交了。下决心去实行干脆利落的政策吧!军事方面的事情,我心中有数。"

川上考虑,日本出兵,势必要与清兵发生对抗,估计中国所派军队不会超过五千人,而日本要居于必胜地位,需要派六千至七千的兵力。陆奥对此有顾虑:"伊藤总理大臣是主张和平主义的。若一开始就派出七八千兵力,恐伊藤总理大臣不会同意。"川上出主意:"可以先派出一个旅团,伊藤总理大臣是文官,他知道一个旅团平时大概两千人,大概不会有异议。实际上派出一个有七八千人的混成旅团。"

后来,外务次官林董回忆当晚三人的讨论情况,说当天的会议"不是议论怎么和平解决问题,而是讨论了怎样进行作战和如何取胜的问题"。

川上操六能和陆奥宗光如此"心有灵犀",一点也不让人意外,作为日本军部势力的代表,川上早就开始谋划与清帝国一战了。

保护日本的"利益线"

日本想对东亚大陆国家进行武力扩张,想了好几百年。早在丰臣秀吉初步统一日本后,就曾于1592年和1597年两度发动侵略朝鲜的战争。明治维新前后,诸如"补偿论"、"海外雄飞论"、"大陆政策"、"征韩论"、"瓜分中国论"在日本政学界接踵出炉。1887年,陆军抛出了《清国征讨方略》,海军制订了六套《征清方策》。1890年,日本内阁总理大臣山县有朋向明治天皇上奏《外交政略论》,认为:"国家独立自卫之途有二:一曰防守主权线,二曰保护利益线。仅仅防守主权线已经不能够维护国家之独立,必须进而保护利益线。"

朝鲜就被看作是日本的"利益线"。1891年,俄国宣布了修建西伯利亚大铁路的计划,山县有朋断言:"西伯利亚铁路竣工之日,即俄国对朝鲜开始侵略之时。"在俄国势力进一步覆盖远东之前,加紧在朝鲜和中国东北的扩张,几乎成了日本朝野的共识,所不同者只是对清战争何时发起，有激进和稳健的区别。而对这个问题做出最终判断的任务，就落到了川上操六身上。

川上操六于1848年出生在倒幕运动的重镇萨摩，1868年参加了著名的鸟羽、伏见战役。明治维新后，他是"兵制改革"的推动者，主张依德国军制改编日本军队。在担任参谋本部次长后，川上主抓对华谍报工作，他不满足于军事间谍所搜集到的情报，决定亲自赴朝鲜、中国侦查，以期"决胜千里之外，成算在胸而归"。1893年4月9日，川上从东京出发，先到朝鲜的釜山，继往仁川、汉城等地考察。5月11日，他乘船抵达山东半岛的烟台，然后转赴天津，与李鸿章会面。在天津期间，川上参观了武备学堂和天津机器局，到北塘观看了炮台守军的山炮射击训练，并在驻华武官神尾光臣的引导下，暗地察看了天津周围的地势。6月中旬，他又南下上海、南京等地活动，参观了江南制造总局、金陵机器局和吴淞炮台，直到7月初始返回日本。此行归来，川上认定清帝国极度腐败，发动大规模侵华战争正当其时。

在川上的策划之下，6月4日，参谋总长有栖川宫炽仁亲王率领军部主要首脑，在陆军大臣大山岩的官邸讨论出兵程序及设立战时指挥机构的问题。6月5日，经天皇批准，在参谋本部设立战时大本营，作为日军的最高统帅机构，成员全部是现役的陆海军高级将领。川上认为，战争与外交密不可分，因此上奏天皇，建议接纳伊藤和陆奥参加大本营会议，得到天皇的准许，这在大本营历史上是仅有的一个例外。同日，大本营向广岛的第五师团下达了第一次扩充兵员的命令。

军队已经磨刀霍霍，现在需要解决的问题是寻找一个开战的理由，并避免招来列强的干涉——这还得看陆奥的。

大本营换上主战派

6月5日，陆奥对即将登船赴朝的公使大鸟圭介交代："我

陆奥宗光
1844.8-1897.8
日本外相，甲午战争主战者

大鸟圭介
1833.4-1911.6
日本教育家，驻朝鲜特命全权公使，推动战争的强硬派

川上操六
1848.12-1899.5
历任陆军大将、参谋总长，战争中大本营参谋本部次长

们在韩国必须取得优势。我们有即使不得不诉诸干戈亦在所不辞的决心。因此，在向这个方面前进时，即使因阁下的措施而和平破裂，我将完全为之负责。阁下莫如有过激的思想，采取毫无顾忌地断然措施。"大鸟后来回忆："我向送行的陆奥说，这次我不想生还了。陆奥挥洒着热泪说，你死了，我一定把你的遗骨运回日本，好好干吧！"

6月9日，大鸟抵达仁川。此前，清提督叶志超和总兵聂士成率淮军精锐两千五百人在朝鲜牙山登陆，并安营扎寨。12日，日军先头部队也抵达仁川。大鸟回到汉城以后，发现朝鲜情势并不严重。他于6月11日和12日两天，连续两次致电陆奥，要求停止投放兵力，并同袁世凯谈判中日双方共同撤兵问题。13日，陆奥复电大鸟，对其建议颇不谓然，并含有批评之意。

16日，陆奥提出所谓中日"共同改革朝鲜内政案"，这样一则使日军赖在朝鲜不走，再则拖住清军不能班师回国，以伺机寻衅。陆奥认为清政府"十之八九不会同意日方的提案"。果然，6月22日，清驻日公使汪凤藻向陆奥发送了拒绝的答复书。陆奥向清政府发出"第一次绝交书"。当日，明治天皇亲自主持御前会议，作出决议："日清两国相互提携之事，今已不应由我期望。"表明今后准备采取更为决绝的态度和强硬立场。当晚，川上操六和海军军令部长中牟田仓之助拜访海军大臣西乡从道，三人彻夜密谈，室外时闻击案之声。

23日，大本营向第五师团长陆军中将野津道贯下达命令，向朝鲜增派部队。28日，陆奥和川上之前策划的混成旅团全部在仁川登陆，合计七千六百人。

在陆奥判断英、俄两国不会对日军在朝鲜的行动进行干涉后，日本的开战决心越来越坚定。在7月17日召开的大本营第一次御前会议上，海军军令部部长中牟田仓之助反对使用舰队攻击清军，主张采取守势。明治天皇发布特别旨令，把中牟田仓之助撤职，恢复枢密院顾问官休职海军中将桦山资纪的现役，接任海军军令部长。桦山以强硬的主战态度而闻名，日本媒体兴高采烈地宣称："谁人不谓桦山的就职意味着现内阁对于清韩问题的最后决心呢？"日本舆论已经敏锐地看出了当局开战的决心。

7月19日，在桦山的主持下，大本营编成了联合舰队，任命海军中将伊东祐亨为司令官。当天，日本向清政府发出最后备忘录，要求五天内答复。

西乡从道在大本营发问："过了期限之后，若发现清国舰队或增援军队，日本舰队立即开战，在外交上有无困难？"

陆奥果断回答："没有什么问题。"

（《文史参考》2012年13期）

长崎：一支忐忑不安的舰队

文 | 熊崧策

1894年7月23日上午11时，日本"联合舰队"的先遣队，由"吉野"、"秋津洲"、"浪速"三艘军舰组成的第一游击队从位于长崎的佐世保军港出发，驶向朝鲜群山海面。海军军令部长桦山资纪在"高砂丸"号上送行，桅杆上高悬信号旗："发扬帝国海军荣誉"，吉野号回复："全力以赴"。接着，"松岛"、"高千穗"、"千代田"、"严岛"、"桥立"5舰组成的本队也经过"高砂丸"，"松岛"回复"坚决发扬荣誉"；不久，"葛城"、"天龙"、"高雄"、"大和"四舰组成的第二游击队驶来，"葛城"回复"高砂丸"："待我凯旋。"到下午4点半，桦山第四次高悬信号旗："发扬帝国海军荣誉"，最后一批出发的"爱宕"号回复："不必担心"。

说得轻巧，桦山哪里能"不必担心"，开往朝鲜的这支舰队，是以萨摩藩士为主体的日本海军，奋斗了几十年攒下的家底，来之不易。此次出征挑战强敌，谁的心里都没底。以至于后来桦山要化名当参谋，登上商船改装的"西京丸"号跟在舰队后面压阵。

山本权兵卫
1852.11—1933.12
日本政治家、海军大臣，有日本近代海军之父的称誉

军费·海军与国会的拉锯

明治维新后，来自长州藩和萨摩藩的倒幕功臣把持了政府，形成了著名的"藩阀政治"。在军界，陆军以长州藩势力为主导，而海军被萨摩藩势力所控制。由于陆军中有山县有朋这样强势人物的存在，岛国日本虽然明知道海洋的重要性，但在十九世纪七八十年代，一直处在"陆主海从"的境地。从1872年到1882年，海军军费只是陆军的三分之一，发展速度很迟缓。

1885年，萨摩藩元老西乡从道以陆军中将的身份出任海军卿，这是萨摩藩谋求提升海军地位的一个信号。西乡到任后，抛出了一个新造舰五十四艘计66300吨的计划，在同样来自萨摩藩的大藏大臣松方正义的主持下，政府发行了1700万日元海军公债，在1886年7月第一期征募时就几乎达到了筹款目标。时为陆军中将的大山岩，大笑着对陆军次官桂太郎说："信吾（西乡从道幼名）真是擅长筹钱啊。"萨摩人大山岩对海军扩张如此高兴,可见萨摩藩对海军的期待。这笔钱部分用在了建造专门克制"定远"、"镇远"的"三景舰"身上。

1889年,按照新颁布的《日本帝国宪法》,内阁总理大臣向天皇负责,帝国议会并非立法机关,而只是天皇立法的辅助机关,审议预算成为国会监督行政权力的唯一手段。当时日本众议院云集许多民权人士,在预算上做文章是他们反对藩阀政府的利器。海军被萨摩藩把持得最为稳固,又因为"不进步"饱受诟病,所以造舰费屡屡成为众矢之的。

1890年11月29日,第一届帝国议会召开,一上来政府和议会就差点闹翻,矛盾的焦点就包括海军1030万日元的造舰计划。当时藩阀政府有人提出用解散议会的办法来解决争端,内阁总理大臣山县有朋觉得,宪政刚刚建立就解散议会,对内对外都会成为笑柄。山县的嫡系桂太郎策反了议会反对党中的土佐藩势力,他们倒向内阁,国会终于通过了预算修正案,海军也得以建造当时最先进的巡洋舰"吉野"号。

1891年的第二届国会,众议院要求海军改革。在论战中,面对议员们对藩阀政治的群起而攻之,海军大臣桦山资纪发表了著名的"蛮勇演说":"说萨长政府也好还是别的什么政府也好,保护今日国家之安宁,保护关乎四千万生灵的安全,是谁的功劳!"桦山为藩阀政治辩护,一下捅了马蜂窝,海军预算被彻底否决。

1892年,第三届国会,海军预算再被否决,这次桦山资纪愤而辞职。为与海军保持一致,陆军大臣高岛鞆之助也辞职,同时海陆军拒绝派出新任海陆大臣。由于日本规定军部必须由现役军人担任,无法任命海陆大臣的松方正义内阁被迫总辞职,伊藤博文受命组阁。

1893年第四届国会,海军预算还是通不过。而对清备战的紧迫让政府彻底丧失了耐心,伊藤博文上奏天皇要解散议会,众议院也向天皇递交了内阁弹劾上奏文。就在双方面临摊牌之际,2月10日,明治天皇下达了名为《和衷共同》的诏敕,声称"国家军防者事关重大,苟缓一日,或遗百年之悔",命令今后六年中,每年由内廷费用支出三十万日元,并要求国会与政府"和衷共同",文武官员除有特殊情况者外,六年间要献出俸禄的十分之一充当部分造舰费用。天皇出面迫使国会妥协,海军预算案通过,国会宣布每年为海军增加投资300万日元。这样,日本海军将在1893年至1899年获得1800万日元造舰拨款,用来建造铁甲舰四艘,巡洋舰一艘,其中就包括针对北洋海军定远级铁甲舰具有压倒性优势的战列舰"富士"号和"八岛"号。不过,甲午日清开战时,"富士"号和"八岛"号还未竣工。因此,在日本军界稳健派眼里，挑战北洋海军是相当冒险的行为。

军舰·仓促上阵的三景舰

从北洋海军拥有了排水量七千多吨的"定远"和"镇远"两艘铁甲舰之后，如何克制这两舰的装甲和重炮，就成为日本海军最重要的课题。1886年8月，"定远"、"镇远"、"济远"、"威远"四舰访问长崎，结果闹出了水兵和日本警察的冲突。当时日本最强的军舰"扶桑"、"金刚"、"比睿"是无法挑战"镇定"二舰的，纠纷如果闹大，日本海军估计会被扼杀在萌芽状态。

其实在1885年"镇定"二舰刚开始服役的时候，日本就迈出了追赶的步伐。当年10月，法国海军部收到日本政府聘请军舰设计师白劳易的请求，日本人开出了比聘请一般外国专家高出二十倍的价码，法国政府当即同意。白劳易于1886年2月2日拖家带口抵达横须贺，一直工作了四年，为日本设计了六艘军舰，先是两艘钢壳无护甲巡洋舰"高雄号"和"八重山号"。之后，白劳易便集中精力去设计一组足以击毁"定远"、"镇远"的战舰。

由于受建造经费的掣肘，白劳易放弃了设计足以对抗"定远"级的六千吨一等海防舰的念头，转而计划设计一种吨位稍小、费用较廉的二等海防舰。1887年3月，日本海军启动了白劳易设计的建造方案，并以著名的"日本三景"（即宫城县的松岛、广岛县的严岛神社以及京都府的天桥立）为名，将三艘新舰命名为"松岛"、"严岛"、"桥立"。因此后世将该级舰称为"松岛"级巡洋舰，或者直接统称为"三景舰"。

三景舰的排水量是4278吨，比"镇定"二舰差了不少，却有一门口径为32厘米的巨炮，威力和射程大于"镇定"二舰30.5厘米的主炮。但是，一般的铁甲舰主炮不会只有孤零零的一门，像"镇定"二舰主炮就有两组四门，三景舰的单门巨炮多少只是一种心理安慰，它的典型特点就是"小船扛大炮"——搭载32厘米巨炮的平台仅为四千多吨的舰体，造成舰体稳定性不足。此外，虽然白劳易刻意加强了重点部位的装甲，但防护巡洋舰舰型的先天不足，仍然使三景舰的防御力显得弱不禁风，甚至有人称它们是"裸体武士"。

最奇怪的是，"松岛"舰的主炮朝后安置在舰尾，副炮前置，看起来首尾难分。这样设计是为了三景舰能联合作战，面对"定远"和"镇远"可以前后夹击二打一，或者品字形夹击三打一，追击时有两门主炮可用，撤退时有一门可用。不过，当时日本海军在实施战术编队时还存在很大困难，三景舰在甲午海战中只能摆简单的单纵阵形。

三景舰的设计航速是17.5节，但是由于

1894年的日本联合舰队

- **西海舰队**
  - 附属船: 玄海丸
  - 金刚 天龙 大岛 大和 磐城 葛城 高雄 赤城 武藏

- **常备舰队**
  - 松岛 浪速 吉野 千代田 严岛 桥立 高千穗 秋津洲 比睿 扶桑
  - 通讯舰: 八重山
  - 附属舰: 山城丸 近江丸
  - 鱼雷艇: 山鹰 七号艇 十二号艇 十三号艇 二十二号艇 二十三号艇

- **军港警备**
  - 横须贺港: 筑波 千珠
  - 吴港: 凤翔 海门 馆山
  - 佐世保港: 满珠

甲午战争时期日本海军主要舰船

军舰名	镇守港	类型	吨位	航速	乘员	下水年	主要搭载兵器	制造国
松岛	佐世保	海防	4,278	16.0	360	1890	炮32cm×1 12cm×12 机关炮×8 鱼雷管×4	法国
桥立	横须贺	海防	4,278	16.0	360	1891	炮32cm×1 12cm×11 机关炮×6	日本
严岛	吴	海防	4,217	16.0	360	1889	炮32cm×1 12cm×11 机关炮×5	法国
吉野	吴	巡洋	4,216	23.0	360	1892	炮15.0cm×4 12cm×8 机关炮×22 鱼雷管×5	英国
扶桑	横须贺	护卫舰	3,777	13.0	204	1877	炮4cm×4 17cm×4 鱼雷管×2	英国
浪速	横须贺	巡洋	3,709	18.0	325	1885	炮26cm×2 15cm×6 机关炮 鱼雷管×4	英国
高千穗	佐世保	巡洋	3,709	18.0	325	1885	炮26cm×4 15cm×6 机关炮×6 鱼雷管×4	英国
秋津洲	佐世保	巡洋	3,150	19.0	330	1892	炮15.2cm×4 12cm×6 机关炮×8 鱼雷管×4	日本
千代田	吴	巡洋	2,439	19.0	350	1890	炮12cm×10 机关炮×14 鱼雷管×3	英国
高雄	横须贺	巡洋	1,774	15.0	226	1888	炮15cm×4 12cm×6 机关炮×2 鱼雷管×2	日本
八重山	横须贺	报知	1,609	20.0	126	1889	炮12cm×3 机关炮×8 鱼雷管×2	日本
筑紫	吴	巡洋	1,350	16.4	177	1880	炮25.4cm×2 12cm×4 机关炮×1 鱼雷管×2	英国
大岛	佐世保	炮舰	640	13.0	130	1891	12厘比炮47毫射炮机	日本
爱宕	横须贺	炮舰	614	11.0	103	1887	炮21cm×1 12cm×1 机关炮×1	日本
摩耶	吴	炮舰	622	10.3	60	1886	15厘炮 47毫射炮 机炮	日本
赤城	吴	炮舰	614	10.0	126	1888	12cm×4 机关炮×6	日本
鸟海	佐世保	炮舰	622	10.3	89	1887	21厘炮 12厘炮 机炮	日本
金刚	吴	护卫舰	2,284	13.2	321	1877	17厘炮 15厘炮 47速炮 7.5克炮 机炮	英国
比睿	吴	护卫舰	2,250	13.0	300	1877	炮17cm×3 15cm×6 机关炮×2 鱼雷管×1	英国
武藏	横须贺	单帆炮舰	1,480	13.0	230	1886	炮17cm×2 12cm×5 机关炮×1	日本
大和	横须贺	单帆炮舰	1,480	13.0	229	1885	炮17cm×4 12cm×5 机关炮×1	日本
葛城	佐世保	单帆炮舰	1,502	13.0	114	1875	17厘炮 12厘炮 7.5克炮 47毫速射炮 6斤速射炮 机炮	日本
筑波	横须贺	护卫舰	1,978	8.0	251	1871	前装16厘炮 4斤速炮	英国
天龙	吴	单帆炮舰	1,547	12.0	208	1883	17厘炮 15厘炮 12厘炮 7.5厘炮 机炮	日本
海门	佐世保	单帆炮舰	1,367	12.0	181	1882	17厘炮 12厘炮 7.5厘炮 机炮	日本
天城	横须贺	单帆炮舰	936	11.5	148	1877	17厘炮 12厘炮 7.5厘炮×1 8cm×3	日本
磐城	佐世保	炮舰	667	10.0	109	1878	15厘炮 12厘炮 8厘炮 机炮	日本
凤翔	吴	炮舰	321	7.5	96	1871	8厘炮 40厘瓦炮 20厘瓦炮	英国
小鹰	横须贺	水雷艇	203	19.0		1887	1尹4连诺机炮 鱼雷发射管4	
Creusot型	横须贺	水雷艇	54	20.0	20		机关炮1门 鱼雷发射管2（法国组件日本装配19艘）	法国
西京丸	日本邮船会社	商船征用	2,913	12.0	208	1888	炮12cm×1 机关炮×3	英国
近江丸	日本邮船会社	商船征用	2,473	12.0	炮手12		80年式30口径17厘炮 12斤安炮 1尹安炮	英国
山城丸	日本邮船会社	商船征用	2528	12.0	炮手10	1884	80年式30口径17厘炮 旧式12斤安炮 1尹诺炮	英国
相模丸	日本邮船会社	商船征用	1885	10.0	炮手6		80年式12厘炮 7.5厘克炮 47毫速射炮	日本

黄海海战日本联合舰队各舰死伤者数

军舰名	秋津洲	松岛	桥立	千代田	扶桑	严岛	比睿	吉野	浪速	高千穗	赤城	西京丸	合计
战死	6	57	3	0	4	14	20	2	0	1	11	0	118
负伤	10	56	9	0	10	12	33	9	0	2	14	11	166
人员伤亡合计	16	113	12	0	14	26	53	11	0	3	25	11	284

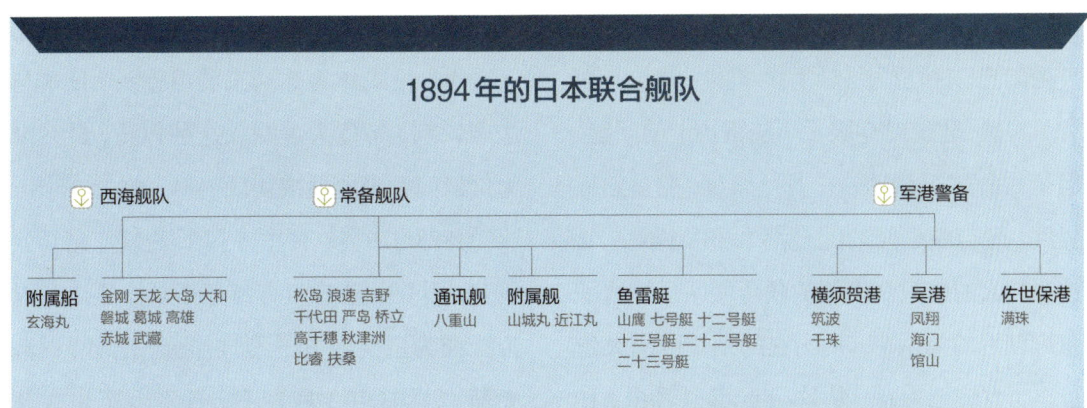

锅炉的漏气和腐蚀等原因，达到设计速度简直是幻想。"桥立"是最后投产的一艘，前面有了经验，建造时克服了一些锅炉上的问题。但是"桥立"开战前一个月才服役，船员熟练程度、舰与舰之间的配合都来不及操练。要选择较大的舰只做旗舰的联合舰队只好选了主炮朝后的"松岛"，因为它的锅炉刚刚大修过，动力较能保证。从这一点可以看出，日本海军也不是胸有成竹而来，是在主要作战工具存在严重技术问题时仓促上阵的。

在黄海海战中，三景舰起到的作用不大。五个小时的战斗，三门巨炮一共才发射十三次，竟然悉数落空。真正给予北洋海军致命威胁的是以"吉野"为代表的高航速、高射速的巡洋舰。

军火·威力和射速的领先

当时海军装备的炮弹中，开花弹是其中最具威力的一种。不过北洋海军的开花弹很少，都是弹头内填充泥土和砂石配重的实心弹，击中目标后不会爆炸，凭借重力加速度击穿敌舰引起进水。而根据当时的技术，开花弹弹头填充的是黑火药，其威力极为有限，只能通过爆炸时产生的冲击波和炸开的炮弹碎片来杀伤敌军、破坏敌舰。1873年，德国化学家斯普伦格尔发现，苦味酸可以用引信引爆，爆炸的威力远大于黑火药。1885年，法国科学家特平首次将苦味酸大规模用于军事，正式作为炸药来装填弹头。日本与法国谈判，希望大量购入这种炸药，最终因为价格问题未能达成协议。

1888年9月，日本工程师下濑雅允开始研究苦味酸，至1891年终于成功配制出了以苦味酸为主要成分的烈性炸药，定名"下濑火药"。1893年1月28日，日本海军正式开始换装填充了下濑火药的炮弹，这在当时绝对是领先世界的创举。由于苦味酸炸药爆性不稳定，当时的欧洲列强也未在海军中采用这种烈性炸药。日本人在炮弹内壁刷上漆，还在苦味酸和炮弹内壁中间灌上一层蜡，克服了苦味酸极易与金属反应的不稳定特性。

填装了下濑火药的炮弹灵敏度极高，击中绳索都能引发爆炸。爆炸除了可以产生冲击波和炮弹碎片，还伴随有中心温度高达上千摄氏度的大火，火焰会像酒精燃烧一样四处流动。在黄海海战中，十二艘北洋军舰曾遭受火灾的至少有"超勇"、"扬威"、"定远"、"镇远"、"经远"、"来远"、"致远"等七艘，有学者分析这都是拜下濑火药所赐。

北洋海军的火炮采用的是架退技术，即火炮的炮身通过耳轴与炮架相连，火炮发射时由炮架承受后坐力，炮身连同炮架整体后坐，发射后会产生很大的位移，重新复位与瞄准要耗费大量时间，因此射速非常慢。以定远的30.5厘米克虏伯炮为例，发射一发炮弹最快也要三分钟。日舰"松岛"上的32厘米主炮也是架退炮,更是创造了半小时一发的最慢纪录。

19世纪90年代,管退技术被研制出来。这种技术通过在火炮上安装制退复进机,使火炮的后坐部分能在发射后利用自身的后坐力自动恢复到原位,省去了复位和重新瞄准的时间,火炮的射速大为提高,至少是同口径架退炮四至五倍的速度,被称为"速射炮"。日本海军在战舰上大量装备中口径速射炮,虽然无法打破"定远"和"镇远"的主装甲,但是可以损伤大量的无防护和半装甲带,在很大程度上决定了战局的走势。

军官·海军之父的改革

1893年,日本国会终于通过了海军预算案,海军也相做作出承诺,对人事和行政进行大规模改革。在海军大臣西乡从道的支持下,这次自我整理由海军省主事山本权兵卫大佐主持。

山本权兵卫也是萨摩人,出生于1852年,十一岁时就参加了萨摩藩和英国的战争。当时他在炮台上和东乡平八郎一起搬炮弹,而炮手就是甲午战前的陆相大山岩。1868年,山本参加了戊辰战争,战争结束后由西乡隆盛介绍给了海军卿胜海舟,从此加入海军。后来山本留学德国,归国后就对海军中大量"无能无术"之人身居高位不满,对海军进行人事改革一直是他的夙愿。

根据山本的人员整理计划,八名将官和八十九名佐官被解除职务,这些人有的连蒸汽军舰都不懂,还是帆船军舰时代的老脑筋,其中不乏萨摩出身、与山本私交不错的军官。改革让海军内部爆发了一场前所未有的骚动。山本在办公桌上放着一把短剑,挨个接见下岗军官,无论是声嘶力竭的怒吼还是声泪俱下的哀求,他都毫不为之所动。西乡从道也颇为不安地问山本:"一旦有事,人员配置会不会出现问题?"山本答:"这样可以增加接受了新教育的军官数量,如果爆发战争,需要更多人员的话,把裁撤到预备役的人召集起来就足够了。"

虽然有领导的支持,但各种关于山本"党同伐异"的恶评还是流传到社会上,惊动了军部高层。1893年3月,山县有朋把山本叫到自己的官邸,两人从早上九点谈到下午四点。事后,山县对同僚们表达了他对山本的看法:"我曾综合了市井传闻和种种情报,对于山本的为人怀有很大的疑惑,觉得他或许是个大奸臣。但是从此次亲自会见和种种谈话来看,世间的风评是完全颠倒的。他是一个思虑绵密,不顾毁誉褒贬,而又见识丰富、满腹经纶的才俊之士。"在山县、西乡的支持下,山本雷厉风行,对日本海军在战前进行了一次"大瘦身"。许多留过洋的现代化

▲ / 日军联合舰队"高千穗"舰上水兵官兵在甲板上的合影。当时日本水兵的服装已与欧美海军样式统一。照片中央是26厘米口径主炮

军官被提拔起来,像丰岛海战击沉"高升"号的东乡平八郎,就是被山本安排到"浪速"号上当舰长的。

对清作战的方针,山本也起了重大作用。1894年7月的一次大本营会议上,川上操六大讲其华北平原决战计划。山本淡淡地问:"陆军有工兵吗?"川上有些丈二和尚摸不着头脑:"当然有。"山本说:"既然如此,赶紧让工兵队从日本九州到对马岛,再从对马岛到朝鲜釜山架桥,输送陆军就可以不费吹灰之力了。"在山本的冷嘲热讽之下,鼓吹"陆军万能"论的川上才反应过来,自己忽略了制海权。

7月17日,大本营根据海军的胜负可能,制订了三套计划:其一,若海战大胜,陆军长驱直入打进北京;其二,若海战胜负未决,陆军固守平壤,舰队维护朝鲜海峡制海权,从事陆路增兵的运输工作;其三,若海军大败,陆军撤离朝鲜,舰队守卫沿海。7月19日,根据山本的方案,已经改名为"西海舰队"的警备舰队和常备舰队整合成"联合舰队",司令官为原常备舰队司令伊东祐亨。

尽管只是一个大佐,山本才是日本海军的实际操控者,难怪人们称呼他为"权兵卫大臣"。他也是当之无愧的日本海军之父,在他的精心谋划下,战火一触即发。

(《文史参考》2012年13期)

丰岛：突袭！高升号被击沉

文 | 纪彭

甲午战前，日本人最为忌惮的便是北洋水师。此前数十年间，清日双方围绕海军装备已经展开了数轮军备竞赛。直到日本的决策者们准备开启战争之门那一刻起，他们对日本海军能否战胜北洋水师，仍然心里打鼓。因此，清日之间第一次海上交锋非常关键，战斗的结果将直接影响到双方的信心。在牙山湾口丰岛西南海域，两国舰队注定的遭遇战爆发了。

秘密出航，不宣而战

7月23日，联合舰队司令长官伊东祐亨中将接到大本营作战密令，亲率军舰十五艘、水雷艇六艘、侦察舰一艘，由佐世保海军基地起锚向朝鲜海面进发，准备以迅雷不及掩耳之势，对北洋水师进行突然袭击。上午十一时，伊东祐亨首先派出海军少将坪井航三，率领吉野、秋津洲、浪速三艘快速巡洋舰组成的第一游击队作为联合舰队的先锋，出发到牙山湾，执行侦察任务。"且赋与内命，谓牙山湾附近如有优势的清国军舰驻泊，可由我方进而攻击。"

伊东祐亨率其余军舰十二艘，成单纵阵队形，向朝鲜西海岸出动。舰队出发时，日本海军军令部长桦山资纪亲自赶到港口送行。经过将近一昼夜的航行，7月24日上午，联合舰队航行至朝鲜半岛南端的济州海峡。

日本在向朝鲜派遣海陆军、阴谋发动侵略战争的时候，采取了绝对保密的措施：包括实行全国新闻大检查，严禁报纸上刊登有关军队兵员、军舰及弹药、粮食数额以及关于军队及军舰调动、船舶征发、军队部署等一切消息。日本联合舰队的出动，更是严格保密，封锁消息。舰队夜间航行，加强警戒，实行严格的灯火管制，除向导舰及旗舰外，各舰均熄灭灯火。因此，清朝政府对于日本海军的战争部署，以及日本联合舰队的进袭行动茫然无知，毫无防备。

7月25日凌晨四时左右，济远在前，广乙在后，北洋水师由牙山鱼贯出口返国。七时三十分左右，两舰驶抵丰岛海面，突然在南方出现军舰三只。瞭望之下，士兵们辨认出来舰为日本吉野、浪速、秋津洲等三艘快速巡洋舰。当时，中日两国尚未开战，北洋舰队像往常一样继续行驶。

伊东祐亨
1843.6—1914.1
日本海军大将，甲午战争中任联合舰队司令长官正在搜索前进的日本第一游击队辨认出北洋舰队的济远、广乙二舰,坪井航三下令准备作战。

由于丰岛附近海面南宽北窄,对日舰的回旋运动不利。为了占据有利位置,日舰故意转舵向东行驶,以便待北洋水师驶至丰岛以南海面宽阔处,再行攻击。济远、广乙见日舰转轮东去,以为日舰不致挑衅,继续向前航行。当驶至丰岛南侧海面时,日舰突然向济远、广乙迎面扑来。

七时五十二分,双方军舰相距三千米时,日本第一游击队旗舰吉野号突然以左舷炮火向济远轰击,济远、广乙被迫应战。日本联合舰队与大清北洋水师的第一仗就这样打响了。

日舰突发袭击

丰岛海战,力量悬殊,日本军舰在吨位、兵力、炮火等方面,均以两倍胜出北洋水师,时速平均较清朝军舰快四里以上。在炮火方面,日本军舰拥有十二厘米以上的大口径速射炮二十二门,小口径速射炮三十二门,合计五十四门。清朝军舰没有大口径速射炮,仅有小口径速射炮六门。因此,在军舰力量对比上,"日本方面占压倒优势"。况且日舰又是突然袭击,炮声连响,北洋水师被打懵了。

战斗一开始,日方三舰依仗其速度快、速射炮多的优势条件,以吉野居先,成鱼贯纵阵,用一舷齐射的火力,"集中炮火,聚攻济远"。不过,济远舰毕竟是清朝花了六十二万两银子从德国购置的铁甲舰,那210毫米口径双联发主炮也不是吃素的。据日方记载,浪速号还未来得及开炮,济远射出的炮弹"在其舰首二十米处堕落,弹片纷飞,将信号索截断。由敌舰桅楼发射之机关炮弹,在空中呼啸从吉野樯顶掠过"。济远所发射的炮弹多次命中浪速和吉野两舰。

双方你来我往,激战到上午八时,丰岛海面上已是硝烟弥漫。北洋水师力战不支,开始败退。济远向西面旅顺方向撤退,吉野、浪速紧追不舍,边追边向济远发炮。正在这时,西南方海面冒起黑烟两簇,有汽船两只向东航来,但不能辨认为哪国船舰。这时,日本第一游击队司令官坪井航三下令各舰采取"自由行动",由秋津洲追击广乙,浪速追赶济远。

由西南驶来的两艘船,是清朝"老爷"炮舰操江号和悬挂英国国旗的商轮高升号。两船进入日军视野时,吉野发出信号,命令浪速掳获高升,送联合舰队司令官处置。吉野继续追击济远,并令秋津洲放弃追击广乙,转而截击操江号。

没有了浪速的支持,追击济远的吉野丧失了船只数量上的优势。济远随即用尾炮反击,共发射四发炮弹,三发命中。吉野受创,不敢继续追击,转舵退走,北洋水师济远舰趁机逃离战场。

另外一边,广乙号中炮负伤,被迫向朝鲜西海岸方向撤退,不幸搁浅,随即自毁。炮舰操江号见大势已去,在将船内重要文件焚毁,又

▲ / 日本浮世绘《朝鲜丰岛海战之图》，1894年8月，小林清亲作，现藏大英博物馆

将船内用作军饷的二十万两白银投入海中后，挂起白旗投降。英国商船高升号上有一千一百多名淮军精锐，士兵们拒不投降，被浪速号击沉。落水清军遭到日军无情的枪炮射击，最终，高升号上的清军除二百多人幸运获救外，871人葬身在丰岛冰冷的海水中。5名英国船员和57名中国船员一起葬身海底。日本海军把"木质"的操江号改成了训练舰，大涨了己方士气。

处于衰运的清朝一开始就被上升劲头十足的日本所震慑。租用英国商船运兵，用日不落帝国的旗子作保护伞，李鸿章自以为得计，但实际潜伏了一个"怕"字，助长了日本人的嚣张。信息不对称、体制不对称、价值观不对称，最重要的是实力不对称，只好玩"师夷长技以制夷"的计量与日方周旋。天津道海关盛宣怀给叶志超写信，谈到增兵朝鲜，几无兵可调。"清军看似庞大，却非一支纯粹的国防军，而是兼有警察、内卫部队和国防军三种职能。"当七拼八凑的士兵上船后，发现武器和饮食配给既不充分，也非常混乱。

丰岛海战，北洋舰队损失不小：广乙焚毁，操江被俘，清军伤亡近千人。最重要的是北洋水师首战失利，日本联合舰队取得了"先下手为强"的心理优势。

这场海战后，日本继续向朝鲜大量增派陆军，积极筹划发动大规模陆路侵略战争。同时，日本海军一改过去谨慎的做法，胆子壮了起来，提出"聚歼清国舰队于黄海"的口号。丰岛海战是甲午年清日两国一系列海陆战争的序幕，之后不久的8月1日，两国政府在同一天向对方宣战。

（《文史参考》2012年13期）

平壤：清朝陆军不堪一击

文 | 文亭

清日战局，海陆两军相辅相成。丰岛海战前，中国与朝鲜牙山、仁川间的海路畅通，航行无阻。清军由海路赴朝，两日可达。丰岛海战后，日本海军完全控制了朝鲜西海岸水域，中国至牙山、仁川的海上交通线被切断，走海路运兵的风险变得极大。聂士成、叶志超率领的三千八百多名清军陷于孤立。7月29日，大岛旅团的约四千名日军向清军杀来，叶志超、聂士成带领部队向平壤方向退散。

清·"恐日症"在军中蔓延

在陆上战场，清军本来信心十足，准备一举击退日军。7月31日至8月3日，行军中的四路清军分别接到李鸿章的命令，叫他们"迅速占领平壤，接应叶志超部"。四路大军马不停蹄，日夜兼程，顶着酷暑徒步数百里，分别于4日至9日间抵达平壤。

8月6日，前卫探报牙山、成欢失守，日军已占领仁川、京城，在各要道铺设地雷阻止清军南下。清军决定暂在平壤下寨，休整兵马，严密监视日军的动向。就在这四路大军尚在犹豫是否南下御敌时，叶志超、聂士成带领成欢残兵陆续到达平壤，已经溃不成军，一路减员二百多人。逃进平壤的清军，蓬头垢面、衣衫褴褛、疲惫凄惨之状，给刚刚开进朝鲜半岛的四路清军极大震动，严重打击了清军士气，"恐日症"开始在军中蔓延。

大岛义昌
1850—1926
日本陆军大将，甲午战争中率混成旅第九旅在牙山首先挑起战争

清军入朝时的作战目标是，计划用赴平壤的援兵和牙山叶聂军汇合，对京城的日军形成夹击攻势。可是，派往平壤的兵力尚未到达，日军就击溃了叶、聂军，使这一计划落空。清军只好调整策略，固守平壤，准备与日军决战。

叶志超清点集结平壤的军力：卫汝贵的盛字军六千人，马玉昆的毅字军两千人，左宝贵的丰军三千五百人，丰升阿奉天盛字练军一千五百人，叶志超牙山残兵两千五百人，镇守平壤的守备兵百余人，总计一万五千四百余人。武器装备则有山炮二十八门，机关炮六门。9月8日，平壤守军完成御敌部署，平壤城周边构筑了大量堡垒和各种防御工事。清国特色的堡垒高四米，外围挖掘壕沟铺设地雷，堡内兵勇以堡为藏

/ 日本浮世绘《平壤之激战我军大胜利之图》,1894年,安达吟光作,现藏美国波士顿美术馆

身之所,可以从枪眼向外射击。为了加强防御,清军在城郭内外构筑堡垒合计二十七座。

平壤城内到处是备战的清军,叶、聂、卫、马、左、丰字号的军旗林立,街道周围设有八所清军幕营。12日,提督叶志超下达战斗动员令,给各军增补枪支弹药,要求各队做好随时应战准备。事实上,清军的状况并不乐观,各路诸将互相并无隶属关系,几位统领对败军之将叶志超心怀不满,部队的战斗意志相当脆弱。

日·南线受阻,北线得手

日军方面,曾在牙山、成欢作战的大岛混成旅团编入第五师团,一万四千名日军浩浩荡荡,向平壤杀来。大本营下达本次作战任务,要求只把清军驱逐出朝鲜境外,赶回清国即可,而不是歼灭。个中原因,是日本此时尚未取得制海权,漫长的补给线会给大军的后勤保障带来诸多困难。

12日至15日,第五师团陆续到达平壤外围,14日中午,炮兵部队发起佯攻,炮击大同门外清军堡垒,配合步兵进入预定战斗位置。

15日凌晨四时,日军开始向清军发起进攻。大岛混成旅团右翼部队进攻长城里桥头堡,中路攻击船桥里,左翼由羊角岛强渡大同江,沿江边向长城里迂回。进攻中,日军遭到马玉昆毅字军和卫汝贵盛字军的顽强阻击,猛烈炮火下,双方出现数次拉锯攻防战,暴露在宽阔地带的日军伤亡很大。不过,日军强力炮火很快遏制了清军火力,清兵开始向长城里撤退。

与此同时,日军第五师团主力五千四百余人,在黄州十二浦渡江,担任平壤西线进攻任务。六时,前卫尖兵与清军安山堡垒发生战斗,此时混成旅团、元山、塑宁支队方面已经开始激战。城内清军奋力抗御,左右盛军和芦榆防军向进攻之敌猛射,忽然城中杀出清军骑兵,冲向日军阵地,立即遭到日军炮火杀伤。清军骑兵队两次有勇无谋的冲击,造成战马二百七十三匹、兵勇一百三十余人的惨重伤亡。清军只得退守堡垒防御,日军亦不敢越过普通江,两军处于对峙状态。

第五师团司令官野津道贯中将接到各部队报告:"敌兵防守甚固,我军伤亡严重。"当日,船桥里战斗最为激烈,清军两千两百名士兵对阵日军三千六百名士兵,取得了毙敌一百四十人、伤敌二百九十人的战果。日军累计战死一百七十人,伤五百人。野津只得下令休战。

在平壤北面,日军塑宁、元山两个支队集中七千八百余人的兵力,于15日拂晓分东西两路向玄武门外清军堡垒实施夹击进攻。破晓时分,日军设于坎北山南麓炮兵阵地的十二门山炮,集中火力轰击清军堡垒和城北奉军防守阵地。日军发射了对步兵杀伤力极强的榴霰弹,弹丸在清军阵地上空爆炸,堡垒内清军死伤惨重,纷纷弃堡而逃,平壤城北四座堡垒随即陷落。

城北牡丹台是平壤城的制高点,也是全城的命脉所在。清军在左宝贵指挥下,用大炮和速射枪奋勇还击,与敌力战。战斗中,日军炮火击中牡丹台垒墙,清军大炮被毁,无法压制敌炮火力,部队伤亡惨重。日军乘势冲击,牡丹台失守。

在玄武门指挥作战的左宝贵见此情形,知道大势已去,决心以身殉国。他穿上御赐黄马褂,在玄武门上指挥士兵射击敌人,拒绝部下劝他下城躲避的要求,亲自点燃大炮轰击日军,身上负伤多处,仍奋勇撑持。清军部下感奋,更加激昂作战。左宝贵被流弹击中胸部,壮烈牺牲,玄武门终被日军攻占。

清·叶志超的混乱撤退

平壤城北玄武门虽然失守,但日军也没敢贸然入城。此时,城内清军统帅叶志超意志崩溃,他召集众将商议撤兵之策。各路将军中,除马玉昆主张继续坚守外,其余将官皆同意弃城。朝鲜官员平安道监司闵丙奭见清军欲撤兵平壤,央求无果,无可奈何。于是,玄武门、七星门、静海门、大同门等处清军防地同时挂出了白色降旗,日军见状也停止了炮击。

16日凌晨四时四十五分,七星门城内出来一名朝鲜人信使,冒雨来到日军阵前传递城内书信。佐藤大佐展开被雨水浸湿的书

野津道贯
1841.11—1908.10
日本陆军大将,后被授元帅。甲午战争中指挥平壤战役,后接替山县有朋任第一军司令官,主持奉天南部对清作战

信，只见信中写道："平安道闵炳奭致书大日本领兵官麾下，现华兵已愿退兵，依照万国公法止战，即扬白旌回国望勿开枪，立候回书。"

双方语言交流不畅，故相互书信笔谈，日军要求清军打开城门，即刻缴械投降，否则举白旗投降不能算数。清兵代表坚持今日天色已晚且大雨瓢泼，定于明日早晨开城。野津判断，清军投降或许是缓兵之计，为防清军逃跑，野津命令部队保持警戒。

果然不出野津所料，叶志超挂白旗谈判的背后，其实隐藏着大军败逃的玄机。傍晚六时，大雨滂沱，暮色昏暗，清军各部兵勇已经开始擅自逃亡。晚八时，清军开始大举撤退，叶志超传令佯装持械，趁夜出城。

大队清兵急于突围，毫无秩序，人马从七星门、静海门争相蜂拥而出，也有攀越城墙而去者。逃出的清兵取甄山大道一路向北狂奔，埋伏在通往义州大道的日军元山支队及埋伏在甄山大道的第五师团主力部队，果断伏击逃跑的清军，向传来人马声音的方向

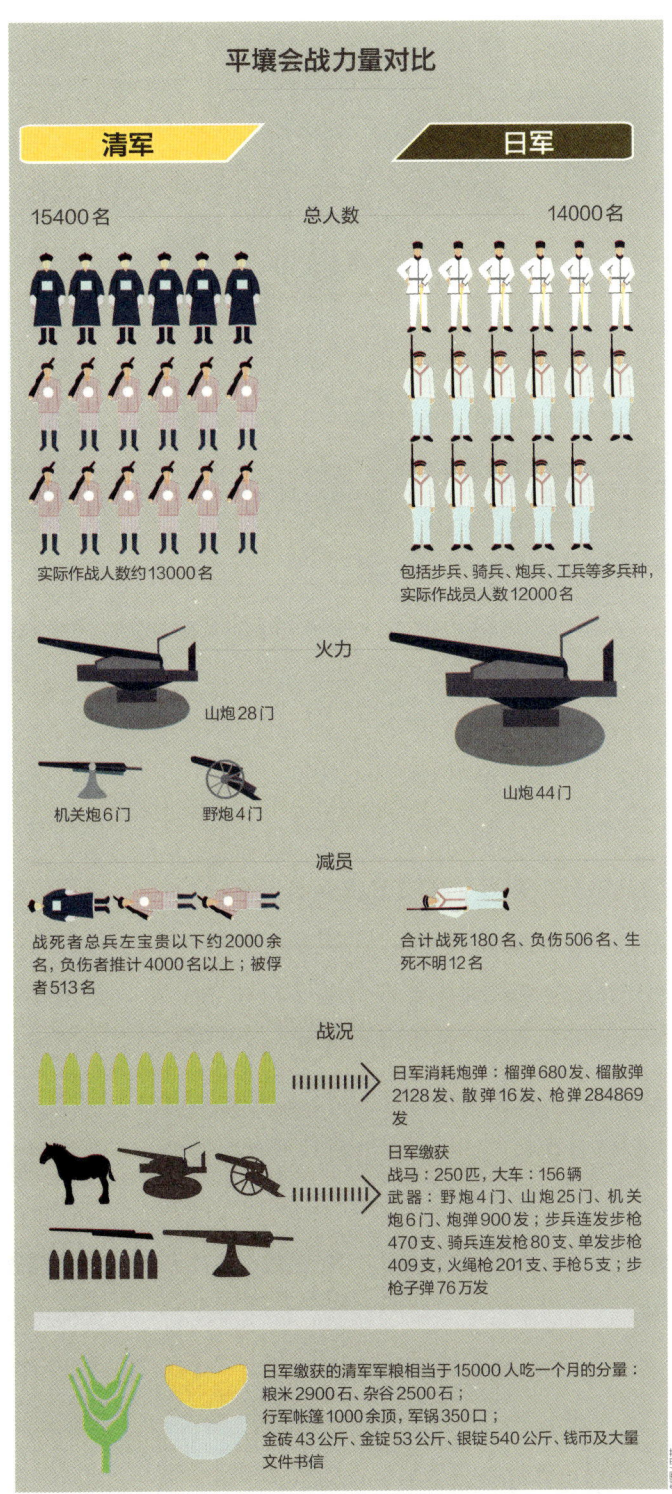

△／平壤会战中清朝俘虏被关押的情形。俘虏双手被捆绑，着装已经不是军服，日军看守混在其中。关押期间，营内发生了越狱事件，被日军镇压

猛烈射击，终夜枪声不断。

那些白日作战勇猛的清军兵勇，被自己的怯懦将军葬送在逃跑的命令中。清兵在日本伏兵的乱枪之下，混乱、践踏、中弹、哀号，悲凄之声通宵不绝。

第二天早晨，薄雾笼罩战场。仅一个日军步哨前，就留下被击毙的清兵尸体二百有余，还有众多马匹尸体，逃跑路上被击毙的清军，总数有一千五百余人。日军就此占领平壤，不过平壤已经变成一座空城。清晨五时，日军搜索俘虏，清理战场，七时开设野战医院，收容负伤的清兵。

平壤会战，清军在混乱的溃退中伤亡惨重。24日，赴朝参战的清军各部队陆续越过鸭绿江，退至满洲境内。此战是近代以来清日两国陆军正规部队的首次大规模阵地战，也是日本对清朝陆军力量的试探之战。作战之初，日军没有百分之百的胜算，战争目标仅限定于驱逐清朝在朝鲜的军事力量。可是作战结果暴露了清军的脆弱，日本相信，这支军队根本没有保卫国家的能力，进而坚定了将战争扩大到大清国本土的决心。平壤战役后，日本从军武官评价清军："作为远东大国的国家军队，显然不具备近代军队的素质。尽管清军拥有洋式精良装备，但战术陈腐，将官和士兵缺少军人应有的斗志。成欢和平壤之战一日即败，溃不成军，清军是一支不堪一击的军队。"

（《文史参考》2012年13期）

黄海：硬碰硬的惨烈对决

文 | 纪彭

经过了丰岛海战，日本联合舰队虽然突袭取胜，但也感受到了北洋水师的威力。日本人知道，如果不能与北洋水师决战，并击败它，陆军的进攻终将成为无源之水。丰岛海战后，日本联合舰队又进行了整编。这时，日本海军的主要任务，一是由日本本土向朝鲜运送陆军，二是从海上牵制清军，伺机寻找北洋舰队进行主力决战，以实现其"聚歼清国舰队于黄海"、夺取制海权的计划。

桦山资纪估计，北洋舰队有可能护送支援平壤的清军，从而停泊在大同江口。他命令伊东祐亨速率舰队向大同江口进发，寻找北洋舰队主力进行决战。

劣质煤渣惹的祸

9月14日，联合舰队由仁川向大同江口进发。伊东祐亨决定以大同江口的渔隐洞为临时根据地，制定了一个自9月16日至24日，从大同江口渔隐洞根据地到海洋岛、小鹿岛、威海卫、大连湾、旅顺口、大沽口、山海关、牛庄（营口）的巡弋计划，以寻找北洋舰队进行主力决战。此时，中日两国舰队虽已相距不远，但彼此却全然不知对方的位置所在。

大东沟外海，丁汝昌虽然率领着北洋舰队几乎全部主力，但他担忧的正是日军主力一旦前来攻击登陆舰艇，北洋海军将不得不与日军决战。丁汝昌不知道的是，在陆路方面，就在9月16日这天，他们试图前往增援的平壤其实已经失守。

桦山资纪
1837.12–1922.2
日本海军大将、海军大臣，亲临黄海前线督战

日军联合舰队松岛舰上，海军大尉木村浩吉也注意到这个好天气，他这样记录："是日拂晓，天气晴朗，微风徐徐。帝国舰队由十二舰组成，皆涂成鼠灰色，前日自大同江之临时根据地启程。"

上午训练结束后，木村浩吉等人在士官办公室休息，木村甚至和"松岛号"会计长浅野下起了围棋。这时有人跑进来说，发现舰只。

日本《廿七八年海战史》记载的准确时间是1894年9月17日10点20分，吉野号前

△ / 日本浮世绘《于黄海我军大捷第一图》，1894年10月，小林清亲作，现藏美国波士顿美术馆

桅楼盘内的瞭望士兵发现了远处海面的煤烟。由于海面曲度，日军尚未看到北洋海军舰艇船体。仅从烟雾数量判断，不只一两艘舰船。从烟雾浓重的黑色来看，显然不是英国舰队。木村急忙登上舰桥，观察东北偏北之天际，"煤烟丛腾，心想必是敌之舰队。"木村浩吉记载。无论士官还是水兵，都兴奋地各自去换上了新衣服，所有人都渴望再次复制丰岛海战的胜利。

随着两支舰队逐渐接近，出现在联合舰队面前的竟然是北洋舰队的全部主力舰船。日本随军记者川崎三郎在《西京丸的战斗报告》中写道："开始只见煤烟，后来出现樯顶，再靠近，见舰体……敌人却是包括清国北洋水师全部精锐之大舰队！"

日本联合舰队司令官伊东祐亨此时"马上命令本队下士以下全体就餐，因为很快就要进行战斗准备，进餐可以使精神彻底镇定下来。而且为了让大家镇静，饭后还允许随便吸烟（军舰上严禁吸烟）"。

此时的北洋舰队，还是对已经准备作战的日军联合舰队一无所知。

北洋舰队之所以被日军先行发现，原因竟然是煤炭！北洋舰队的燃煤一直由唐山开平煤矿供应，但1894年后，因为北洋舰队经费日渐缺乏，买煤给不起高价，开平煤矿开始用劣质碎煤供应北洋海军。大战在即，北洋舰队在旅顺港补充的依旧是劣质碎煤。可日本舰艇使用的却是无烟煤，这让北洋舰队在对手发现自己一个小时后，才恍然看到敌舰。

定远舰失去指挥能力

狭路相逢，决战已不可避免。

1894年9月17日12点10分左右，丁汝昌下令北洋舰队全部起锚，驶往大东沟外的开阔海面迎战。此时，亚洲最大的两支舰队只相距十七海里。丁汝昌排出的是以"定远"和"镇远"两艘铁甲舰为核心、其余舰艇在两翼一字排开的横队。日军则分为第一游击队和本队两部分，以两个首尾相随的纵队阵形驶来。

12点50分，在两国舰队相距近六千米的距离上，定远舰主炮发出了第一枚炮弹。十分钟后，日本联合舰队记录了战争爆发这一刻海面的天气："风力微弱，晴雨计在三十英寸以上，平均湿度约七十六度，晴朗无浪，天气甚好。"

北洋水师首先开火，日军没有还击，只是加快速度从北洋舰队前方冲向其右翼，以便让北洋舰队陷入侧面射击的盲区。日军主要舰炮为120和150毫米口径速射炮，射速虽高，射程却较短。伊东祐亨命令，在三千米距离上才允许开火。

第一艘被击中的军舰是日本旗舰"松岛号"。12点55分，松岛舰320毫米口径的巨型主炮被北洋舰队150毫米口径舰炮的炮弹击中。川崎三郎在战后报告中写道："12时55分，敌弹命中我32厘米炮塔。"

日军终于按捺不住，在抵达三千米距离之前开始射击。日军一发120毫米口径爆破弹在北洋舰队旗舰"定远"的飞桥附近爆炸。松岛舰上的海军大尉木村也有观测记录：交战之初（12时58分），悬挂五彩提督旗的定远舰飞桥被日军炮弹打断。日军的炮弹几乎在同时还打断了定远舰前桅杆，导致定远舰无法用信号旗指挥。刚一开战，北洋海军

刚一开战，北洋海军旗舰就失去了指挥通信能力，陷入各自为战的不利局面

旗舰就失去了指挥通信能力，陷入各自为战的不利局面。

定远舰305毫米克虏伯主炮后膛两侧，有一对竖起的铁尖，这是给炮手用来瞄准的。北洋海军的火炮射击还延续较为复杂原始的六分仪"水平测距法"，需要军舰桅杆上的观测人员手持仪器进行观测测距。但战场上的煤烟、硝烟、爆炸激起的海浪和横飞的弹片，都会极大影响实际操作的精准度。如果距离很近，炮手则可以通过炮膛进行直瞄。

日本最新锐的吉野舰上却已经装备了

先进的测距仪,操作者只需像使用望远镜那样对准目标,让目镜合焦,就能快速显示出目标距离。从战后两国军队炮火对射的数据看,日军火炮的发射速度是清朝军舰的三倍以上,但从两国战后损毁数据的详细统计来看,北洋海军的射击命中率竟然高于日本海军。考虑到双方火炮装备上的技术差距,双方炮手的射击水平可能差距更大。这或许是由于多数清朝海军士兵都在同一舰艇服役超过四年,对装备的熟悉和运用程度强于迅速扩充建成的日本海军。

松岛号死里逃生

长时间炮击战斗中,日军火炮的射击速度和爆炸威力的优势开始显现。海战持续到下午,北洋海军已经有超勇、扬威两艘舰艇沉没。当战斗持续到15点10分时,日本海军"扶桑号"的240毫米口径大炮击中了定远舰前部的军医院,这发炮弹几乎改变了整个战场的局势:日军炮弹强大的燃爆能力,将拥有大量木制构件和家具的军医院点燃,浓烟几乎让定远舰部署了绝大多数重炮的前部无法射击。日军舰艇迅速接近定远舰,准备近距离施以最后的攻击。

危急关头,"致远"挡到了"定远"前面,保护正在燃烧的旗舰。致远舰虽拥有高航速,却没有重型装甲防护。在日军猛烈炮击下,致远舰最终爆炸沉没。

几乎就在"定远"和"松岛"被击中的15点30分,一直在海战中躲在北洋舰队编队后方的济远舰,突然挂出"我舰艇已经重伤"的信号旗,转舵离开战场。济远舰的逃跑带动了僚舰"广甲号"也离开战场,更糟糕的是,济远舰在慌乱中撞上了由于大火导致舵机失灵的扬威舰,导致扬威舰下沉搁浅。济远舰管带方伯谦在旅顺被撤职关押,24日凌晨,清廷下令以怯战罪将其处斩。

此时,北洋舰队的超勇、扬威、致远、经远先后沉没,济远、广甲相继遁逃,共失去六舰,战斗力大减。北洋舰队已无力主动向敌人进攻,不得不由第一阶段的进攻转为防御。日军方面,虽然比睿、赤城、西京丸三舰有的退出战场,但这三艘均系弱舰,不仅对舰队整体战斗力影响不大,反使日本舰队无须再分散力量保护弱舰,减轻了负担。

北洋舰队的超勇、扬威、致远、经远先后沉没,济远、广甲相继遁逃,共失去六舰,战斗力大减

△ / 联合舰队司令官坐镇松岛号旗舰,受到清舰重点攻击,镇远、平远舰的炮弹重创松岛。图中松岛号后部出现黑洞,是清舰炮弹击穿留下的伤痕

在黄海海战的最后阶段,北洋水师坚持战斗的只有定远、镇远、来远、靖远四舰,日本则尚有吉野、高千穗、秋津洲、浪速、松岛、千代田、严岛、桥立、扶桑等九舰。双方军舰数量对比为四比九,吨数对比为一万九千八百七十吨比三万三千八百三十四吨。定远和镇远两艘主力舰艇被日军五艘战舰包围,更糟糕的是,此时两艘北洋战舰上的炮弹只够打十五分钟了。

但在北洋舰队几乎落败的时刻,他们依旧获得了一线扭转战局的机会——击沉"松岛号"。从战争开始,北洋海军便把日军旗舰松岛号当做最主要的目标。松岛号第一次受重创,是被平远舰260毫米口径主炮击中,"该乱弹在穿过中央水雷室时,使舰内各室发生猛烈震动,硝烟弥漫,人近咫尺难以辨认,令人窒息。发射管员四名因窒息而死,血肉喷溅在衣服上,凄惨可见。"随着致远舰的沉没,北洋舰队太需要击沉一艘敌舰了。如果这艘战舰是日军旗舰松岛号,无疑具有决定性的意义。

下午15点30分左右,镇远舰再次发射两枚305毫米口径炮弹,命中松岛号。松岛号官兵"死伤达一百一十三人,占定员人数的百分之三十二"。舰上炮手死伤殆尽,伊东祐亨情急之下,只得把军乐队员拉上凑数。但

△ / 清朝舰队主力战舰镇远号，对日舰队构成极大威胁。黄海海战中，镇远舰成为日舰的重点攻击目标，伤痕累累

各炮已毁不堪用，完全丧失作战能力。松岛舰上恐怖的大火和置人于死地的浓烟，让一直士气高昂的日军水兵竟然无人敢进入船舱救火。火势如此蔓延下去，松岛舰必沉无疑。

然而就在此时，一直风平浪静的海面上，一阵突如其来的风吹入松岛舰爆炸产生的大洞，将舰内毒气吹散。日军救火队终于得以进入船舱扑灭大火，挽救了联合舰队的旗舰。

击中松岛号的第一枚305毫米炮弹是实心弹，杀伤力有限。第二枚炮弹虽然装填了90磅黑火药，但造成如此大破坏力，完全是因为引爆了松岛号上装有"下濑炸药"的炮弹。如果北洋海军使用的都是爆破榴弹而不是实心弹，黄海海战的结局，甚至此后整个中国的命运，或许都可能因此改变。

打不沉的"镇定"二舰

日军指挥官发现，虽然长时间的围攻炮击，但似乎永远没有将定远和镇远击沉的可能。定远和镇远厚重的装甲起了关键作用，让这两艘战舰像沙袋一样抗击打。战斗中两舰各中弹数百枚，却无一发炮弹能击穿核心装甲。在漫长的围攻下，松岛舰内腹部受了重伤的三等水兵三浦虎次郎询问他人："定远舰怎么还打不沉啊？"

当时在远东观战的英国舰队司令菲利曼特尔评价定远和镇远的价值时说，日军之所以不能够彻底消灭中国海军，正是因为有了这两艘铁甲舰的缘故。

战至17点45分，日本方面，本队五舰中，扶桑号已受创；松岛号完全丧失作战能力；千代田、严岛、桥立虽受伤略轻，但此三舰决非定远和镇远的对手。松岛号遭遇重创后，日军士气低落，斗志涣散，实已"无力再战"。在长时间围攻定远、镇远两舰劳而无功的情况下，伊东祐亨担心夜幕降临，北洋舰队鱼雷艇借机发动偷袭，于是发出"停止战斗"、"返回本队"信号。

北洋舰队方面，此时"靖远、来远修竣归队，平远、广丙、鱼雷各艇亦俱折回"。靖远舰知道定远桅楼被毁，无法指挥作战，遂主动代替旗舰定远升旗集队。集合后，"定、镇、靖、来、平、丙六舰相距各八、九米，鱼贯东行"，尾追敌舰十余里，准备与敌再战。

但时已傍晚，暮色苍茫，日本舰队开足马力"向西南一带飞驶遁去"。此时，吉野舰还剩余120毫米和150毫米炮弹1251发，各种机关炮弹6095发，弹药仍旧极其充裕，而北洋水师的炮弹已经所剩无几。真要再打下去，胜负难料。

这场历时五个小时，被西方人称为"近数十年欧洲各国所未有"的黄海大海战，交战双方投入兵力之多、时间之长，以及战斗的激烈程度，都是近代世界海战史上所罕见的。

(《文史参考》2012年13期)

鸭绿江：疯狂暴走的"皇军之父"

文 | 熊崧策

按照日军大本营的战争预案，如果联合舰队能取得黄海、渤海制海权，将输送陆军到渤海湾，进行直隶平原大决战——这是甲种方案，即最优方案。但在1894年8月中，由于与北洋海军的决战时间难以预测，而计划中的直隶决战也将会因为天气逐渐转寒，推迟到来年春天较为有利，因此大本营选择执行乙种方案：向朝鲜加派陆军，击退在朝清军，扶持朝鲜独立。

8月14日，大本营给在朝的第五师团送去了增援部队——来自名古屋的第三师团，师团长为桂太郎，两个师团被编成第一军。枢密院议长山县有朋按捺不住了，强烈要求任命自己为第一军司令官，这让内阁总理大臣伊藤博文有些紧张。

"饮马鸭绿江"的梦想

山县有朋，1838年出生在长州藩一个下级武士家庭，是倒幕运动的先锋。山县自幼喜欢习武，柔道和剑术都不错，喜欢以"我是一介武夫"作为座右铭，虽说干的是打打杀杀的事情，但他却有一个极为文艺的名号——含雪。

明治维新后，山县赴欧洲英、法、德等国考察军事，此后明治维新的陆军改革都和他有关。山县致力于军队对天皇的效忠，日军也就成了"皇军"。有"日本近代陆军之父"之称。

山县有朋
1838.6-1922.2
近代日本著名政治家、军事家，甲午战争中任第一军司令官，因作战独断被解职

1894年的日本政坛，资历最老的莫过于伊藤博文和山县有朋，而伊藤没有在军队呆过，所以山县根基之雄厚，实为明治第一人。伊藤担心的是，枢密院议长兼任出征军司令官本就没有先例，而能制约这位陆军长老级人物的，不论形式还是实质上，恐怕也只有天皇了。根据伊藤的建议，天皇为即将赴朝的山县送行时，特意叫上伊藤作陪，并对山县做出种种训示——无非是文武合作，陆海配合，明确大本营与第一军权限之类说辞。

9月8日，山县有朋和桂太郎率领第三师团从广岛的宇品港登船出发，在联合舰队的护送下前往仁川，在当时北洋海军还完整无缺的情况下，这种做法简直是赌博。但是，奉命保存实力的北洋海军没有出动截击。9月13日，山县顺利到达汉城，他开始对麾下第一军的军官们进行洗脑："万一战局极端困难，也绝不为敌人所生擒，宁可清白一死，以示日本男儿之气节，保全日本男儿之名节。"日军中禁止投降的传统就在此时产生，但范围仅包括军官，士官和士兵不算在内。9月16日，山县得知平壤已被攻下，率部前移，于25日进入平壤。于10月22日抵达鸭绿江边的朝鲜重镇义州（今新义州），威逼辽东边境重镇安东城（今丹东）。

三百年前，丰臣秀吉就喊过"饮马鸭绿江"的口号，不过那时的日军顶多也就打到平壤城下。这一次，山县站在鸭绿江边，望着对岸延绵的群山，踌躇满志：自己是第一批到达鸭绿江的日本军人。山县在义州统军亭上设想着强渡鸭绿江的场景，诗兴大发，挥毫手书七绝一首："对峙两军今若何？战声恰似迅雷过。奉天城外三更雪，百万精兵渡大河。"

日军首次踏上中国领土

奉天是清朝的"龙兴之地"，朝廷对于鸭绿江的重要性不是不知道，驻守这一线的清军有八十个营，将近三万人。李鸿章派出的是七十四岁的白发老将宋庆，此人在淮系将帅中根本算不得一流，现在淮军几大名将死的死、残的残，能上战场的也只有他了。更糟糕的是，齐聚鸭绿江边的清军来自不同山头，番号就有"毅军"、"镇边军"、"黑龙江齐字练军"、"芦榆防军"、"盛字马步练军"、"盛军"、"铭军"、"奉军"等等五花八门十来种，其中大部分是平壤战役退下来的败兵，士气低落，而黑龙江将军依克唐阿的部队，宋庆还无法调动。

宋庆到任后，勘察地形，共修筑大小堡垒四十余处及炮台多座。堡垒高三、四米，厚一米多，十分坚固，日军山炮弹难以贯通。垒外通以外壕，设置障碍。垒后高地置炮台数座，以控制江面。从兵力、地形和防线的坚固程度上看，日军想要渡过鸭绿江绝非易事。

为了达到攻击的突然性，山县有朋严格禁止先锋旅团挑战，命令部队收起军旗，减少炊烟，尽量隐蔽兵力。与此同时，他派出部分人员在江边往返侦查，大肆招摇，使清军难以判断渡河地点。宋庆也确实没有摸清日军动向，沿河百里平均布防。

10月23日，山县制订了进攻策略——以偏师在义州上游十二公里处的安平河口渡江，牵制清军左翼兵力，减轻正面渡江主力的压力。24日7时，日军佐藤大佐率七个步兵中队、一个骑兵分队和炮兵小队组成

▲ / 日本浮世绘《清日九连城激战图》，1894年，小林利光作，现藏美国波士顿美术馆

独立支队，徒步涉江强渡。清军隔江开炮，日军炮火实施压制性射击，掩护步兵强渡。等日军快速渡江后，防守的清军早没了踪影，防线就这样轻易被撕开一个口子。当天晚上，在义州的日军偷偷在江上搭了三座浮桥，清军竟然毫无察觉。还有一支日军偷渡成功，潜伏在清军核心阵地虎山东侧的密林里。

25日清晨，天降大雾，笼罩江面，日军第三师团乘雾渡江，直扑虎山高地。尽管驻守在这里的聂士成、马玉昆奋勇拼杀，还是抵挡不住日军的攻势。危急时刻，宋庆调"铭军"刘盛休支援，"铭军"却躲在九连城里炮火"支援"。到了中午，虎山阵地失守。日军在虎山居高临下，可用重炮直接轰击九连城。防守九连城的刘盛休部清军见此，士气动摇，不战自乱，纷纷夺路而逃。宋庆见各军不听号令，互不相救，单靠自己的"毅军"无力守城，遂连夜率军后退至凤凰城。

25日夜，山县率第一军司令部进驻虎山，靠前指挥。26日拂晓，虎山日军向九连城发起进攻。一阵炮火急袭过后，不见清军还击，派人攀城而上，才发现屯兵重地九连城早已人去城空。第一军兵不血刃，占领中朝边境交通要冲九连城。当天下午，第一军又不费一枪一弹再占安东（今丹东）。至此，清军的鸭绿江防线仅仅用了两天就被击溃，国门大开，日军终于踏上了大清国的领土。而第一军付出的代价仅为战死三十四人，伤一百一十五人。

冬季作战违抗天皇命令

在第一军跨过鸭绿江的同一天，以大山岩为司令官的第二军在辽东半岛花园口登陆。11月6日，第二军攻陷金州，7日占领大连湾炮台。21日，第二军攻下旅顺，这对清政府是个极为沉重的打击，东北最大的军事据点沦丧敌手，北洋舰队失去了唯一的船坞和工厂，以致无法修理战舰。

日军连连得手，清军节节败退，山县也越打越亢奋。11月3日，他向大本营提出了《征清三策》，极力主张冬季作战：其一，第二军可从海路至山海关再次登陆作战，建立根据地进行直隶作战；其二，第一军向旅顺进军，与第二军会合，将兵站基地移至不冻港；其三，立刻北进，攻取奉天。山县要求大本营三选一，大本营考虑到第一和第三方案将把补给线拉得很长，在冬季作战有困难，只有第二个方案具备可行性。但是这个方案要放弃已经占领的地区，大本营不能接受，命令山县就地过冬。

山县对自己的意见被否定感到十分不满。他对一个部下说："我仍然认为，使战争半途而废的策略是不对的。"也许是受到第二军攻下旅顺的刺激，11月25日，山县抵制大本营关于冬季宿营的命令，下令攻打海城。

伊藤博文的担心终于变成了事实，盛怒之下，他准备奏请天皇将山县撤职。川上操六和桂太郎大为紧张，对伊藤说："若公开罢职，山县受辱，势必切腹以保持武士的颜面。不如奏请养病召回为好。"伊藤觉得此法妥当，11月29日，天皇下达了让山县回国养病的诏书。

接到诏书后，处在"暴走"状态的山县根本停不下来，电告大本营："第三师团已作为独立师团向海城进发，临战易帅，对士气不利。我病已好转，可以指挥进攻海城的作战。请转奏天皇，免予卸职。"大本营拒不转奏，12月9日，山县被迫从安东动身回国。面对送行的桂太郎和野津道贯，山县又赋诗一首："马革裹尸原所期，出师未半岂空归？如何天子召还急，临别阵头泪满衣。"

第三师团在占领海城后，孤军深入，受到清军的三面包围。大本营主张撤出海城。这时，回国担任监军的山县反对撤退，实际上是害怕自己冒进的错误战略被公之于众。在他的坚持下，只有六千多人的第三师团不得不死守海城。从1895年1月17日到3月4日，清军发起了五次收复海城的战役，最多时调集了一百多个营、超过六万人的军队。然而这些清军，无法协同作战，将领也大多是无能之辈，终究没能攻下海城。

1895年3月7日，日军占领营口，9日渡过辽河。清军兵败如山倒，向山海关方向退却。消息传回日本，朝野振奋，山县梦想的"直隶作战"终于被提上日程。

（《文史参考》2012年13期）

威海卫：北洋水师的坟墓

文 | 纪彭

1894年9月17日的黄海海战重创北洋水师，日本海军确立了海上优势。同时，日本陆军也击败了在朝鲜的中国陆军，山县有朋率领的第一军主力已经越过鸭绿江推进，把清军打得节节败退。

此时，大本营再次调整战略：陆军由荣城湾登陆，分路西进，夺占威海卫南北两岸海陆炮台，抄袭威海卫后路。联合舰队则从威海卫港正面实行攻击。伊东祐亨根据大本营的部署，制定海军的作战方案——全歼北洋水师、占领刘公岛。

荣城·没有防御的登陆战

1895年1月20日中午，日军到达荣城湾。如同三个月之前的花园口登陆一样，由于滩多水浅，军舰无法靠岸，日军使用小船陆续登岸。第二师团一万五千人，终于在21日登陆完毕。第二批运送船载运第六师团一万人，于21日到达，第二天登陆完毕。第三批运送船于23日到达，当天登陆完毕。日军在荣城湾的登陆活动，前后达四天之久。

登陆第一天下午，西进日军前锋部队到达荣城县，只见城门大开，清朝官吏和驻军早已逃之夭夭，驻守海岸的四哨清军当天就跑没影了。

日本联合舰队掩护陆军运送船在荣城湾登陆的军舰共二十五艘，另有鱼雷艇十六艘，貌似强大，但其中"旧制渐朽废不中用者十之七，实则作战之船不能十艘"。一些军舰是由商船改装的，根本不能在海上作战，不过滥竽充数而已。而停泊在威海卫的北洋舰队尚有定远、镇远、来远、靖远、济远、平远、广丙等战舰七艘，镇东、镇西、镇南、镇北、镇边、镇中等炮舰六艘，康济、威远练习舰二艘，运输船数只及鱼雷艇十三艘，共计大小舰艇近三十艘。

但是北洋水师居然坐视日本人从容登陆，关于这一点，日本联合舰队司令官伊东祐亨后怕地写道："如丁（汝昌）亲率舰队前来，对我进行袭击，我军焉能安全上陆耶！"

日军在荣城湾登陆后，在荣城休整两天，1月25日，在大山岩的指挥下，分南北两路向威海卫进犯。第六师团由黑木为桢指挥，沿荣城至威海卫大道西进，进攻目标为威海卫南岸炮台。由佐久间左马太率领的第二师团沿荣城至烟台大道，切断南岸炮台清军退路。

△ / 日本浮世绘《威海卫陷落北洋舰队水师提督丁汝昌降伏图》，1895年，水野年方作，现藏美国波士顿美术馆

威海卫海岸炮台系德国人汉纳根设计修筑，其后路防御十分薄弱。连汉纳根自己也承认："炮台形势，只能顾及海中，不能兼顾后路。"从陆路进攻十分容易，一旦炮台为敌所占，敌人反而可以利用炮台大炮，射击港内的北洋舰队和刘公岛、日岛守军，给清军造成严重威胁。丁汝昌本想拆除炮台，无奈遥控指挥的李鸿章心疼大炮，不愿拆毁。

结果正如丁汝昌所料，日军攻下海岸炮台后，就用中国人的大炮攻击港内的北洋水师。由于敌人已从四面合围，北洋舰队要想突围冲出威海卫已经很困难了。因此，丁汝昌只好把希望寄托于坚守刘公岛，苦撑危局，以待援兵。

刘公岛·北洋水师的最后一周

2月3日，天气晴和，风平浪稳。

伊东祐亨率全舰队倾巢出击，日本陆军用海岸炮台上的二十八厘米口径大炮，配合日本联合舰队的海上攻势，以猛烈的炮火夹击港内的北洋舰队和刘公岛、日岛的清军。双方展开了激烈的炮战，"炮火之激烈，殊不下于黄海海战时也。"

双方激战整天，直至日暮。在刘公岛、日岛炮台守军和北洋舰队奋勇还击下，日舰始终未能接近港口,最后只得灰溜溜地退走。伊东祐亨知道,从正面用军舰进攻刘公岛从而消灭北洋舰队的企图是不可能实现的,遂决定利用鱼雷艇,采取夜间偷袭的手段进攻。

2月4日,伊东祐亨派第二、三鱼雷艇队,进行夜间袭击。第一次夜袭由于预先被北洋水师知晓,遭到挫折。2月5日白天,日舰继续猛攻东西两口,被北洋舰队和刘公岛、日岛炮台守军协力击退。当夜,伊东祐亨再次派第一、三鱼雷艇队进行夜间偷袭。当夜,来远及练习舰威远、布雷船宝筏均被敌鱼雷艇击沉。由于定远、来远、威远等舰船被鱼雷击伤、击沉,兵员死伤增加,北洋舰队的战斗力进一步被削弱,处境更加困难,战争到了最后关头。伊东祐亨认为,全歼北洋舰队的时机已经成熟,2月6日他与部下商议,决定从2月7日早7时开始,对威海卫守军和北洋舰队发起总攻。

2月6日夜间,丁汝昌为了回击敌人鱼雷艇的偷袭,发挥北洋舰队鱼雷艇的作用,命令北洋舰队鱼雷艇队出口袭击敌舰。但是,贪生怕死的鱼雷艇指挥官王平,竟暗中与福龙号鱼雷艇管带蔡廷干等人密谋逃跑。双方炮战正在猛烈进行之际,王平突然率鱼雷艇十艘、汽船两艘,冲出西口。他们并不是出口袭击敌舰,而是趁机向烟台逃跑。日本舰队发现后,立即派第一游击队吉野号等快速巡洋舰追击。结果,北洋舰队鱼雷艇及汽船,有的被击毁,有的触礁,有的被捕获,全都有去无回。

7日上午7时30分左右,伊东祐亨乘坐旗舰松岛号,率本队及第一游击队排成单纵阵,驶至距刘公岛五千米的距离,发起疯狂进攻。刘公岛守军顽强不屈,奋勇还击。据日方记载,清军炮火"命中极为精确,无数炮弹飞来,在我诸舰前后左右坠落……敌更不屈,异常善战,炮声轰鸣,硝烟蔽海,战斗至为激烈"。

开战不久,日军旗舰松岛号即被击中。炮弹"由左舷舰首二百米之海中跳越而来,经前舰桥,贯穿烟囱,因之航海长高木英次郎以次士官三人身受重伤"。8时5分,刘公岛炮台一弹飞来,命中吉野号,"击碎速射炮盾及第二号舢板,破坏上甲板舱室并传命管数条,死士兵二名,伤士兵四名"。秋津洲舰也"中野炮弹数发,碎片纷飞,士兵即死数名,伤数名"。

威海清军兵备示意图

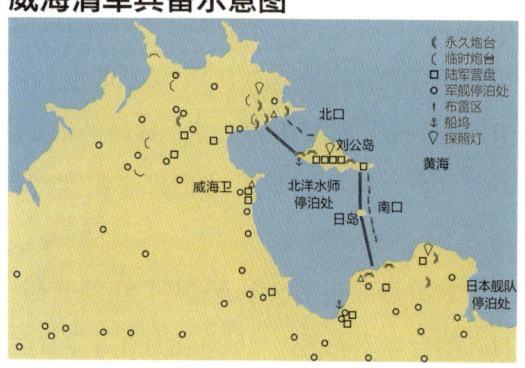

2月7日这天的炮战更加激烈。日舰驶至距日岛四千米的近距离处发炮，海岸炮台也集中炮火袭击。上午8时左右，日军击中了日岛炮台火药库，炮台已不可守。丁汝昌下令放弃炮台，守军撤回刘公岛。

康济号·唯一离港的舰船

北洋水师的最后时刻，已经越来越近。

2月8日，日舰不曾前来袭扰，白天无战事。

午夜，日本第一游击队偷入东口，将东口防御工事破坏四百余米，刘公岛东面门户洞开。

2月9日上午8时，日舰又来挑衅。丁汝昌亲率靖远、平远驶至日岛附近，用炮火支援刘公岛守军。靖远舰被海岸炮火击中沉没。当夜，丁汝昌、刘步蟾下令，在定远舰中央部位装上火药，自行爆破，以免落入敌手。随后，北洋舰队右翼总兵、定远管带刘步蟾服毒自杀。从2月2日至9日，北洋舰队和刘公岛守军，连续同日本侵略军进行了一周的鏖战，终于不支。

11日，日军从上午9时开始，对威海卫及北洋舰队进行水陆夹攻。当天，丁汝昌接到烟台密信，知山东巡抚李秉衡已由烟台逃往莱州，援兵无望。当夜，丁汝昌再召集诸将

会议："援军绝望，与其坐以待毙，不如奋力突围，或可幸存数舰。"诸将不应，自动散会。

丁汝昌无奈，几次派人试图将镇远舰用炸弹轰沉，竟无人动手，一些士兵还持刀威胁丁汝昌。丁汝昌劝退士兵，入舱服食鸦片，自杀殉国。

丁汝昌死后，北洋水师中的一些洋人雇员和清军军官开始与日军洽谈投降事宜。

日军将练习舰康济号解除武装后交还中国，用来运送丁汝昌、刘步蟾等人的灵柩去烟台

17日上午10时30分，日本联合舰队以一副战胜者的架势，耀武扬威地正式占领了威海卫。日军举行了"捕获式"，将威海卫港内北洋舰队残余舰船镇远、济远、平远、广丙、镇东、镇西、镇南、镇北、镇中、镇边全部俘虏，扯下中国军旗，升起日本太阳旗。日军将练习舰康济号解除武装后交还中国，用来运送丁汝昌、刘步蟾等人的灵柩去烟台。

甲午之战的结局，就是康济号载着丁汝昌、刘步蟾的灵柩，以及北洋水师残余的军官和洋员，在潇潇春雨中，凄然离港。至此，清政府花巨资经营十余年，号称"亚洲第一"的北洋水师，宣告全军覆灭。

（《文史参考》2012年13期）

晚清军事集团

关于甲午战争的 22个谬误

文 | 黄金生

梁启超曾说,唤起吾国四千年之大梦,实自甲午一役始也。甲午战争作为近代中国的转折点,影响既深且远。中国有句古话:知耻而后勇,但我们首先要清楚中国到底败于何处。多年来,人们都习惯性地把战争失利的责任归于慈禧太后和北洋海军的腐败上,不仅如此,许多专家学者也推波助澜,不加考证而想当然地相信这个结论,在各种媒体上告诉人们,北洋水师生活如何腐化、指挥如何失误,慈禧太后如何误国、挪用海军军费修建颐和园等等。有这样的领导、这样的军队,焉能不败。但问题是,这些结论经得起考证吗?好在,历史的真相不会永远沉没,陈悦等一批学者通过认真查阅史料、实地考证,为我们逐渐还原了一个真实的甲午,揭穿了以往流传的一个个谬误。真相逐渐浮出水面,也在引起我们进一步思考,甲午,我们为什么战败?

谬误 01
刘公岛妓院、赌馆林立

威海位于山东半岛东端，和辽东半岛的旅顺成掎角之势，共同扼守渤海门户。从明代起，威海即因地势重要，开始设卫驻兵，成为海防重镇。在威海湾的碧波中，有一座刘公岛犹如天然盾牌，正挡海湾入口，海岛周围水深足够，是天然的停船之处。1875年北洋大臣李鸿章奉旨筹建海军后，因威海、刘公岛战略地位之重要，遂圈选成为海军基地，此后刘公岛长期作为北洋舰队的驻泊之所。1888年12月17日北洋海军正式成军后，北洋沿线的几个军港基地的地位进一步明确，刘公岛作为北洋海军的驻泊基地，重要性超过了作为维修基地的旅顺。

在北洋海军甲午海战失败的几十年后，曾有人撰文称，在北洋海军时代，作为重要基地兼海军指挥部所在地的刘公岛，烟馆、赌馆林立，妓院多达70余家，与营房为邻，军中一时间抽大烟、逛妓院成风云云。由此证明，北洋海军军纪溃散，生活腐败。

但从甲午战后日军摄影师拍摄的照片来看，刘公岛上当时的建筑分布清晰可辨。在小岛的西侧，是黄岛炮台、操场、护军公所、机器局、屯煤所等建筑，并没有居住性空间。小岛荒僻的东部，则是东泓炮台、护军营地和两个小村落。唯一建筑密集的是在刘公岛中部，以海军的集中办公地点海军公所为界，西侧是北洋海军提督丁汝昌的公馆，以及龙王庙等祭祀场所，只有东侧存在一片类似民居、集镇的地方，但其房屋总数规模，远达不到70家的规模，而且根据北洋海军一些军官的回忆，其中的房屋多为中、高级军官的住宅。因而仅从建筑空间而言，刘公岛上根本不具备存在大片妓院、赌馆、烟馆的硬件设施证据，倘若真如此，那么这个小岛上除非家家是妓院、户户皆烟馆，荒唐情况可见。

此外，北洋海军根据其章程规定，每年要进行严格的出巡活动。正常的情况是，从秋冬开始离开北洋地区，前往南方避冻，第二年春季再从南方返回，在夏季则出巡朝鲜、俄罗斯等北洋口岸。再加上不定期地前往烟台、天津、旅顺巡防、补给、维修保养，实则一年中仅有约三分之一的时间在威海。面对这样的情况，倘若真的存在70余家妓院，其是否能够在刘公岛上经营存活都是问题。

另一项重要证据是，日军占领威海和刘公岛后，曾对岛上、岸上的居民情况进行造册登记，其中仅仅发现有两三名暗娼。至于烟馆、赌馆，在刘公岛上根本没有任何发现。

谬误 02
军官普遍吸食鸦片

历史上刘公岛并没有妓院、烟馆、赌馆

△ / 甲午战争时期刘公岛的海军公所正门，海军公所即北洋水师提督署

林立的情景，但很多现代人还是根据北洋海军灭亡前夕，包括丁汝昌、刘步蟾、林泰曾等几位重要将领无一例外都选择了服毒自尽的殉国方法，推论这些军官平时肯定都吸食鸦片，进而得出北洋水师军律废弛，道德败坏的结论。

实际上，在19世纪末，鸦片除了是毒品外，还是军队中广泛运用的麻醉剂。海战之中，对于伤手、伤足的官兵，往往要采取截肢手术，此时就需要用到大量的鸦片。根据北洋海军洋员戴乐尔回忆，刘公岛保卫战期间他在军医院中帮忙，就遇到了来医院要一些鸦片，以备自杀之用的军官。倘若刘公岛上处处是烟馆，倘若存在大量人吸食鸦片的情况，何至于还要到医院去求取鸦片。

此外，这些将领之所以用鸦片作为自杀的手段，其实反映的是一个时代的社会生活经验。在那个时代，能够想到的自杀办法，其实无外乎服毒、自戕、悬梁等方式。刘公岛保卫战时较易得到的致死毒品是军医院的麻醉剂鸦片，且选择用鸦片自尽的另一个原因则是中国人传统的身体观，即身体发肤受之于父母，自杀时也会选择能够保全尸体的方法。

倘若服鸦片自杀的人生前必定是烟瘾患者，那么按照这个逻辑，选择吞金、剖腹、悬梁、开枪自击等方式自尽者，生前又都是怎样的瘾君子？

谬误 03
军官不能上岸居住

据《北洋海军章程》规定"总兵以下各官船居，不建衙署"，于是有人便将其理解为不允许军官长时间上岸居住。而据时人回忆，除邓世昌等个别军官外，大多数军官并没有遵守这条规定，甚至于提督丁汝昌还在刘公岛上盖屋出租，由此可以看出北洋海军军律废弛、丁汝昌治军不严。事实果真如此吗？

清代实行官邸制，官员有专门的衙署，即俗称的衙门。这种衙门既是该官员处理公务的办公场所，同时前衙后署，还是这名官员及其家庭居住的官邸。北洋海军把总以上各级军官岗位272个，若按此前的官场传统，就得新设多达272个大小衙门，这无论对于刘公岛的面积而言，还是考虑到投资成本，都是根本不可能的事情。因而《北洋海军章程》中所谓"总兵以下各官船居，不建衙署"的条款，其完整的意思是只允许提督在威海刘公岛上建设一处提督衙门或者公馆，其他大小军官均不得单独建衙署。"各官船居"实则意指以舰船为办公场所，并非不能上岸居住之意。

/ 刘公岛上北洋水师的营房和训练场

谬误 04
军舰载客赚钱，参与走私

一些影视和文学作品中曾有这样的描画，北洋海军借着军舰南来北往的机会，擅自招揽载客，以此牟利挣钱，可见腐化贪利之风在军中横行，也足以看到丁汝昌等军官疏于管理，军纪败坏。

然而如果仔细去思考，这个说法里就有一个极大的问题。北洋海军的军舰不是班轮，纵然经常往还于北洋各口，但是航期不定，很多时候是临时派遣，那么乘船者如何来计算买票登船的日期和时间呢。另外，近代军舰的机动力所限，世界各国无论商船、军舰，在海港的时候通常不靠码头，而是直接停泊于海中，临时到来的北洋海军军舰泊于海中，不用说一般人难以知晓，就算知晓之后要雇用小船前往海中登上军舰也不是简单就能办到的事情。

事实上，这种误传的本源其实是清代通行的官员搭乘军舰等官船的陋规，此事北洋海军完全是身不由己，属于上级安排。历史上，曾发生过李鸿章的儿子李经方为搭北洋海军的军舰去南方而商洽丁汝昌，结果被丁汝昌婉拒一事。

除了私自载客赚钱的指控外，关于北洋海军军舰在海上航行活动中的表现，还有一种指责，即称军舰参与走私。这一说法的根源是19世纪80年代上海发生的海关查获"致远"号走私事件，一些现代学者据此称北洋海军中邓世昌指挥的"致远"巡洋舰参与走私，由此可见军纪之败坏。但事实上，当时海关查获进行走私的"致远"其实是一艘和北洋海军"致远"舰同名的轮船招商局商船，此事和北洋海军根本没有任何关系。

谬误 05
训练弄虚作假

甲午大东沟海战之后，北洋大臣李鸿章曾通过津海关道盛宣怀收集了一些北洋海军军官的禀帖，其中有一名军官的禀帖中的内容常为后世引用，称北洋海军平时训练时，只设置固定标靶，而且在打靶之前预先测量定好靶子的距离，所以射击时命中率很高，可谓弄虚作假。以这样的训练投用到实战中，显而易见是不会有好结果的。

这一说法在现代广为流传，不过按照近代军事技术知识进行分析，这则说法也是站不住脚的。北洋海军所处的时代，军舰上有关火炮的部门包括有测距、炮位两大部分，在具体的战斗和训练模式时，由测距部门的军官利用六分仪等观察瞄准设备测定敌舰距离本舰的距离、方位，考虑到敌舰往往是运动中的，因而距离、方位等参数还会根据敌舰的运动速度和运动方向的不同，预先考虑到计算提前量。而炮位上的炮手所负责的，则是根据测距部门下达的目标距离、方位调整好火炮的仰角和方位角，而后射击。就此而言，实际炮位上的炮手在作战时，所有的目标对他们而言，也都是"提前有人告诉距离和目标固定方位"的。因而北洋海军打固定靶的训练，实际就是针对火炮操作的需要而做的正常训练，它所训练、培养的是炮手们操作的熟练程度，以及在得到诸如敌我距离、方位角等射击元素后，能否做到命中这一目标。

谬误 06
主炮晾晒衣物

北洋海军"主炮晾衣"之说流传久远，称北洋舰队在访日期间被日方军官东乡平八郎看到主炮上晾晒了衣物，由此论证军纪涣散，注定打不赢战斗。连史学大家唐德刚在其著名的《晚清七十年》中，都有此记述。然而这则在现代流传极广，经常被引用的故事，实际是一则彻头彻尾荒唐的谣言。

追根溯源，北洋海军主炮晾晒衣物的说法最早出自一位原日本海军将官小笠原长生笔下。在其撰写的文学性人物传记《圣将东乡平八郎全传》一书中，曾提到1891年北洋舰队访日的情形，书中引用东乡平八郎的话说："'平远'因为故障而入港修理，我在岸边看到一门炮上晒着衣物，很不整洁……"其弦外之音无非是借此证明中国海军的军纪涣散。但事实上，在1891年访日军舰的清单中，根本就没有"平远"舰的名字，那怎么会在日本被东乡平八郎看到炮管上晒了衣服呢？

但这则不靠谱的故事却被国内许多人所引用，最早是《义勇军进行曲》的词作者田汉先生1940年在《整建月刊》上发表洋洋数万言的《关于中国海军的几个问题》，文中多处引用小笠原长生的作品，其中就包括上面那一段，只不过"平远"舰的名字换成了那次同样没有访日的"济远"舰。到了唐德刚先生那里，"济远"舰又变成了"定远"舰。

我们先看看"定远"舰主炮晾衣有无可能。

"定远"级铁甲舰，是洋务运动时代中国购自德国的一等铁甲舰，当时被称为亚洲第一巨舰。其主要火力是4门305毫米口径的克虏伯大炮，两两安装在军舰中部错列的两座炮台内，这4门巨炮便是现代"主炮晾衣"说指证的晾衣事件发生地。

根据"定远"级铁甲舰的原始设计图进行测算，其305毫米口径主炮距离主甲板的高度接近3米，而平时主炮炮管露出炮罩外的长度不足2米（"定远"级军舰装备的305毫米口径主炮属于旧式架退炮，平时为了方便保养，炮管大部分缩回炮罩内，装弹时再将火炮向外推出）。可以看出，攀爬到一个离地3米、长度仅不到2米，而直径接近0.5米

△ / 日本俘获"镇远"舰后在镇远主炮下合影,"镇远"为"定远"同级舰,可见"镇远"以及与此舰类似的"定远"舰主炮晾衣根本不可能

(305毫米为主炮的炮膛内径,炮管外径则接近0.5米)的短粗柱子上晒衣服是何等艰难,甚至稍有不慎便有可能发生从高处摔落的事故。纵观"定远"级军舰,无论是栏杆、天棚支柱均为可以用来晾晒衣服的方便设施。就算北洋舰队官兵军纪真的涣散,似乎也尚不可能为了晒几件衣服,而冒摔断腿的危险。

主炮晾衣的故事在中国衍生变形出的"济远"主炮晾衣说、"定远"主炮晾衣说、东乡平八郎从"定远"主炮炮管里一摸一手灰等说法,皆因没有史料依据而证实为以讹传讹。尤其是后一种说法格外荒唐,"定远"舰主炮炮管距离甲板高度超过3米,东乡平八郎的身高不到1米6,怎样才能抬手便从"定远"主炮的炮膛里摸到灰?

谬误 07

炮弹灌沙子是腐败

在电影《甲午风云》里,有一个镜头让人

/ 山东威海刘公岛甲午战争纪念馆里的穿甲弹

难忘,邓世昌命令致远舰上的水兵将弹头拔下,从炮弹中倒出的竟然是沙子。那一刻,相信所有的人都会痛心疾首,所以炮弹里面掺沙子变成了北洋海军腐败透顶的绝好例证。

在如此重要的战役中,北洋海军的炮弹为什么会装满沙子呢?原来,当时北洋海军各舰使用的炮弹主要有两种,一种是开花弹,另一种则是实心弹。开花弹的弹头内填充的是火药或炸药,击中目标后会发生爆炸;而实心弹的弹头内则很少装药或不装药,更多时候是填充泥土、沙石来配重。实心弹击中目标后当然不会爆炸,其作战意图是凭借重力加速度击穿敌舰引起进水。

这种装沙子的实心弹不会爆炸,威力也小,但却是北洋海军最常用的炮弹。当时,中国比较成规模的江南机器制造总局和天津机器局所能制造的只能是这种技术难度相对较低的实心弹,而开花弹则要依赖进口。从1891年户部(相当于财政部)下达停止购买外洋军械的禁令后,北洋海军的弹药补给只得立足国内。但是,国内军工企业对开花弹的研发显然不够,以致各舰弹药只能以实心弹为主,开花弹还是当年购买军舰时配套赠送的,数量极为稀少。中日大战迫近,天津机器局才临时抱佛脚,不分昼夜赶制开花弹,但由于技术不过关,产能极低且质量不稳定。据北洋海军总教习、德国人汉纳根在甲午海战后报告,定远舰在战前只补充了55颗国产普通开花弹,平均一门炮顶多分得十几枚。在海战中,仅一个半小时这类炮弹就打光了。剩余的时间里,定远舰的巨炮只能发射根本不会爆炸的实心弹。

谬误 08
舰上养宠物违规

近些年,人们又为北洋水师军纪涣散找到了新的证据,那就是人们过去耳熟能详的故事:1894年9月17日在大东沟海战中,"致远"舰撞击"吉野"未果沉没。管带邓世昌坠海后,其平日里养的名为"太阳"的爱犬也跟着跳入海中,紧紧咬住邓世昌的衣袖,不让主人下沉。邓世昌誓与军舰共存亡,毅然抱住爱犬的头,与其一起沉入大海。

这则感人的故事近年来却遭到某些人的质疑,《文汇报》就曾发表《到哪里寻找完美的民族英雄?》,提出"……这里的'义犬'、'灵獒',说明邓世昌的确在军舰上养过宠物遛过狗。而据姜鸣先生说,在军舰上养狗本为《北洋海军章程》所不许。可见,这里所谓'义犬'、'灵獒'的颂词,并不能掩饰邓世昌的违章行为。"一些网络文章更是提出"邓在北洋海军中可以算是最优秀的将领了,其尚且如此,其他将领士兵就更加腐化了……如此海军,焉能不败呢?"

但是,军舰上养狗以及其他动物作为宠物,对于熟悉海军史的人而言,实在是再普通不过的事情。

早在古埃及时代,海军舰船和民用船舶上就已经出现了豢养动物的事例。当时为了保证航行途中粮食储备的安全,杜绝鼠患,虎头虎脑的猫咪就开始在船舶上耀武扬威。这种传统一直保持到19世纪甚至更现代。"地理大发现"以后,军舰上的动物也开始五花八门起来。此时不仅是单纯的小猫,很多船上开始出现了狗、猴子、熊,活脱脱成了海上动物园。豢养这些动物自然不是毫无缘由的,在那个海上生活至为艰苦的时代,动物在船上成了调剂船员精神的良药,成了整艘军舰的宠儿——吉祥物,海军军官养着宠物更是有一番绅士的派头。

蒸汽时代来临后,军舰可以开得更远,舰上的宠物种类也就越来越多,长颈鹿、袋鼠、小象也时有出没在军舰上的情况。作为后起的海军国家,亚洲的中国、日本建设近代化海军时不可避免地受到西方,尤其是称霸海洋的大英帝国海军的影响。服装、用餐、军语词汇,一概如此,至于舰上宠物,当时西方各海上强国均视其为通例,由此无论是《北洋海军章程》还是联合舰队的规范,实际从来没有一个字是禁止舰上豢养宠物的(姜鸣先生《龙旗飘扬的舰队》一书中也没有一个字是说《北洋海军章程》禁止舰上豢养宠物)。

某些国人只看到甲午战争中邓世昌舰上的"太阳"狗,却往往没有注意到,日本联合舰队旗舰"松岛"上的宠物是头大黄牛,在北洋海军军舰重创"松岛"之时,这头黄牛也随之一命呜呼了。

到了清末重建海军时代,中国海军"海天"号巡洋舰环球航行,军舰抵达美国纽约时,美国海军赠送了一件传统礼物给"海天"舰——白色的波斯猫。很快,这只小猫成了"海天"上的宠儿,更具戏剧性的故事在之后。当"海天"返程归国,正在海上航行时,传来国内辛亥革命、大清王朝摇摇欲坠的消息,舰长程璧光召集全舰官兵聚会,全员投票起义或是

△ / 邓世昌及其爱犬的雕像

保皇，愿意起义的人出列站到军舰另外一舷。话音刚落，小白猫从官兵队伍中出列走向对面，引起全舰哄堂大笑，霎时间全舰官兵无一例外均走向了起义。

诸如此类的故事在国外海军中就更多。解放战争时期在长江江面被解放军炮火重创的英国军舰"紫石英"号上，就有编入军籍的猫和狗。其中一只被水手在香港收留的流浪猫，名叫"奥斯卡"，因为在炮战中受伤，战后被英国女王授予为动物设立的最高勋章。

以邓世昌养狗这件事来质疑北洋海军，其实是不懂西方海军传统的表现。

谬误 09
定远舰的飞桥被震塌

△ / 刘步蟾，定远舰管带，官至右翼总兵，记名提督

△ / 伊东祐亨，日本元帅海军大将。甲午战争时以海军中将衔任联合舰队司令官

△ / 东乡平八郎，日本元帅海军大将，甲午战争中曾指挥"浪速"舰作战

一种广为流传的说法是，北洋海军"定远"舰长年不好好维护保养，以至于黄海大东沟海战刚一开战，舰上的飞桥就被震塌，导致提督丁汝昌受伤，全军失去统一指挥，由此暴露出军舰缺乏保养的腐败情形。

这则说法的史料主要是根据北洋海军英籍洋员戴乐尔回忆录中的描述，而戴乐尔本人与"定远"舰舰长刘步蟾素来不和睦，回忆录中本来就对刘步蟾进行大量情绪化的人身攻击，而之所以描述主炮开炮震塌飞桥一事也是因为阴谋论——定远舰管带刘步蟾有意趁丁汝昌在舰桥上时，命令炮手开火。不过仔细读戴乐尔的回忆录便会发现一处前后矛盾的地方，即前文说已经震塌了飞桥，但在后文戴乐尔又说海战结束时他站在飞桥梯子上喝酒庆祝战斗结束。

在"发炮震塌飞桥"这一说法的当事人丁汝昌的报告中，整件事其实完全是另外的面目。根据丁汝昌报告称，"定远"舰的飞桥根本没有因主炮发射而震动坍塌，实际上是日舰发射的炮弹打中了"定远"舰的前桅杆，一些炮弹碎片飞溅到飞桥上，将飞桥地板打坏而已。丁汝昌本人也根本没有从飞桥上摔下，只是摔坐在飞桥上，腿被翻起的甲板木夹住，脸部被日舰炮弹带起的火焰灼伤。

谬误 10
刘步蟾、伊东祐亨、东乡平八郎是同学

在一些影视剧中，把日本海军司令伊东祐亨和北洋水师右翼总兵兼"定远"舰管带刘步蟾说成是英国海军学校的同学，颇有国

共黄埔同学战场上惺惺相惜的感觉。但实际上伊东祐亨根本没有在英国留学的经历,何来同学之说呢。与之相比,东乡平八郎与刘步蟾的同学关系因唐德刚先生的《晚清七十年》所记载而影响更为广泛。

北洋海军将领刘步蟾赴英留学是作为福建船政第一届海军留学生被选派,同批共12名留学生,于1877年到达英国,其中刘步蟾等6人因故未能进入英国海军学校留学,只是在英国皇家海军的军舰上磨炼实习而已。日本海军军官东乡平八郎的赴英留学,则是源于日本明治政府在1870年与英国签订的为期三年的人才培养协议,东乡平八郎是1871年3月13日从横滨出发前往英国留学的12个人之一(其中留学海军的只有东乡平八郎、伊地知弘一、石田鼎三、八田祐次郎4人),抵达英国后,也因故未能进入英国海军学校,而转入了商船学校学习。1877年中国留学生到达英国海军学校时,东乡平八郎已经前往船厂见习日本订造的"扶桑"舰的建造,可见二者无论是留学的时间还是就学的场所,皆为风马牛不相及。

谬误 ⑪
李鸿章提拔丁汝昌是出于私心

北洋海军提督丁汝昌因为陆军骑兵军官的出身,被认为不懂海军而颇遭诟病,在外界看来,淮军出身的丁汝昌之所以能够以外行身份统领北洋海军,完全是李鸿章拉帮结派、出于私心之故。

出生于安徽庐江的丁汝昌,在太平天国战争时代投身行伍。根据清代档案来看,丁汝昌并不如民国时代人所写的传记中那般,是太平天国降军出身,其实从一开始丁汝昌便参加了刘铭传统率的铭军。当时铭军在河网密布的江南地区和太平军作战,急需水师,丁汝昌参加的就是铭军水师营。太平天国失败后,铭军被派北上剿捻,此时才将水师营改编为马队,丁汝昌又变为骑兵军官,因此并不能说丁汝昌最初就是陆军出身。

至于选择丁汝昌统率北洋海军,实际并不完全是李鸿章的用意,而是出自于两江总

△ 丁汝昌,北洋海军提督,因其陆军军官出身而掌海军被认为是李鸿章拉帮结派

督沈葆桢的谋划。1875年李鸿章奉命筹建北洋海军,因对这一事物较为陌生,很多问题都求教曾担任船政大臣的好友沈葆桢。两人在未来北洋海军的用人问题上进行热烈讨论,李鸿章坚持要既懂海军、又具有深厚资历的人出任统帅,而沈葆桢认为在根本不具备海军基础的中国,短时间内不可能求全责备于一人,而建议以海军科班出身的年轻人担任骨干军官,借以磨炼资历,任命具有战争经验,又能虚心学习的淮军高级将领为统帅,"少者取其材,老者资其望",如此"磋磨日久,必有才望并美者出焉"。

根据这样的标准,在当时淮军总兵、提督级将领中拣选,其中或位望已高,不可能低身俯就,或羽翼过于丰满,一旦执掌海军,恐怕会将陆军旧习带入海军。唯独只有闲置在家的丁汝昌,既没有深厚背景,也没有什么羽翼部党,仅仅孤身一人,且为人忠厚,谦虚好学,由此李鸿章才决定调用丁汝昌。

在选择丁汝昌的最初,李鸿章对其仍然抱着观望、考察的态度,这点从李鸿章给丁汝昌的委任官职名称上就可以看出。丁汝昌初到北洋海防时,被李鸿章派入新购买的蚊子船上随同学习,官名定为炮船督操,经过一番历练后,当丁汝昌已能独自率领舰船编队北上南下,甚至前往英国接收新式军舰时,才赋予其北洋水师统领职务,再到1888年北洋海军建军,在军中任职已经多年的丁汝昌因为表现良好,这才扶正为提督。

谬误 12
不设代理指挥员

甲午黄海海战开始后不久,北洋海军提督丁汝昌受伤,旗舰"定远"的信号指挥系统也被摧毁。根据这场海战后来战场上出现的乱战局面,有意见认为丁汝昌受伤和旗舰"定远"信号装置被摧毁,导致北洋海军全军失去统一指挥,是这场海战北洋海军失利的重要原因。进而现代又有研究者引申分析,认为丁汝昌如果在战前就指定好接替的指挥员和指挥舰,肯定可以避免全军失去统一指挥的局面,因而丁汝昌不懂海军、不懂设代理指挥员,是失去指挥的重要原因。

然而,19世纪的海上作战,因为考虑到舰与舰之间的通信联络手段仅仅只有信号旗、灯光、声响等几种,且都不能传递过于复杂的内容,所以在战斗开始前,大都以尽可能简练的命令下达作战指导方针,继而战斗过程中很少会出现对作战阵型进行大幅度调整的例子。黄海海战之前,丁汝昌即下达过三条训令,就是北洋海军正常海战的作战指导方针:规定,各舰在战斗中需要保持舰首对敌、同队姊妹舰不能远离、各舰必须始终跟随旗舰运动。就此,实际不管丁汝昌是否受伤,"定远"的信号旗是否被击落,只要"定远"舰还能自如运动作战,都不能视为北洋海军失去了指挥。

至于设置代理指挥员和代理指挥舰,则是一个伪概念,根本不具有可操作性。因为在战场上,无法预判指挥员和代理指挥员谁会先失去指挥能力,亦或者设定几个指挥员才够使用。实际在19世纪海军中根本没有设置代理指挥员和代理指挥舰一说,而是倘若指挥官、指挥舰发生危险后,由舰队中舰长军阶最高的军舰自动接替指挥。黄海海战中,"定远"舰始终能够航行作战,丁汝昌也并未阵亡,按照战前设定的三条训令,"定远"根本没有失去指挥,所谓代理指挥员根本无从谈起。

谬误 ⑬
阵型错误

攻击丁汝昌海军技术不专业的一个重要表征就是黄海大东沟海战中北洋海军排列横队这种阵型。他们认为下令排列横队时没有考虑到北洋海军各舰的航速不一,结果导致本来一字形的横队变成了人字形,使得阵型走样。

北洋海军在黄海海战中选用的阵型即丁汝昌在海战报告里提到的"夹缝雁行阵",是一个军舰横向排列为两排,后排军舰错落在前排侧后45度角位置的阵型。这种阵型是流行于19世纪90年代之前世界海军中的主流阵型形式,利于发挥军舰舰首方向火力,被认为是一种基于进攻至上思想下的积极进攻阵型。

北洋海军的主力舰只,主要购买自19世纪80年代,正是这一战术大行其道的时候。"定远"、"镇远"等主力舰,都一概弱化了舷侧的火力,而格外加强舰首方向火力。以"定远"级军舰装备的4门305毫米巨炮为例,因为对转向角度做了特别设计,如果排成纵队侧舷作战,一侧只有两门巨炮可以开火,但要以舰首对准敌方作战时,4门火炮都可以转向这个方向来使用。

此外,在19世纪80年代,因为军舰上中大口径火炮的数量少,加之火炮发射速度慢、命中率低、炮弹效能差,中远距离的炮战被认为很难在短时间内获得决定性的战果,由此古老的冲锋、撞击战术大行其道,最适合进行这种战术的阵型,恰恰就是横队

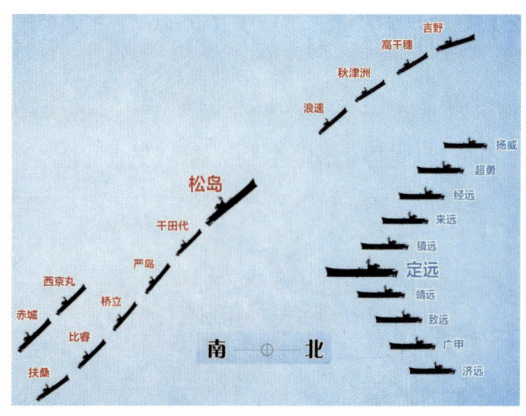

▲／黄海海战中日双方阵型示意图

阵型。

拥有为这种阵型设计的军舰，加之北洋海军又组建于这种战术方兴未艾之时，所以北洋海军长期注意加强这种阵型的训练。另外需要注意的是，黄海海战爆发时，中日双方的阵型选择其实都不是知己知彼的产物，而是只知己不知彼。因为在双方互相发现对方，开始以战斗队形接近时，相距在30公里以上，此时所能看到的对方目标，实际不过是海平线上的一丛丛黑烟而已。因而这种阵型的选择，都是针对自身的舰船装备特点、训练熟练程度而做出的。正如日本联合舰队战前定下的无论遇到何种情况都以纵队队形作战的原则，北洋海军实则是常年练习横队队形，无论遇到何种情况，都会选择横队。

在这样的情况下，丁汝昌选择横队本无可厚非，至于之后横队战术没有能够得到好的效果，其技术方面的原因并非横队战术无用，而是其面对的日本联合舰队机动力强，始终避免和北洋海军发生近距离接触，而迫使北洋海军进行并无优势的炮战，凭借压倒性的火力优势，最终取得了海战的胜利。

谬误 14
"致远"舰被鱼雷击沉

自甲午海战以后百余年来，从《清史稿》近代史著作，到20世纪60年代拍摄的电影《甲午风云》和大、中学历史教科书，在叙述黄海海战时，几乎都认为"致远"舰系被日舰鱼雷击沉。但大连海军舰艇学院陈明福教授研究认为，鱼雷必须有较长准备时间，日舰不可能仓促间立刻发射，且"致远"舰是以舰首主动迎敌，不易被鱼雷击中。他在仔细研究后发现，黄海大战中，整个日本联合舰队没有发射过一枚鱼雷。

这一问题的最关键之处，实际是当时鱼雷的有效射程。当时中日两国海军都广泛装备英国生产的"白头"鱼雷和德国生产的"黑头"鱼雷，然而当时的鱼雷有效射程实际只有400米左右，以"致远"舰爆炸沉没的位置看，根本没有进入日军鱼雷的有效射程范围内，也就不存在被日军鱼雷击中的可能性。

"致远"舰被鱼雷击沉的说法最初来源于丁汝昌的海战报告，此说显然是根据"致远"最后沉没时发生了大爆炸的表象来推测的。早在1895年当年，英国著名的《布雷赛海军年鉴》就刊登了学者W·雷阿德·库劳斯的新分析，他认为"致远"舰可能是鱼雷发射管中弹，导致鱼雷被引爆而沉没。此后，又有解释认为是因为日方大口径炮弹击中锅炉舱引起大爆炸所致。近年来，关于"致远"沉没原因的最新学术观点则认为，"致远"冲向日本军舰时舰体已经向右严重倾斜，表明舰体某部位被击穿造成了舰内严重

△ / "致远"舰,与"靖远"舰为北洋海军中航速最快的战舰

进水,最终可能是进水过多,海水淹入了锅炉舱引起锅炉大爆炸而沉没。

谬误 15
北洋海军战斗意志不强,作战不积极

关于北洋海军甲午海战失利原因的探索总结中,有一则观点影响非常广,即称北洋海军并非武器不精,也非供应不足,而是指挥者胆小怯懦,不懂得主动出击,丧失了大量宝贵的战机,而最终落得全军覆没的结局。具体的证据包括有日军在花园口登陆时北洋海军不主动出击、北洋海军不配合陆军防御旅顺口、日军在荣成湾登陆时北洋海军不主动出击、日军进攻威海时北洋海军驻守军港,不敢冲出死拼等。

这种观点的第一个问题是忽视了日本海军的存在。只看到了日本运兵船的登陆上岸行动,而没有注意到日本联合舰队在外围设下的警戒线。实际上,日军登陆花园口期间,在花园口附近的确没有多少军舰护卫,但是联合舰队的警戒线则前推到了旅顺口附近,北洋海军倘若要前往袭击运兵船,必定在中途就会和联合舰队主力遭遇。而日军登陆荣成湾期间更是如此,当时日本联合舰队的主力直接布置到了威海湾外,北洋海军要袭击荣成湾中没有防卫的日本运兵船,则必须要过家门口的日本联合舰队这道关。

这种观点的另外一个问题是忽视了清政府的存在,过高估计了北洋海军决定自己命运的能力。甲午战争中,清政府对于海军的战略运用其实处于一种守势,即李鸿章所说的作猛虎在山之势,海军的主要作用在于保卫作为京畿门户的渤海,在这样的战略指引下，单纯说海军作战不主动根本说不通。而且事实上，北洋海军在自身实力有限的情况下，所选择的守势作战，对日军造成了不小的困扰。例如北洋海军防御威海湾时，海陆协同，的确就有效地打退了日本联合舰队的多次进攻，最终威海湾的失防也是从陆地上开始的连锁反应。看似消极的守势，骨子里实际是力量弱小时的无奈选择。

谬误16
慈禧太后挪用海军军费修建颐和园

经历甲午之战，北洋海军全军覆没，人们在检讨武备落后导致海军的失利原因时，普遍认为是慈禧太后挪用北洋海军军费修建颐和园所致，当时社会上就流传有"昆明（颐和园中有昆明湖，代指颐和园）换渤海"之说。不过，当就这些问题仔细查阅清代档案时会发现，所谓的慈禧挪用北洋海军军费一说其实完全是讹传。

1887年光绪帝亲政，慈禧形式上归于退休，光绪皇帝的生父、海军衙门大臣醇亲王奕譞被任命主持颐和园的新修。这项任命可谓极富深意，修颐和园需要筹措大笔经费，而实为洋务管理衙门的总理衙门经管大量经费开支，颐和园修完，意味着慈禧太后将远离紫禁城，光绪皇帝可以渐渐独立，这对光绪皇帝的生父、同时又掌管海军衙门的奕譞自然有一种特殊的动力。果不其然，接收园工后，醇亲王陆续从海军衙门掌管的经费里向颐和园工程挪款，不过需要注意的是，醇亲王挪动的是海军衙门经费，同一时期北洋海军的军费并没有受到任何的侵占，海军衙门经费和北洋海军军费显然不能混为一谈。

除了挪用海军衙门经费外，颐和园工程所挪用的带有"海军"色彩的经费还有两部分。其一就是海防捐，即以海防的名义募集社会捐资，以虚职的官衔等作为回报，类似于封建时代常见的卖官。所得的海防捐，虽然大部进入了园工，一部分则成了铁路建设经费，但这笔钱原本就并不属于北洋海军，

△ / 19世纪末，法国画家根据摄影作品绘制的关于颐和园的铜版画

▲ /"济远"舰,甲午海战中唯一参加丰岛海战及黄海海战的战舰。1895年2月17日被日军俘获,1904年日俄战争时在旅顺对开海域触雷沉没

没有用于北洋海军,也并不能视为挪用。

另外一笔挪至颐和园的"海军"经费,在清代档案中有一个专用的名词,称为"海军巨款"。1888年秋,醇亲王通过李鸿章,向一些沿江海省份的总督、巡抚授意,让他们筹资报效颐和园工程。但为颐和园筹资,无法摆上台面,醇亲王于是便想出了海军的名义。各省督抚对此踊跃认捐,共集得260万两之巨,即"海军巨款"。

这笔"海军巨款"和海防捐一样,是额外筹集的一笔金钱,也不能算作挪用海军经费。其使用的方式也很不寻常,各地的资金陆续认缴后,并没有拨入颐和园工程,而是全部存进天津的外国银行和洋务企业,以所得的利息贴补颐和园,而本金则号称将来用于海军建设。甲午战争爆发后,慈禧颁懿旨,命令将"海军巨款"本金如数提出,用以购买军火。因为存期未满等原因,先只提出158万余两。

由此可见,颐和园工程只不过是以海军名义敛财,并不能简单算作挪用海军的经费。在颐和园工程修建期间,户部奏上禁止海军外购军火,这才是海军发展遭受完全桎梏的原因。

谬误 17
甲午战败,慈禧太后是罪魁祸首

甲午战争时期,清朝无论名义上还是实际上的最高决策者都是光绪帝。1889年2月

26日（光绪十五年正月二十七），18岁的光绪帝大婚，几天后，3月4日（二月初三），慈禧太后正式归政，光绪帝亲政。其后慈禧就前往颐和园。慈禧之所以选择住到颐和园，就是为远离皇宫和政事的干扰，放手让光绪帝亲政之故。慈禧最早提出归政是在1886年，但在众臣的吁请下，又延续了几年的双轨体制，即所谓的扶上马，送一程。这算是光绪帝亲政后的一个见习期，在这个见习期中，帝国重大事项除礼仪性典礼由小皇帝出席进行政治历练外，但凡涉及政治决策、人事调整等事宜，仍由皇太后作最后把关，但小皇帝的参与确实是越来越多。直至1889年，慈禧决定彻底交出权力。

实际上，慈禧选择此时归政除了光绪帝逐渐长大成人外，还有就是功成身退的想法，此时正是大清国的鼎盛时代，近30年的洋务新政带来了新气象，先前经两次鸦片战争、太平天国运动所消耗的国力也大致恢复。

慈禧虽不懂海军，但北洋水师正是在她的支持下建起来的，并一度成为亚洲第一。但在其归政后的1891年，清政府却因经费紧张而停止购买新的军舰，自此以后，北洋海军未能新增一炮一舰。要说责任，就在于慈禧对此政策选择了沉默。而此时，邻国的日本海军却在天皇的支持下有了飞跃的发展。

谬误 18
主帅叶志超贪生怕死

平壤之战是甲午战争中，中日两国陆军进行的首次大兵团会战，双方参战总兵力大体相当，日军略占优势。战争直至9月15日白天还处于胶着状态，但到了夜间，守军总统叶志超突然下令全军放弃平壤北撤，撤退的清军途中遭遇日军伏击，致使这支中国陆军主力全军崩溃而一发不可收拾。

对平壤拱手让人，守军遭遇重创，作为最高指挥者的叶志超难辞其咎。百年来，人们往往把批评的矛头对准叶志超，指责他的胆小昏聩是造成大败的重要原因。

叶志超早年曾因作战勇敢无畏，有"叶大呆子"的诨号。这样一位早年以勇敢著称的军人，为什么几年后竟会出现如此大的转变？在相关当事人的公文报告和私人回忆中，都提到了一件十分重要的事情，那就是9月15日深夜清军放弃平壤北撤，并不是出自叶志超一个人的决断，而是经过统将的集体会商。那日黄昏，叶志超曾召集诸将，会上他提出："北门之咽喉（牡丹台、玄武门）既失，子药又不齐全，转运不通，军心惊惧，设敌军连夜攻打，何以防御！不如暂弃平壤，增彼骄心，养我精锐，再图大举，一气成功。"对此，在上午作战表现尚佳的卫汝贵和马玉昆也未提出异议。

▲ /《日清战争》插图,1895年出版,特朗·布尔怀特作。1894年9月,平壤战役,中国陆军主力全军崩溃

除左宝贵阵亡、玄武门、牡丹台失守等这些不争的事实外,"子尽粮完"又是否属实呢?据参战高级军官栾述善和负责管理弹药的邱凤池所留下的资料,当日平壤城内的弹药已经少得可怜,根本不足以再支撑高强度的战斗。弹药用尽的清军还面临着粮绝的危险。清军并没有像日军那样沿途设立兵站进行运输、供给的近代化后勤制度,抵达平壤的驻军,依赖的是背后一套拖沓、漫长的原始补给系统。因而几支军队虽然驻扎在同一座平壤城,背后的后勤补给却是各自一套账目,互相之间并不接济。

当平壤清军在半路遭遇日军截杀之时,正在北京的府中赏月的翁同龢突然想起平壤转运不通,不仅军粮无法运至,连军队的秋衣也积压在义州,守军仍然穿着夏装,翁同龢在日记中写下了"夜月好,百感苍凉,战士暴露,可念也,亦可惧也"的担忧之语。

此外,让叶志超和平壤的清军将领更加紧张的,是大同江天险当时已经不复存在,因为日军早已在多个方向上渡江,在日军包抄对平壤形成合围之际,如果仍然株守,数万大军在军粮、弹药匮乏的情况下极有可能陷入全军覆没的境地。

可见,叶志超下令撤守平壤确实是在"子尽粮完"下做出的撤离死地的决策。15

日下午，他下令与日军交涉停火，希望和日军达成协议，即日军允许清军大兵团撤离，清军则将平壤让予。这种举动，极类似国际法上宣布城市不设防的做法。不过叶志超派遣出城和日军接洽的朝鲜地方官，并没有能将交涉的准确意愿通报给日方高级将领，而是送达给了一线部队。

见上半天作战还如此坚决的清军，下午突然要求缴械投降，这引起了与清军交接的日本军官的狐疑，他们怀疑"敌军可能于夜间逃走，我军严密部署戒备"，遂在平壤城郊布置伏击圈。

雨夜，当平壤清军打开城门向义州等方向撤退时，他们做梦也没有料到路上居然有日军阻击，酿成了一场损失惨重的悲剧。

谬误⑲
卫汝贵家书

平壤之战中，卫汝贵为人素有朴诚之名，在平壤一战中身先士卒、作战勇敢，战后却在众口铄金的流言中，被押至菜市口斩首，含恨而死。社会上流传着许多围绕卫汝贵的劣迹谣传，其中影响最深的无疑是著名的卫汝贵家书一事。

《清史稿》记载"汝贵治淮军久，援朝时年已六十矣。其妻贻以书，戒勿当前敌，汝贵遇敌辄避走。败遁后，日人获其箧，尝引以戒国人"。称卫汝贵率兵援朝时，妻子致信给他，告诫以不要当前敌，所以卫汝贵在平壤遇敌就逃。日军后来获得了这封书信，常常拿来告诫国人。

统兵大将竟恪守妇诫，至国家大事于不顾，看来已经十分可恶。而这封书信竟然还被日本人拿去当作笑谈，更使中国人颜面无光。因此，时人和后人评论起卫汝贵来，大都切齿痛恨，认为其死有余辜。但是这封信的完整内容究竟是怎样的呢？

在1894年9月19日发行的《日清战争实记》第三编，即平壤失守后第四天发行的日本刊物上，有一封与卫汝贵家信故事几乎完全一致的书信。这是一位年近六十的中国陆军将领，在朝鲜收到的妻子来信，信中将领的妇人也的确有"戒勿当前敌"的内容。不过，这封书信的收信人并不是卫汝贵，而是直隶提督叶志超；收信时间、地点也不是大战临头的平壤城，而是东学党事变刚刚开始时，赴朝清军的驻地牙山。

这封书信，通篇透露着妻子对丈夫的关心，没有什么不妥之处。其中"勿身先士卒"一句，容易受人诟病，但其实这句话有"总宜调遣得人"为前提，妻子知道丈夫早年作战勇猛，经常出生入死，担心此时年逾花甲，"精神虽好，较前实差许多"，如果再做这种冲锋陷阵的举动，难免冒险，而告诫丈夫对这类事情应该挑选得力的人去负责而已。

就是这么一封叶志超的夫人给丈夫的书

/ 甲午战争朝鲜战场上，日本混成旅团在仁川港登陆的照片

信，竟然在甲午战争末期被人莫名其妙歪曲了信的内涵，甚而转嫁到卫汝贵头上，最后还煞有介事地写入了正史。相反在日本方面，这封信并未作为清军将领守妇人之诫的笑话。最早刊载该信的《日清战争实记》，对这封信的解读，其实不过是"牙山败将叶志超的妻子寄往其夫出征地牙山的手信"，寥寥数语而已，而且此后日本的各类史书绝少有提及这件史料的，在日本国内并不曾有所谓广为人知的宣传。

谬误 20
"吉野"号最早的订购者是中国

有传说日本的主力舰"吉野"号最早订购者是李鸿章，但由于海军军费遭慈禧挪用而撤销合约。此后吉野被日本海军订购。为购此舰，日本可说是倾全国之力动员。当明治皇娘听说钱不够用，甚至将她全部的珠宝首饰都捐了出去。日本天皇更是一天只吃一顿饭，结果这艘"全世界最先进的巡洋舰"被日本买去。

在北洋海军建军时，智利海军曾经向英国订购了一艘巡洋舰并起名为"艾丝美拉达"号。到1894年甲午战争爆发后，李鸿章曾提出转购智利海军所有的新型军舰，组成特混舰队，直捣日本本土的大胆战略，在拟购的军舰名单中，就有这艘"艾丝美拉达"号，但由于日本从中作梗，计划中途而废，而"艾丝美拉达"之后被日本转购，改名"和泉"号。遵照西方舰船命名的传统，智利随后把甲午战争前在英国订造的一艘更加现代化、与"吉野"

/ "吉野"号巡洋舰，甲午海战中日本海军主力舰，其后又参加了八国联军侵华战争和日俄战争。有传说日本为买"吉野"号，天皇一天只吃一顿饭，实为夸张

设计类似的巡洋舰，命名为"艾丝美拉达"。

这样，国内某些人把老"艾丝美拉达"号和作为"吉野"姊妹舰的新"艾丝美拉达"号移花接木，就出现了关于吉野号本来要卖给中国的传说。

至于说天皇为买"吉野"号一天只吃一顿饭，自然为夸张的说法，但天皇在海军的发展中起了重要的作用却是不争的事实。

1891年，在日本游玩的俄罗斯皇太子遇刺，使日本非常恐慌，他们害怕会引起俄罗斯的报复。为了应对俄罗斯，日本决定扩充兵力，购买两艘先进的战列舰。但当海军购买军舰的计划提交到议会时，议会却因其不菲的花费而否决。但在此时，天皇出来说，如果政府拿不出这笔钱的话，我就从内府里的银子往外拨。天皇的这一言论最终迫使议会通过了购买军舰的提案。从此，日本海军的实力便开始急剧地扩张。

谬误 21
如果清政府再多坚持一会，日本的财政就会崩溃

这种说法由来已久，在胡绳主编的经典之作《从鸦片战争到五四运动》中称李鸿章前往马关议和时"事实上日本已经没有力量

立即进行新的战役",更使人相信,若清政府再坚持一下,胜利的天平可就会倒向中国这边。事实怎样,我们来看看具体的数据。

日本1894年10月在广岛召开的第七届临时议会通过的预案是临时军事费用1.5亿日元和发行战争债券1亿日元。但是实际上的军费支出并没有达到2.5亿日元。截至1896年3月,日本公布其实际支出的战争款为20047.6万日元,这其中还包括了甲午战后日本对澎湖和台湾用兵的军费支出。

也就是说,甲午战争中,日本使用的军费尚不到2亿日元。所以日本并没有也无必要大规模向外国借贷以充战费,即使继续打下去,日本在用完2.5亿日元的预算后,其财政也不至于崩溃,比如,李鸿章前往日本马关议和之时,就得到过详细的情报"第一次国债洋一百五十兆元中,有五十兆元股票尚未销售,其八十兆元股票虽经售出,而银洋究未收齐"。可见,如果继续打下去,日本还有相当的战费潜力可供使用。

反观清政府,筹措的战费只有日本一半不到,但已经有58%是举借外债。不但内部潜力已经挖尽,外部资金来源也日趋枯竭。比如1894年7月,担任中国海关总税务司的英国人赫德,受清政府委托,以6%利息和海关税收作担保,向英格兰银行递交贷款申请,以筹措战争经费。最后英格兰银行以不明中日战争内情和战争风险难以评估为由,拒绝了清朝的贷款。最后,清朝只有以更高昂的利息向汇丰银行取得以7%利息的1000万两白银的贷款即汇丰银款。对内已压榨殆尽的清朝对外获得借款的路已经非常狭窄了。

由此可见,这场战争如果真的继续耗下去,最先财政崩溃的只能是清政府。

谬误 22
日本把《马关条约》的赔款全用于教育

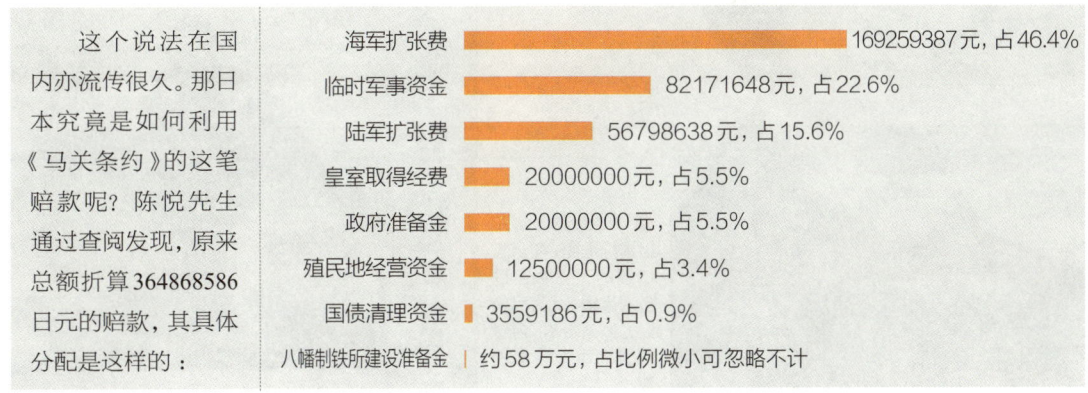

这个说法在国内亦流传很久。那日本究竟是如何利用《马关条约》的这笔赔款呢?陈悦先生通过查阅发现,原来总额折算364868586日元的赔款,其具体分配是这样的:

海军扩张费	169259387元,占46.4%
临时军事资金	82171648元,占22.6%
陆军扩张费	56798638元,占15.6%
皇室取得经费	20000000元,占5.5%
政府准备金	20000000元,占5.5%
殖民地经营资金	12500000元,占3.4%
国债清理资金	3559186元,占0.9%
八幡制铁所建设准备金	约58万元,占比例微小可忽略不计

(《国家人文历史》2014年14期)

邓世昌真"相"

文 | 黄金生

1894年9月17日,邓世昌在大东沟海战中,指挥"致远"舰奋勇作战,壮烈牺牲,被追封太子少保衔。此后,他被树为英雄,同时他的形象模糊起来,广为流传的"定妆照"被一次次美化,邓世昌失去了本来模样,变成了一个清秀的型男。近年来,研究者发现了一些未经修缮的照片,"邓世昌原来长得这样啊!"

△ / 1887年,"致远"号官兵与洋教员琅威利的合影,二排居中双手相握者为舰长邓世昌,照片拍摄者推测为洋员马吉芬

▷ / 邓世昌后裔保存的邓世昌肖像,推测摄于甲午战争前

◁ / 广为流传的邓世昌标准照,在出版传播的过程中经过多次修缮,此为目前最为清晰版本。台湾左营海军军官学校藏

⚠ / 福州船政学堂开学后不久的一张学员合影，摄于1866年，图中楼上左起第六人（标示者）为邓世昌，楼上左起第十六人为刘步蟾

⚠ / 福州船政学堂毕业前的学员合影，摄于1871年，图中第二排第五人为邓世昌（标示者），这张照片上的许多人后来都成为北洋海军的精英，参加了甲午海战。如"经远"舰管带林永升（第三排右三）、"定远"舰管带刘步蟾（第三排右五）、"威远"舰管带林颖启（第三排左三）、"超勇"舰管带黄建勋（第三排左四）、"康济"舰管带萨镇冰（第三排左五）、"广乙"舰管带林国祥（第二排左三）、"靖远"舰管带叶祖珪（第一排左四）、"济远"舰管带方伯谦（第一排左六）

（《国家人文历史》2014年14期）

/ 1886年9月29日,由英国阿姆斯特朗埃尔斯维克船厂制造的穹甲巡洋舰"致远"号下水,其管带为北洋水师名将邓世昌

谁描黑了北洋海军

文 | 陈悦

诞生于清末洋务运动时代的北洋海军，是中国第一支近现代化的海军，某种意义上也可以说是中国现代海军的鼻祖。通常，濒海国家的人民对于自身的海军，都是以历史愈悠久愈感骄傲，纵是自己的海军曾经遭遇过大的失败，也通常会从失败的黑暗中寻找、提炼可贵的光芒，抑或是歌颂悲壮的牺牲，以期永志不忘。现代俄罗斯海军不忌讳日俄海战的惨败，恢复使用帝俄时代的海军旗；法国海军坦荡荡参加英国举行的纪念击败法国舰队的特拉法加海战阅舰式，都是颇为典型的例子。

与这些现象相反的是中国人对待自己海军的态度。曾经摘取过亚洲第一桂冠、在甲午海战中进行过浴血厮杀的北洋海军，很多时候却处于一种被习惯性地羞辱、鄙夷乃至无视的地位。

随着现代关于北洋海军史和甲午战争史研究的不断深入，通过史料辨析、事迹考证，已经日益证明北洋海军的这种黑暗化形象，其实根本没有什么可靠史实的依据支撑，只是一种长期形成的惯性思维模式所致。

追溯起来，北洋海军被黑暗化的源头要一直寻到这支军队的诞生。

海军：近代化建设突破口

现代意义的海军产生于欧洲，中国萌动建设这种西式海军的由头，是因为19世纪中遇到的欧洲列强从海上联袂而来轰开中国国门的"三千年未有之大变局"，此后兴起购轮船和设厂造船小心翼翼地摸索。而近代中国真正向外迈出建设海军的步伐，则是因为1874年日本悍然出兵侵入台湾的事件，痛感"以一小国之不驯，而备御已苦无策"，为切实修补海防，于是从1875年起分派南北洋大臣负责筹建南北洋海军，历经十余年努力，最终在1888年首先建设成了实力一度排名亚洲第一的北洋海军。

从建设、发展海军的目的来看，近代中国的海军可以说是被外敌打出来的，是被动的避害反应的产物，最初为了解决海防问题，再具体化到为了防范"肘腋之患"的日本，给人感受到的是一种受到外力压迫时不得不为之的被动感。海军是西方大工业背景下彻头彻尾的洋事务，也由此，因为感受到海防的压力要建海军，便成为了在当时封闭的中国社会中，难得的一个进行近代化建设的突破口。

一切都需要学习西方的海军，开始撬动中国社会的近代化。

因为海防和海军的需要，清政府在1866年批准设立福建船政尝试自造轮船的

∧ / 清末，福建福州船政学堂，在船政大臣沈葆桢的主持下于1866年设立。它是中国第一所近代海军学校

同时，破天荒地批准了开办近代化的海军学校，成为大规模洋式教育光明正大进入中国的起始。

因为海防和海军的需要，1877年机械开采的开平煤矿开始兴办。

因为海防和海军的需要，原本被守旧社会扼杀夭折的铁路事业，在唐山至胥各庄铁路线上死而复生。

还是因为海防和海军的需要，1880年中国电报总局成立，力排社会浮议，一根根电报线杆连通南北洋，进而编织成了勾连全国的电报网络。

……

传统社会对海军的"容忍"态度

这一桩桩中国近代化道路上的零的突破，现代中国人感受到的往往是豪迈之情，但在当时的中国，每多一个这样的第一，其实意味着海军在传统社会眼中的恶感会加强一分。日本为了变为一个近代化国家、融入世界，从上至下推动全社会的近代化改革。和日本不同，在当时保守的中国社会，看似也有洋务事业建设的踪迹，但却是在过往外敌入侵的巨大阴影下被迫为之的不得已之举，并没有全社会的认知和支持为基础。因而同是近代化，日本是举国近代化，而清王朝实际只是一场海军近代化运动。

在这样的大背景中，北洋海军便是被推到风口浪尖的一群人。除了个别老将外，所有军官几乎都经历过西式学堂的教育，甚至还有直接留学过欧西的，他们说英语、生活做派西化、和西方人交往密切、没有经历科

虽然北洋海军是当时中国唯一一支能与世界接轨的军队，但在大多数眼光还封闭的国人看来，是那样的格格不入

举，却凭着西学得到了官职和厚禄。在占主流的中国知识阶层看来，这些人简直连基础的道德修养和国学功底都尚不具备，却获得了普天下多少寒窗苦读的士子孜孜以求而不得的前途。不仅军官如此，北洋海军中甚至于连水兵在日常训练中都以英语为口语，用餐的食谱也都西化，薪粮也远远超过他们的陆军同行。

虽然北洋海军是当时中国唯一一支能与世界接轨的军队，但在大多数眼光还封闭的国人看来，是那样的格格不入。

甲午战争时代曾对中日间战争进行报道、分析的英国记者克宁汉（Alfred Cunningham），在战后出版的专著《水陆华军战阵志》（The Chinese Soldier and Other

Sketches）中，曾有一章对北洋海军的境遇做了入木三分的评述。

在名为Cinese sailors at Weihaiwei（旧译威海卫战事外记）的章节里，克宁汉写到他所理解的北洋海军，"满清帝国的海军是摹仿美国式的，海军军官是自成一新阶级的，没有一个对他们稍为敬重的人把他们来和陆军军官相提并论的。就教育和实用的知识而论，他们是远在中国官吏之上的。从中国的官场观点而言，他们是局外人，只因为海防需要海军，他们才被容忍着。"

克宁汉所用的"容忍"一词，极为生动地刻画了当时整个中国社会对待北洋海军的态度。只是因为有海上门户洞开的殷鉴在前，他们才坐视这样一支军队存在，压抑着不满和怨怼。可想而知，在这支军队能够遂行巩固海防的时期，他们可以容忍，但一旦这支军队在海防上有所疏失，将会遇到何样的对待。

北洋海军恰如一株来自西方的名种花卉，移植到了中国的土壤上。接下来的结果只有两个，要么他能促进土壤改造以适应他，要么他就被土壤改造，或者干脆水土不服。

进退皆不是

海军在西方列强眼中，是护卫国家海外利益，保卫海上交通线的武装。同样是海军，清政府亦步亦趋建起了北洋海军，但出发点却是为了防住大海。1886年北洋海军从德国购买的铁甲舰"定远"、"镇远"归来，一时威震东亚，持续10年之久的中日两国海军竞赛以中国的压倒性优势而暂告一段落。

此后的几年里，19世纪中叶以来中国沿海频发的海患消弭不见，每年北上南下四处巡防的北洋海军成了东亚海域最为活跃的海上力量之一，清政府投资建设这支海军的目的已然实现。几年之后，1890年户部上奏，以海军规模已具和国家度支艰难为由，请求暂停海军向国外购买军火。北洋海军的发展就此停滞，值得玩味的是，在高层官场上，除了李鸿章有过一份语近犯上的辩争上奏外，并没有任何的反对和质疑声。

也就是在1890年，世界海军发生了翻天覆地的装备技术和战术思想革命。伴随着新式速射炮的诞生，适应快船、快炮的纵队

△ / 1881年6月，唐山车站。开平矿务局修建的中国第一条铁路唐胥铁路——唐山至胥各庄铁路正式通车，李鸿章等官员乘平板车视察

机动战术跃居为主流。日本海军抓住了这一机遇，迎头赶上，在1891年前后就跃居亚洲第一，而被锁住了手脚的北洋海军只能眼睁睁地看着自己被人超越。

1894年春天，中日关系围绕朝鲜半岛问题趋于紧张，大战无可避免之际，中国社会对于北洋海军的容忍终于告一段落。还在中日两国围绕朝鲜进行外交折冲时，催动北洋海军与日本海军一搏的舆论声音便开始出现，随着7月25日丰岛海战爆发、8月1日中日宣战，这种催逼北洋海军打仗的舆论声势越来越大。

分析史料可以十分容易地发现，催动北洋海军作战的舆论声音对于当时的战争走向、战场方略、敌我实力对比全无了解，它们所秉持的是一种坐在道德制高点位置上，任意品评指责的评判者地位，北洋海军则成了被审判和被议论的对象。北洋海军坐守军港，被参为畏葸避战，北洋海军出发巡海，则被骂为是畏敌来攻而远遁，总之进退皆不是，任何的举动都可以被作为罪状而遭到批评。

当时清流领袖人物、户部尚书翁同龢的小门生王伯恭记录了和翁同龢的一次谈话。王伯恭针对当时社会上催促北洋军队上阵的舆论,认为"器械阵法,百不如人,似未宜率尔从事",翁同龢则称"今北洋海陆军,如火如荼,岂不堪一战耶?"王伯恭与其争论,最后翁同龢一语道破天机"吾正欲试其良楛,以为整顿地也。"

在这样的舆论氛围中,实则更多人内心里其实更希望北洋海军上阵的结果是战败出洋相,如此不仅可以一释之前容忍海军所积郁的怒火,也可以证明建设海军及其相关的洋务建设活动都是不正确的。从这一意义上来说,北洋海军的甲午战争,更像是一场内战。

1894年9月17日黄海海战爆发后,舰只损失严重的北洋海军开始走向下坡路,因为舰只伤情严重,舰队迟迟未能重回海上活动,围绕北洋海军的舆论抨击在这时变得愈演愈烈。为了证明北洋海军的失利是人祸,各种围绕北洋海军的谣言纷起,这支曾经的亚洲第一海军开始遭到涂抹,其在公众的形象也开始发生扭曲。

舆论对北洋海军的抨击中,出现了诸如海战时丁汝昌躲在蓬莱阁上纵酒呼卢;北洋海军平时巡阅时率淫赌于上海、香港;丁汝昌治军过宽,不能进退一士卒,且和士卒一起赌博等故事。而北洋海军一些军官在拟写战斗失利的原因分析时,某些人面对巨大的社会压力,为了找战败原因而去找原因,将很多原本正常的训练作业活动,描述成具有可疑之处。所谓北洋海军平时训练弄虚作

/ 翁同龢(1830-1904年),字叔平、瓶生,号声甫,晚号松禅、瓶庵居士,江苏常熟人。军机大臣兼总理各国事务衙门大臣,光绪帝师

假，火炮设计前预量距离之类将正常事说成不正常的问题，都在此时埋下根源。

举国舆论对北洋海军歇斯底里式的抨击，至北洋海军覆灭而告一段落。1895年2月北洋海军被困刘公岛，终日和日本海陆军对抗时，清政府朝廷和舆论中大都不再考虑如何救援这支海军，而是已经在谋划撰写抨击北洋海军覆灭的文章。当北洋海军真正覆灭后，果不其然在舆论中被描述为甲午战败的罪魁祸首，清政府也一股脑地将北洋海军所有额定编制撤销，幸存人员遣散。

到此，传统社会对那支被容忍着的海军，取得了报复式的反攻胜利。

北洋海军成为批判现实的由头

有关北洋海军的话题，随着北洋海军的灰飞烟灭，在甲午战争后一度转冷。尤其是在巨大的海防压力面前，清政府又重新举办海军，而且是由原本的清流保守派们主导海军建设，此时社会对于过往海军的批评之声暂歇，而目光多着眼于新建的海军。更重要的是，甲午战争的失败，严重刺激了中国知识阶层中的青年一代，原本顽固保守的社会氛围开始瓦解，主张学习东洋，乃至进行更大程度的改革变法的思想，在知识阶层中涌动。

可是在甲午战争后，巨额的赔款和大面积的割地对中国造成了空前的灾难。在此之后，纠缠在顽固和进步等不同思潮的争斗下，又出现了百日维新的失败，进而出现了庚子国变的更大社会灾难。进入民国，连年

甲午战争的失败，严重刺激了中国知识阶层中的青年一代，原本顽固保守的社会氛围开始瓦解

的政治混斗和内战，更是使得中国国势一蹶不振，彻底堕入末流国家之列。

国人对此痛心疾首者，开始反思中国失败的根源。此时，作为中国近代命运分水岭的甲午一战被再度提起，而北洋海军作为失败原因中的重要一环重新开始被审视。不同的是，此时的议论者，很多都已不是北洋海军时代的人，议论中所述的事情也更多的是道听途说和编造为主。很多对当时吏制、军制的不满，都借着抨击北洋海军而抒发出来，开启了将北洋海军的历史用来当作现实批评由头的先河。

除此外，一些留学海外的青年知识分子，首先见到了一些关于甲午海战和北洋海军的小说、传记，其中的故事大多是此前中

国舆论中关于北洋海军的讨论上闻所未闻的，因为自身并不具备甲午战争和北洋海军研究的识见基础，于是大都直接采信，并藉着翻译、节选，介绍进中国。著名的"定远"舰主炮晾晒衣裤、北洋海军总兵刘步蟾是卑鄙怯懦的小人、"定远"舰飞桥被自己发炮震塌等桥段都是在这一缘故上传入了中国。

民国时代对北洋海军的黑化，在20世纪30年代左右到达顶峰。面对当时日本咄咄逼人的外部压力，国内社会上针对军队腐化、政治腐化的批评，习惯将北洋海军拖出来当作标本议论，尽管议论的所谓依据、罪状几乎都是编造的故事，但只要最后总结出的道理正确，至于求证的过程和拿来的论据是否正确、合适，都可以忽略不计。这种抨击的猛烈程度，可以从一个突发事例中看出，30年代民国海军部竟然曾为空军刊物上的一篇文章所激怒，将空军司令部诉诸公堂，理由就是对方过分地抨击、黑化海军先烈。

现代以来，尤其是在20世纪90年代后，随着中国改革开放的深入，面对着重新走向大海的国家战略思考时，有关一百多年前的中国海军——北洋海军的议论，又逐渐升温。这一轮讨论舆论的制造和参与者，更不是北洋海军时代之人，但对于北洋海军的议论进入了更广阔的方面。其中，将北洋海军作为甲午战争失败，乃至近代中国失败的致败之源的观点，仍然有大量信者。

为了证明这一观点，在综合过往关于北洋海军的各种负面化记录的基础上，凭着新的想象力，又衍生出了很多穿凿附会的新罪证。例如邓世昌在舰上养狗代表着军纪败坏、丁汝昌不是海军出身因而具有原罪；北洋海军黄海海战的阵型错误等等。加之从90年代初开始，甲午战争中因临阵脱逃而被处死的将领方伯谦的旁支后人在怂恿下，发起了为方伯谦翻案，要将方伯谦树立为民族魂的活动。为了洗脱方伯谦的罪名，翻案者又编造了一系列的虚假故事，诸如李鸿章、丁汝昌搞派系斗争，打压方伯谦；邓世昌有勇无谋，与其冲锋损失一艘军舰，不如方伯谦逃跑保全一艘军舰等等，使得原本就已被舆论惯性影响得混乱不已的社会对北洋海军的印象，变得更为杂乱。

新时代出现的这种黑暗化北洋海军的现象，很多时候其用意和百年前没有什么区别，都是在于借古喻今。为了说明一个现代的道理，在寻找负面典型时，可以将任意的歪曲故事嫁接在北洋海军身上。说腐败问题时，可以拿北洋海军作为证据；说军人没有战斗精神时，也可以拿北洋海军作为证据；说军队走私问题时，还可以拿北洋海军为证据。

一百多年来出现这种几乎一脉相承的黑化北洋海军的现象，骨子里的原因首先是中国传统文化中胜者为王、败者寇，以及非

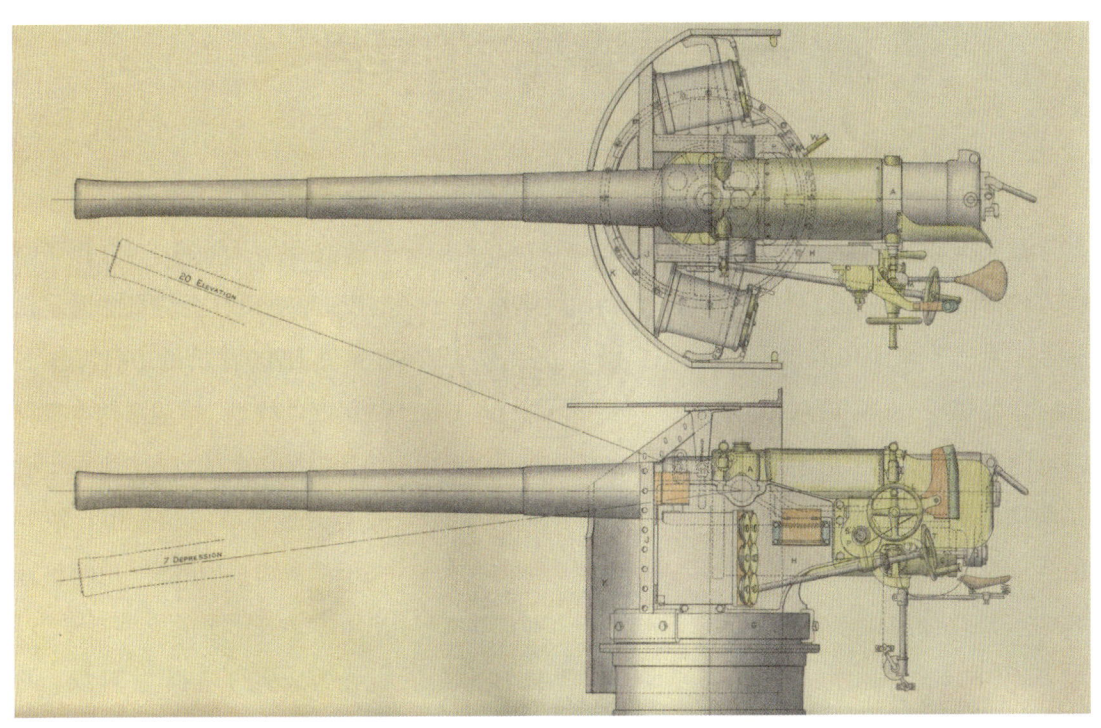

▲ /"吉野"舰原厂图纸中的速射炮图纸。参加甲午海战的日本一线军舰,几乎都装备了这种理论射速每分钟10发,实际射速最快可以达到每分钟15发左右的凶猛武器。为了让速射炮的射速尽量快,在"吉野"舰速射炮的图纸上可以看到,火炮的转向调整不是用手来控制,而是加装了一个自行车的蹬车机构,炮手会坐在带有减震弹簧的三角形自行车坐凳上,脚蹬踏板来驱动火炮

忠即奸的简单思维,还有至今在舆论中根深蒂固的古旧的历史观,即胜利者从降生时开始,必定就是天现祥瑞,少年英俊,此后一辈子都不会有任何的错误,其所做的每一件事都是后来胜利的必然导引。而失败者追溯起来,其从降生开始的任何事情,都可以被描述为是导致其最后失败的原因。

国人从甲午战争失败时就开始思考失败之因,但扪心自问,除了一代代将北洋海军越描越黑外,真正的失败之因是否有过思索,是否已经找到?当甲午战争这场举国、全民族性的大失败的责任落到一支具体化的军队头上后,实际上真正的罪魁祸首已经逃脱事外,甚至于洋洋得意地扮演起对这支具体化军队的道德裁判者的角色。

在封闭黑暗的清末时代,北洋海军实则是照亮了通向近代化之路的一盏微弱火光,最终不幸熄灭,但他所指向的那个通往世界、拥抱世界、融入世界的方向,实际是正确的方向。走过120余年,这个方向应该能够看得更为清楚。

(《国家人文历史》2014年14期)

一次黄海海战的复盘

文 | 陈悦

兵棋推演,又称战棋推演,中国古代称作运筹、筹谋。是指利用一个个代表军事单位的棋子,按照一定的规则,在模拟战场地理环境的桌上或沙盘上进行犹如下棋般的推演,模拟战争行动,判断胜负利钝,以此验证战役决心和战术、战法是否得当的特殊活动。这种原本是军队所特有的推演活动,后来逐渐从纯军事意味的作业扩展向民间,一些军事爱好者也对这一活动乐此不疲,运用兵棋推演的形式去感受战场和战火硝烟,不过民间兵棋推演者更大的乐趣所在,是通过自己的推演努力,尝试改写一场历史上战争的结局,或者进行一场从未发生过的想象战争,以使自己的"军事指挥"之梦得到实现。

2014年9月17日,是甲午战争中黄海大东沟海战爆发120周年的纪念日。《国家人文历史》杂志与中国海军史研究会共同在山东威海举行纪念活动,期间也进行了一次海战兵棋推演,不过其形式和过程都与此前所见的大部分兵棋推演活动迥然不同。这次特殊的兵棋推演的战场选择在一张铺着蓝

△ / 中国海军史研究会(CNHI),简称"海研会",是2004年成立的民间社团,长期致力于甲午战争史、中国近代海军史的研究和普及,现已成为国内上述领域研究的骨干力量。社团现有会员近百人,曾编纂《中国近代海军稀见史丛书》等书籍,参与《铁甲舰上的男人们》等多部影视作品的拍摄,担当1:1复制"定远"舰、"致远"舰的史学考证任务

丝绒的16平方米的桌子上,棋子则选用海军史研究会会员陈侃制作的30艘1/700比例的中日海军参战军舰的模型,推演活动本身更像是一场历史的复盘。海军史研究会会员张黎源结合中日双方关于黄海海战的战报、史料整理出了厚达几十页的史事汇编,以此作为推演的"剧本",沙盘上的每一步军舰活动,都完全遵照史料记载进行。在时间把控上,选择了根据120年前那场海战爆发的时间、时长,进行完全一致的实时推演。

120年前的黄海大海战在兵棋推演沙盘上再现,令人意想不到的是,这场推演起到了奇特效果,对关于海战的历史记载进行检证,一些以往悬而未决的海战疑点迎刃而解,而一些一百多年来史学界从未注意到的海战问题浮出水面。当黄海海战从文字档案和一幅幅犹如截面标本式的阵型图,转化为五个多小时的实时军舰模型运动,一次奇妙的过程便开始了,这或许就是军事史研究不应该忽视的特殊研究方式。

(《国家人文历史》2014年20期)

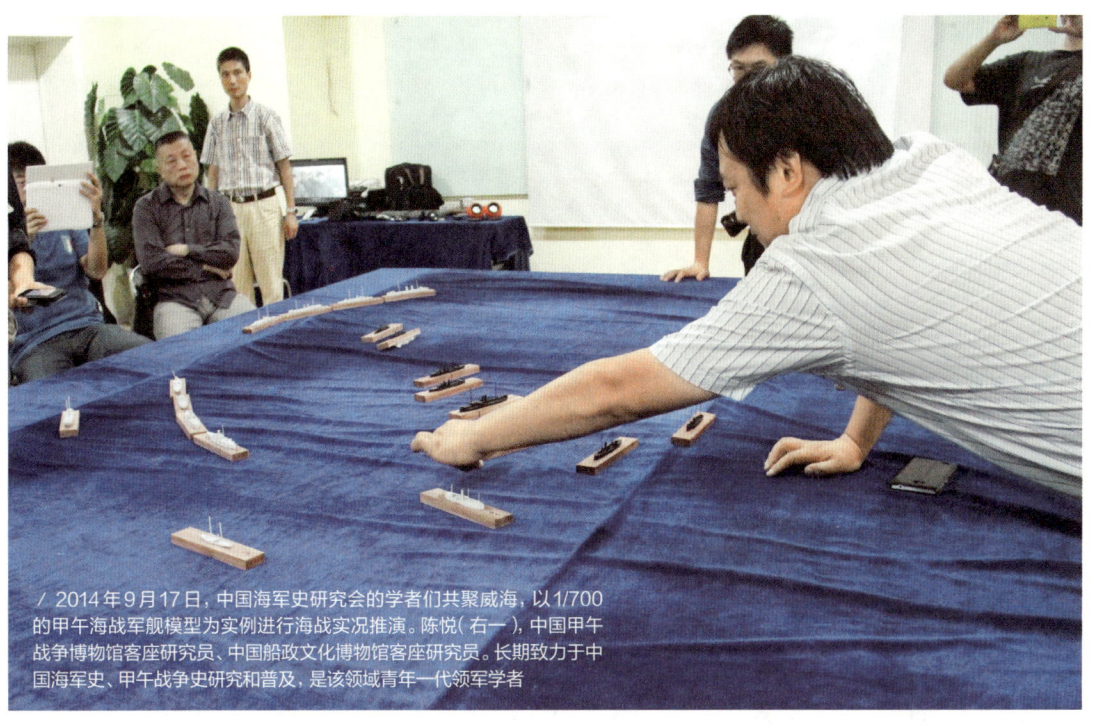

/ 2014年9月17日，中国海军史研究会的学者们共聚威海，以1/700的甲午海战军舰模型为实例进行海战实况推演。陈悦（右一），中国甲午战争博物馆客座研究员、中国船政文化博物馆客座研究员。长期致力于中国海军史、甲午战争史研究和普及，是该领域青年一代领军学者

撞击吉野号不可能出现
致远舰究竟冲向何处

文 | 张黎源

　　1894年9月17日，中日两国海军在黄海北部大东沟海面遭遇，爆发了震惊世界的大东沟海战。沧海桑田，如今大舰巨炮的轰鸣早已消失在了历史的云烟中，这场大海战也鲜有国人能够记起。但前事不忘，后事之师，总有人守望着这个对中国近现代史产生深远影响的日子。

　　2014年9月17日，大东沟海战120周年纪念日，中国海军史研究会的会员们在北洋海军的诞生地——山东威海用实时兵棋推演方式对大东沟海战的全过程进行了实时还原再现。《国家人文历史》杂志记者在现场见证了全过程。

　　为使推演尽最大可能接近历史上的战

舰　种：穹甲巡洋舰	排水量：2300吨
建造厂：英国阿姆斯特朗埃尔斯维克船厂（Armstrong Elswick Shipyard）	主尺度：长76.2米×宽11.58米×吃水4.57米
编　号：493	航速：18.5节（海里/每小时）
设计师：威廉·怀特 Sir William White	装甲：装甲甲板厚4英寸，司令塔装甲厚3英寸
下水日：1886年9月29日	

武备：210毫米克虏伯炮3门；
6英寸阿姆斯特朗炮2门；
57毫米哈乞开斯机关炮8门；
37毫米哈乞开斯机关炮6门；
11毫米10管格林炮6门；
14英寸口径鱼雷发射管4具

[致远] H.I.C.M.S. Chih Yuen

∧/清末中国学习西方，制定了国际通用的英文舰名前缀词——H.I.C.M.S，含义为"中华帝国皇帝陛下的军舰"（His Imperial Chinese Majesty Ship）

场态势，推演之前根据中、日文史料记载整理出海战的大事时间表，并对中日双方参战者、研究者绘制的海战各主要阶段战场航迹图进行汇总对比，以此梳理出黄海海战中一些标志性的时间点的战场情况。以这些节点为骨架，利用中日双方的战场记录为基础，通过推演进行分析、揣摩，连缀出各时间点之间战场上的运动态势，实际上可以称为海战过程的实时"复盘"。

大东沟海战全过程长达近5个小时，推演者们需要在每一个相应的时间点上根据历史档案一次次移动、变换双方20多艘军舰的阵位，即便已经将广阔的战场浓缩到了一张小小的推演桌上，复杂的海战过程也足以令众人手忙脚乱。

推演从中午12时许开始，北洋海军起锚，双方互相接近，随后经过双方的各自变阵，到下午12点50分海战爆发。这段时间里，推演者们"斗志昂扬"，仿佛双方军舰上摩拳擦掌的水兵。随着双方舰队的开炮，海战场一时间风起云涌,常常在一分钟里就会同时出现3、4件重大事件,令人目不暇接,推演者们也忙不迭地一次次变动沙盘上军舰模型的阵位。不久之后,海战进入胶着状态,根据历史的记载,此时双方的阵型都发生了一些混乱的状况,史料也多有语焉不详之处。这时,推演的战场上也出现了"混乱",推演者常常因为一艘军舰的航向而讨论不休,推演过程也免不了出现不少反复与周折。

下午3时多,"海战"已经进行了2个多小时,推演也逐渐进入了"中场休息",起先围在推演桌边热烈讨论的人们逐渐坐回椅子上,开始了下午茶时间以补充体力——经过2个多小时的"激烈战斗",纵然只是推演沙盘、分析战局,也让推演参加者充分感受到了疲劳。十分巧合的是,在当年日军的记录中,同一时间居然发现了这样的记载——秋津洲舰命令炮手休息;吉野舰奖励各舰炮手,分发点心等等。显然,在经历了2个多小时的浴血搏杀后,120年前海战的人们在这时也开始出现体力透支等状况。

下午3时20分,所有人的目光又重新聚焦到了推演桌上。因为历史上的这个时间点,是战场一次重大事件的发生时间,北洋海军巡洋舰致远舰在冲击日阵的途中不幸沉没。关于致远舰的沉没,纵然是甲午战争史的研究者、爱好者,对其的理解更多时候其实还是一种艺术化了的传奇故事,而当时"致远"究竟处在怎样的环境中?究竟是不是冲向了日本军舰"吉野"?这些旨在更真实感受"致远"事迹的期待,早在海战推演前就已经萦绕在很多参加者的脑际。

"吉野"事实上位于"致远"后方

在甲午大东沟海战的诸多细节中,最为国人传颂和称道的无疑就是致远舰怒撞日舰"吉野"的故事。但进入新世纪后,围绕这

> 在当年日军的记录中,同一时间居然发现了这样的记载——秋津洲舰命令炮手休息;吉野舰奖励各舰炮手,分发点心等等

一史事也出现了许许多多争议,一些海军史学家就认为,"吉野"的航速达23节,而"致远"就算刚刚建成时也只有18节而已,无论如何也追赶不上"吉野",所谓向"吉野"冲锋实为蛮勇无谋的行为;还有人认为,致远舰单舰脱离队列实际意图是为了向日舰发射鱼雷。如此等等,不一而足。

为了试图找到解释这些混乱说法的答

△ / 入选中国中学历史教科书的一幅英国新闻画，创作于甲午战争期间。画面主题表现的是"致远"在向日本联合舰队本队冲锋，画面右侧的军舰就是位于日本联合舰队本队的旗舰"松岛"舰。这幅铜版画上还有一个著名的故事，即画家在创作"致远"的形象时用错了参考资料，画上的"致远"实际画成了"经远"舰

案，海战推演开始就对"致远"给予了特别的留意。凭借对中日双方史料的判读，根据日本各艘军舰不同时段所目击到的中国军舰的运动情况，一步步还原出了"致远"在海战场上的航迹——该舰一开始位于北洋海军左翼，当海战陷入"乱战"状态后，他主动冲出队列，与"来远"（或"经远"）、"广甲"等友舰一起尾追"赤城"，并重创了这艘日本炮舰，后来随着日本联合舰队第一游击队赶来回援"赤城"，"致远"等舰才带着遗憾退回队列。

战棋推演到下午3时20分"致远"沉没之时，沙盘上出现的景象令在场的研究者们都充满惊异。此时，日本联合舰队第一游击队正在战场的南方转向，"意图与本队形成十字交叉炮火"，即第一游击队正在北洋舰队的背后，想要和位于北洋舰队前方的联合舰队本队形成对中国军舰的交叉射击。此时，如果"致远"冲出队列想要撞击"吉野"，非调转180度方向不可，因为"吉野"事实上位于"致远"的舰尾后方，而横在北洋舰队舰首前方的其实是日本联合舰队的本队。

按照"致远"在下午3时过后,行将沉没之时"驶出'定远'之前",向日舰发起冲锋的记载,那么目标实际是日本联合舰队的本队,无论如何也不可能去撞身后的"吉野"。这时,所有的推演者们都开始陷入沉思:沙盘上出现的这种推论是否有道理,"致远"撞击"吉野"一事是真的吗?

对这件事提出质疑,不仅需要精密的考证,也需要极大的勇气。众所周知,"致远"怒撞"吉野"事件的影响甚至及于电影银幕,《甲午风云》中邓世昌慷慨激昂的"开足马力,撞沉'吉野'"的台词成了永恒的银幕经典,感动了一代又一代国人,几乎成了中国海军的精神魂魄。但是,作为历史研究者,电影的演绎、舆论的潮向都不应当是采信的理由。正确的方法应是回到一手海战记录中去,以排查、梳理史料的方法来推理考证此事,而不是人云亦云。

最初的战报未言向谁冲锋

推演后,笔者根据推演中所得到的感受开始重新梳理"致远"撞"吉野"一事。

凡是日方参战人员的一手资料(联合舰队司令官、第一游击队司令官报告,各舰舰长报告,部分参战人员日记等)对于"致远"沉没一事的描写都非常简单,如"某时某刻,敌舰'致远'沉没"一类,而均未提及"致远"撞击吉野一事。

这不得不让我们需要重新检视当时的中方史料,北洋海军提督丁汝昌在海战后向北洋大臣李鸿章发出的第一封较为详细的战况报告(9月22日发)中,只提到"致远"是"冲锋击沉",至于向谁冲锋、被谁击沉均未明言。

较早提及"致远"舰当时试图采用撞击战术进攻日舰的文献中同样得不出"致远"撞"吉野"的印象。如1894年9月21日《北华捷报》(North China Herald)的文章,该报道称亲历了海战的北洋军官(极有可能是北洋海军总教习、德国人汉纳根)回到天津,讲述了海战的过程,关于"致远"舰的沉没,该报道如是说:"邓管带指挥的中国军舰'致远'号,在海战的早期以全速接近敌人,试图撞击,不知其使用了撞击还是鱼雷,日舰

△/日本明治神宫壁画:黄海海战。表现"致远"舰沉没的场景,画面右侧远处正在起火冒烟的军舰是"致远",左侧近景里正在向"致远"射击的是联合舰队旗舰松岛号

翻转沉没了,随即四艘日舰近距离包围了"致远"号,她的水线以下被炮弹撕裂,带着所有舰员沉没了。"这位亲历者证实了"致远"曾发动冲锋一事,但其冲锋的对象与将之击沉的军舰显然不是同一艘。该报也没有指出"致远"攻击者或将"致远"击沉者就是"吉野"。

10月7日,李鸿章在得到了关于海战的进一步详细报告后,汇总撰写《大东沟战况折》向清廷汇报,这是中国官方对于大东沟海战战况的最详细、最权威的记载。折中称:"敌忽以鱼雷快船直攻'定远',尚未驶

"致远"所"冲锋追击"者很可能是"赤城",而正因追击"赤城","致远"随后被回援的第一游击队包围,受创而沉

到,'致远'开足机轮驶出'定远'之前,即将来船攻沉。倭船以鱼雷轰击'致远',旋亦沉没,管带邓世昌、大副陈金揆同时落水。"李鸿章的说法与《北华捷报》的说法十分相似,应该都是参考了同一人的说法(很有可能就是赴津向李鸿章汇报战况的汉纳根的说法)。同时,李鸿章也并未言明"致远"撞击者是否为"吉野"。

然而仅仅一周之后,报章上的消息就开始发生微妙的变化,如9月29日上海出版的《申报》登载了一篇《烟台访事人述鸭绿江战事》,已经将"致远"冲锋一事演绎为她在伤重情况下向日军的"旗舰"撞去,在将之撞沉后被围攻而沉。之后许多报纸的描述也开始将"致远"所撞者记载为日军之"旗舰"或"最大舰",尽管如此,这些报纸都还没有明确指出此舰就是"吉野"。

在这些报纸中,最引人注目者乃是1894年10月1日的《芝罘快邮》(Chefoo Express),该报称:"'致远'驶出队列追击已经快要沉没的'赤城'。之后'致远'被日舰包围攻击了10分钟,所有的炮弹都打在一侧,水密舱进水导致其倾覆。"《芝罘快邮》是甲午战争时最靠近威海卫的报刊,经常能得到极有价值的信息,这篇报道也是参考了海战亲历者的见闻后所写。从这篇报道中可以发现,"致远"所"冲锋追击"者很可能是"赤城",而正因追击"赤城","致远"随后被回援的第一游击队包围,受创而沉。

《芝罘快邮》的这种说法与日方的记录是比较吻合的。根据日方记录,北洋海军出队追击日本炮舰"赤城"者有"来远"、"致远"、"广甲"三艘巡洋舰,这些军舰甚至曾冲锋逼近到距离"赤城"40米之内!下午2时20分第一游击队回援"赤城"后,对这些

▲ / 1894年11月24日《伦敦新闻画报》刊登的"致远"沉没图。画面中舰体严重倾斜的军舰就是"致远",画面左侧的军舰是日本海军旗舰"松岛",右侧的大军舰是日本海军本队的"千代田"舰

北洋追击舰艇进行了猛烈打击,迫使其退却。根据第一游击队战后所画的航迹图,海军史研究会在此次推演中也复原了这一场面,证实了其说法的真实性。那么,"致远"所"冲锋"者,是否应当是指"赤城"呢? 或许"致远"的"冲锋"和"沉没"本来就是两件事,不应混作一谈? 如果这样解释的话,那么无论是丁汝昌还是李鸿章的报告一下子都合情合理了——北洋海军一度认为"赤城"被击沉,也就是李鸿章所说"即将来船攻沉";"致远"等舰被回援的第一游击队猛烈攻击,即李鸿章所说"倭船以鱼雷轰击'致远',旋亦沉没"。

"致远"冲击的目标是联合舰队本队

那么,世所熟知的"致远"向"吉野"冲锋一说,最早的出处究竟是哪里呢?

通过翻检比对各种史料,第一份明确地描述"致远"冲击的目标为"吉野"的史料是1895年英国伦敦出版的《布拉塞海军年鉴》,年鉴中刊载有一篇海军史学者库劳斯撰写

△ / 油画家陈可之先生在甲午战争一百二十年之际创作的系列组画《致大海》的第一幅《中华英雄·邓世昌》，和国内以往所常见的关于英雄的美术作品不同，这幅画上的邓世昌是流泪的形象。沉默的表情，表达的不是激昂的奋勇，而是英雄"有心杀贼、无力回天"的无助与悲伤

的关于甲午海战的分析长文,文称:"'致远'当时把舰首转向'吉野',试图冲撞,但被数发榴弹命中水线,终于右舷倾斜而沉没。据说当时有数枚榴弹同时命中,其状好似鱼雷爆炸。"该文据称也参考了亲历海战的欧洲军官的说法。但纵观1894年的所有海战报告和报章中的记载,均没有提到"吉野",而时隔几个月之后"吉野"突然成了这一事件的主角,此说法的可信与否令人生疑。

由于《布拉塞海军年鉴》在当时海军界的巨大影响力,"致远"撞击"吉野"的说法逐渐为各方面所接受。后来的许多重要文献,如《东方兵事纪略》、《戴理尔回忆录》、《甲午甲申海战阵亡死难群公事略》等均说"致远"向"吉野"冲锋,且越传越奇,细节越来越丰富,这不过是著书者的进一步演义罢了。正是由于《东方兵事纪略》等著述的广泛传播,"致远"撞击"吉野"一事逐渐为公众所接受。

其实在部分日本的甲午海战档案中早就记载,"致远"舰主要是被日军本队所击沉,但是长久以来并没有被中国的研究者注意。结合此次推演结果,这种说法得到进一步的验证——3时20分"致远"沉没之时,其正前方正是面对着日本联合舰队的本队。

有趣的是,虽然"致远"舰沉没的一幕并没有留下任何照片资料,但在1894年11月24日的《伦敦新闻画报》上,却刊登了一张关于黄海海战的绘画,标题为《中国军舰"致远"号沉没》,画面上舰体倾斜的"致远"舰正在向前冲来,而在"致远"冲击的方向上,近处的军舰则是日军本队的"松岛"、"千代田"等舰,"吉野"舰根本不在这里。

因一次推演而起,最终检证史料,发现9月17日下午3时之后"致远"撞击"吉野"其实是一件根本没有可靠史料佐证,甚至在海战战场上也没有可能出现的事件。

然而有一些事确是真实存在的。那就是邓世昌指挥的"致远"舰在黄海海战开战后表现奋勇,曾参加了对日本军舰"赤城"的追击、冲锋。又在下午3时旗舰"定远"中弹起火后,毅然冲出队列掩护旗舰,最终在舰体重创的情况下冲向了日本军舰,不幸中途陨落在黄海波涛间。

下午3时之后"致远"冲击的目标是日本联合舰队的本队,这一举动事实上要比冲击第一游击队更为壮烈和危险。与日本第一游击队仅有"吉野"、"秋津洲"2舰装备速射炮的情况相比,本队则有包括了日本联合舰队旗舰"松岛"在内的4艘日舰装备有大量的速射炮,如此,邓世昌和"致远"舰在最后的航程中所面临的是恐怖至极的炮火打击。

英雄已逝,然而在对英雄的事迹考证上如果不严谨,或是任意夸张,或是张冠李戴,都无助于对英雄的传颂,反而会因为细节不真实,而折损了英雄的形象。

(《国家人文历史》2014年20期)

日军没有直接击沉任何一艘中国军舰
黄海之战"经远"最后的航程

文 | 张黎源

1894年9月17日午后发生的黄海大东沟海战,是甲午战争中海上战场最激烈的一场战役,也是世界海军史进入19世纪后,空前惨烈的大海战。与战后中国人普遍对邓世昌和"致远"舰的事迹集中关注的情形相似,日本海军在这场海战中也有一个备受关注的事件。

铁甲舰是世界海军发展进入蒸汽时代后出现的主力舰种,因同时具备巨炮和重甲而威名赫赫,当时的海军国家以能装备铁甲舰为傲,一如现代海军对于航空母舰的膜拜。1885年,中国北洋海军获得了德国建造的"定远"、"镇远"号一等铁甲舰,瞬时成为亚洲第一海军,也一度据此控制了东亚制海权。视己身为海洋国家的日本全社会因此产生极大的心理压力,更将中国的铁甲舰视作日本实施"开拓万里波涛"扩张国策

△ / 西方铜版画:下沉中的"经远"舰

的巨大障碍,日本海军从19世纪90年代开始就不断筹谋要打沉中国的铁甲舰。大东沟海战中,日本联合舰队各舰对中国的"定远"、"镇远"号两艘铁甲舰给予集中"关照",然而竭尽所能也未能实现击沉的战果,甚至还留下了日军旗舰"松岛"上一名重伤的水兵临死前望着岿然不动的"定远"慨叹"'定远'为何还打不沉"的故事。

唯一让日本海军能够聊以自慰的是,在海战进入到收官阶段的下午5时之后,北洋海军一艘名为"经远"的军舰被其击沉的事件。

迟到120年的疑点

整场大东沟海战中,北洋海军共损失"超勇"、"扬威"、"致远"、"经远"四舰,然

「经远」H.I.C.M.S. King Yuen

舰种：装甲巡洋舰
建造厂：德国伏尔铿造船厂
（Stettiner Maschinenbau A.G. Vulcan）
编号：176
设计师：鲁道夫·哈克 Rudolph Haack
下水日：1887年1月3日

排水量：2900吨
主尺度：长82.4米×宽11.99米×吃水5.11米
航速：15.5节（海里/每小时）
装甲：水线装甲带厚9.5英寸，
装甲甲板厚3英寸，
司令塔装甲厚6英寸

武备：210毫米克虏伯炮2门（双联）
150毫米克虏伯炮2门
75毫米克虏伯炮2门
47毫米5管哈乞开斯机关炮2门
40毫米哈乞开斯机关炮1门
37毫米5管哈乞开斯机关炮5门
14英寸口径鱼雷发射管4具

▲ / 刚刚建成，停泊在欧洲等待回国的"经远"舰

而仔细考证各舰的沉没原因便能发现，"超勇"舰事实上是重伤后因为舰上所起的大火愈演愈烈，被火烧沉；"扬威"舰则是重伤后，又被向战场外逃跑的北洋军舰"济远"撞击漏水而沉；中国社会传颂的"致远"舰战沉事迹实际是在向日舰冲锋途中，受伤越来越重，突起爆炸而沉，均不是日本海军直接攻击所致。根据日本海军档案，只有"经远"舰是明确记录的被日本海军第一游击队一直攻击到沉没的中国军舰，更为重要的是，"经远"舰还是一艘被称为"小铁甲舰"的军舰，在没有能打沉一等铁甲舰的情况下，获得了击沉小铁甲舰的战果，也勉强可以拿来彰显国威、军威。

由此，日本海军在关于大东沟海战的叙述中，格外突出的一件战事就是进攻"经远"舰直到其沉没的过程。甲午战争后日本海军官修军史《明治廿七八年海战史》中对于此事就有文辞间十分激动的描写，"不久，'经远'到了生命最后的时刻，螺旋桨露出在空

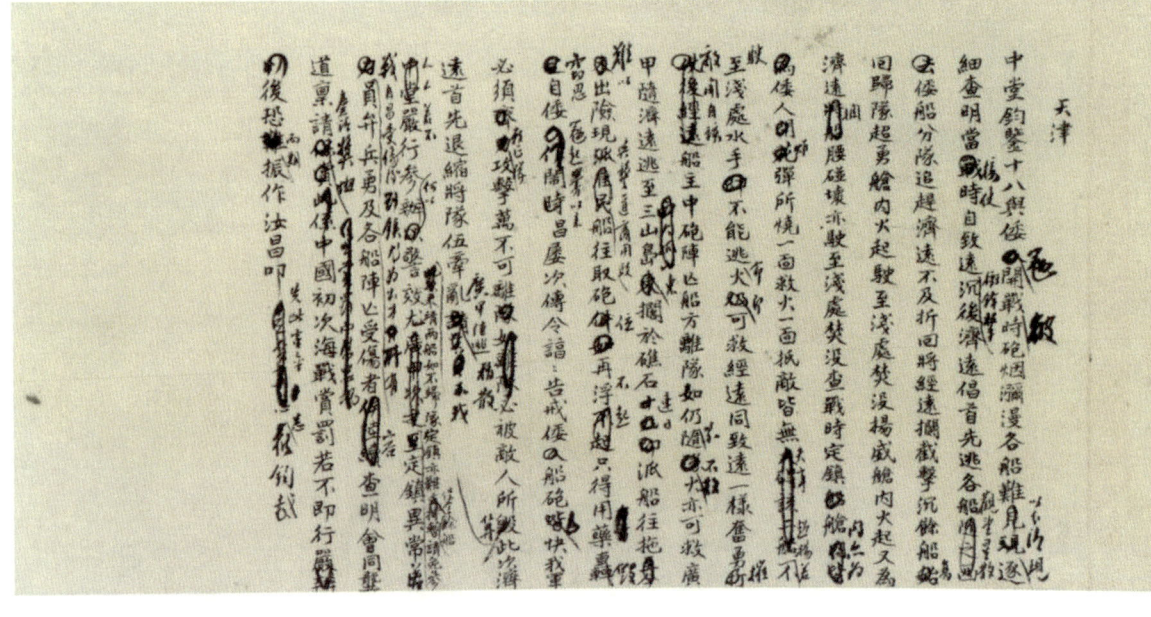

/ 丁汝昌海战报告底稿

中旋转,红色的舰底一览无余,我军将士纷纷鼓掌,大喊'万岁'。"

从大东沟海战结束后,有关"经远"舰被日本海军第一游击队击沉一事,随着日方的叙述而流传开,在一个多世纪时间里包括中国史学界在内,各种关于甲午海战的著述中,但凡涉及"经远"沉没一事,几乎都完全采用源自日本的记载。在为了纪念大东沟海战双甲子而开始的兵棋推演中,有关"经远"沉没情形的史实也依据日本海军档案的记载,但随着120年前的海战以实时再现的方式一点点推演出来的时候,令在场者惊愕的事情便发生了,日本海军引以为傲的第一游击队追击"经远"至沉没这件史实在一个多世纪后被发现存在严重的疑点。

"经远"战史

"经远"号,是1885年中法战争结束后,清政府为了"大治水师"而向欧洲订造的四艘新式巡洋舰之一。和同批在英国订造的"致远"、"靖远"号穹甲巡洋舰不一样的是,"经远"和她的姊妹舰"来远"是因为北洋大臣李鸿章和时任中国驻德公使许景澄的竭力坚持,而决定在德国定制的装甲巡洋舰,而这也是德国造船工业历史上设计、建造的

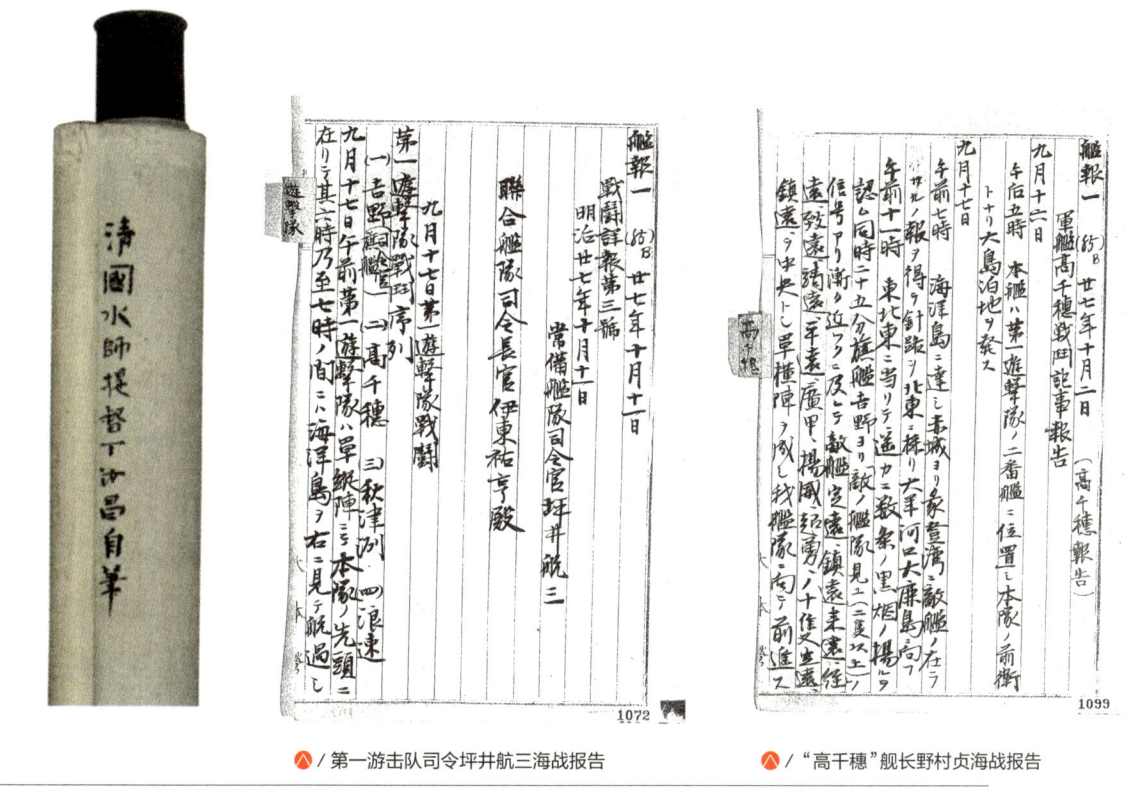

△ 第一游击队司令坪井航三海战报告　　△ "高千穗"舰长野村贞海战报告

第一型装甲巡洋舰。

在那时，所谓的装甲巡洋舰与穹甲巡洋舰的区别，在于军舰上装甲的安装方法。略述其大意，穹甲巡洋舰是指在舰内机舱上方的那层甲板上平铺一层装甲板（因为装甲板沿中部全为平面，向左右两舷是斜面，所以称为穹面装甲，简称穹甲），借以防护从上方击入的炮弹，至于机舱两侧的防护，则指望机舱两旁煤舱里的煤，以及舰体外部的海水来提供防御。而装甲巡洋舰与其防护理念迥异，这种军舰在靠近吃水线部位的舰体舷侧敷设装甲板，可以犹如盾牌一样防卫从侧翼方向击来的炮弹，因为装甲巡洋舰的装甲近似"竖立"的姿态镶嵌在军舰两舷外舰体上，在清末又被中国的一些军事书籍唤作竖甲巡洋舰。又因为这种装甲防护方式类似铁甲舰，于是那时的装甲巡洋舰也便有了"小铁甲舰"的别号。

穹甲、装甲巡洋舰的防护理念各执一端，在没有发生大的战事较量前，当时还无法明确判断孰优孰劣，不过穹甲因为只需要铺设一层甲板，而装甲巡洋舰要在军舰水线外两舷敷设装甲，装甲分量更重，所以相近体量的情况下，装甲巡洋舰一般要显得比穹甲巡洋舰排水量更大，航速较慢。当时西方国家海军主要把巡洋舰投入海上侦察、保护海外殖民地的用途，显然航速快才是巡洋舰应该偏重的性能，不过东方国家因为国力弱，还无法像西方那样只用铁甲舰来进行海战，必要的时候必须以巡洋舰来充当主战任务，此时装甲防护模式和铁甲舰类似的装甲巡洋舰，似乎也就变得更有实用价值，这也是李鸿章竭力坚持要订造这类军舰的重要原因。

德国造的"经远"号巡洋舰于1887年建成，当年9月12日和"致远"、"靖远"、"来远"巡洋舰以及"左队一号"鱼雷艇结伴从欧洲回国，全程由中国官兵驾驶，经过近三个月的跨洋航行，于12月10日抵达福建厦门外海，和丁汝昌率领在彼迎候的大队军舰会合，编入北洋舰队，成为这支舰队最新的主力阵容。担任"经远"首任舰长的是和邓世昌等将领有同窗之谊的福建船政后学堂驾驶班一期毕业生林永升。饶有趣旨的是，北洋舰队对这种德国造的铁甲巡洋舰采取了和英国造的穹甲巡洋舰混编的做法，从此，"经远"的名字便经常性地和英国造的"致远"舰出现在一起。

1894年初夏，甲午中日战争爆发。9月16日包括"经远"在内的北洋海军主力护卫运兵船到达鸭绿江口附近的大东沟一带实施登陆。第二天中午，正在大东沟口外12海里处海面上警戒的北洋海军主力军舰发现了自西南方向而来的日本联合舰队，根据提督丁汝昌之命，原先排列为双列纵队待机阵型的北洋海军主力舰开始变换为称作"夹缝雁行"的作战阵型，北洋海军主力十舰按照每两艘军舰编为一个小队的组合模式，渐渐展开为一个横阵，"经远"仍和"致远"舰编为小队，配置在旗舰"定远"左侧的左翼方向。

当天中午12时50分，大东沟海战打响。北洋海军各舰在战斗爆发后的第一个小时内，竭尽全力想要逼近日本舰队，发起近距离上犹如白刃战般的乱战攻击，用撞角、鱼雷取胜，以此来规避己方火炮射速慢、弹药效能低的劣势。然而日本联合舰队发挥编队航速高的特点，始终保持着和北洋海军的间距，至下午2时之后，北洋海军陷入了被日本联合舰队的本队与第一游击队腹背夹击的境地，战事转入胶着。

下午3时30分左右，北洋海军"致远"舰突出阵列，在向日舰努力冲锋途中不幸战沉，成为大东沟海战中分水岭般的事件，此后北洋海军阵型便出现了"余船星散"的局面。鲜为人注意的是，事实上"致远"舰向日舰冲锋时并非单枪匹马，同小队的"经远"号实际跟随在后，也一起承受了日舰猛烈的炮击，根据北洋大臣李鸿章战后为海军阵亡官弁申请抚恤的奏折称，"经远"舰长林永升

△ /"经远"舰舰长林永升

就在此期间壮烈殉国,"突中敌弹,脑裂阵亡"。"致远"沉没后,北洋海军"济远"、"广甲"舰向大鹿岛方向浅水区逃跑,"靖远"、"来远"舰为了救火抢险也向这一区域撤逃。和"致远"冲锋时受伤的"经远"在队长舰沉没后,也转舵努力向海战场外撤逃,然而不幸的是,"经远"舰因为处于队末,被日本联合舰队中战斗力最强的杀手组合——第一游击队盯上。下午4时之后,"经远"和尾随"经远"追击的日本第一游击队渐渐离开主战场。此后的时间内第一游击队和"经远"究竟发生了怎样的战斗,在中国方面的档案中只有含混的记载,而日本第一游击队各舰的报告则十分明确,即日本第一游击队追赶上、并击沉了这艘顽强的中国军舰,时间为下午5时30分左右。

庄河沉舰

120年后的2014年9月17日,在威海进行的黄海海战推演活动进入到"致远"舰战沉后的下午3时30分钟后,"经远"舰和第一游击队的情况便开始成为在场众人的关注焦点。

甲午海战当时,留下击沉"经远"第一手记载的就是日本海军第一游击队军官的战后报告,根据日本第一游击队司令坪井航三海军少将战后的报告,当日第一游击队对"经远"的大致追击情况是:

下午4时16分,开始追击"经远"舰。(坪井航三战后的首份报告中误判断为外观和"经远"相同的"来远"舰。)

下午5时,"吉野"等第一游击队军舰猛击"经远"。

"吉野"、"浪速"、"高千穗"、"秋津洲"4艘军舰的舰长在海战后的报告中也都提及了追击"经远"一事

下午5时30分,"经远"舰向左倾斜沉没。第一游击队开始向在海战场外浅水区救火的中国军舰"靖远"、"来远"追近。

下午5时45分,第一游击队接到联合舰队本队旗语信号,向本队靠拢归队。

当时日本第一游击队共有"吉野"、"浪速"、"高千穗"、"秋津洲"4艘军舰组成,4舰的舰长在海战后的报告中也都提及了追击"经远"一事。

第一游击队司令舰"吉野"舰的舰长河原要一海军大佐的报告中描述的情况是:

下午4时16分,开始追击"经远",当

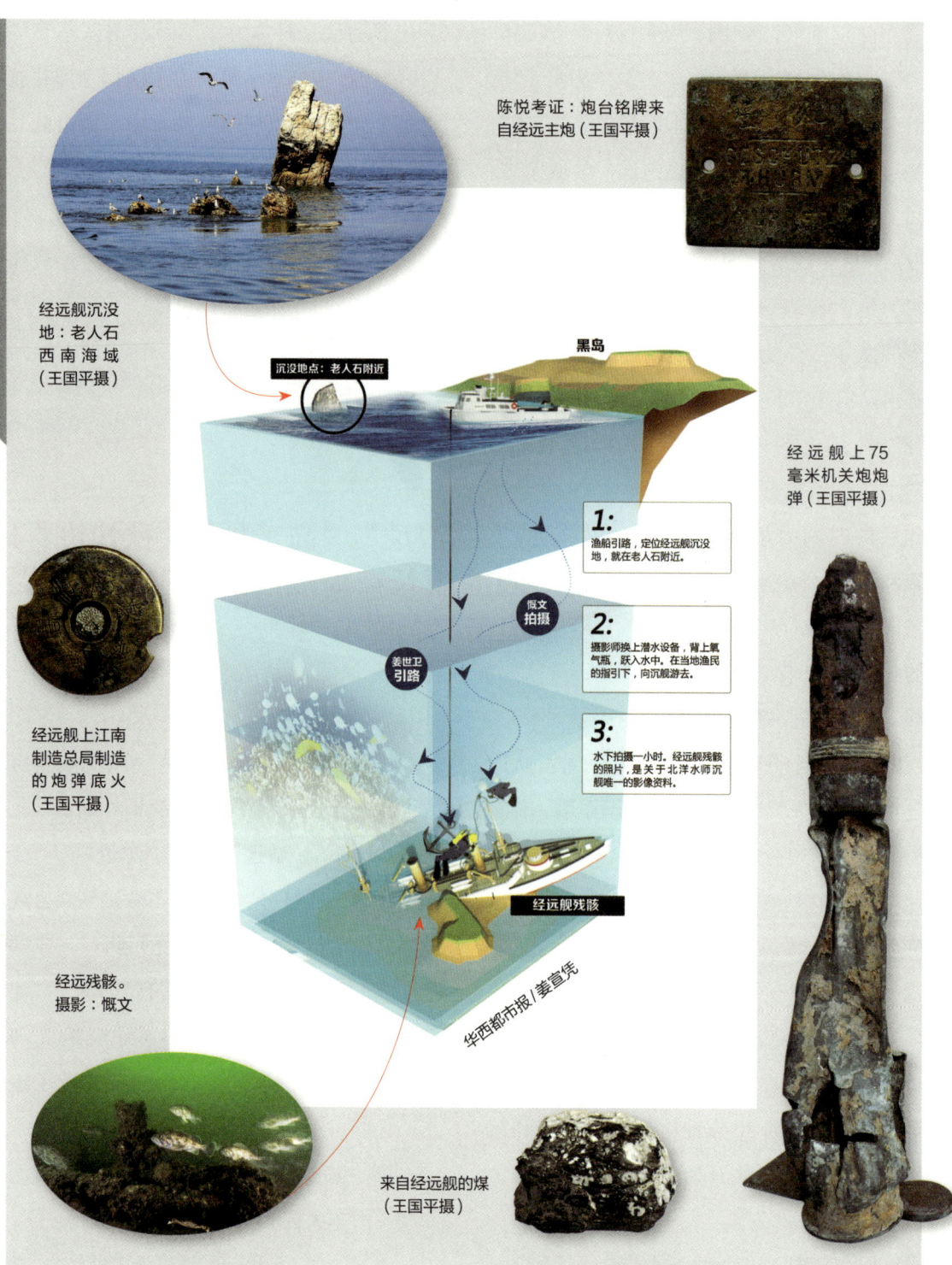

晚清军事集团

经远舰打捞示意图

经远舰沉没地：老人石西南海域（王国平摄）

陈悦考证：炮台铭牌来自经远主炮（王国平摄）

经远舰上75毫米机关炮弹（王国平摄）

经远舰上江南制造总局制造的炮弹底火（王国平摄）

黑岛

沉没地点：老人石附近

1: 渔船引路，定位经远舰沉没地，就在老人石附近。

慨文拍摄

2: 摄影师换上潜水设备，背上氧气瓶，跃入水中。在当地渔民的指引下，向沉舰游去。

姜世卫引路

3: 水下拍摄一小时。经远舰残骸的照片，是关于北洋水师沉舰唯一的影像资料。

经远舰残骸

华西都市报/姜宣凭

经远残骸。摄影：慨文

来自经远舰的煤（王国平摄）

时距离尚远，允许士兵休息和吃零食。

下午4时30分，以14节（海里/小时）航速追击"经远"。

下午4时48分，距离2300—2500米时射击"经远"，"经远"倾斜、冒起黑烟。

下午5时5分，"经远"转向东航行。

下午5时10分，第一游击队后续三舰赶上一起进攻。

下午5时29分，"经远"向左翻沉。

下午5时45分，接到回归本队的信号。

下午6时27分，靠近本队。

"高千穗"舰长野村贞海军大佐的报告称：

下午5时5分，第一游击队各舰集中攻击"经远"。

下午5时37分，"经远"舰向左倾斜沉没。

下午5时40分，接到回归本队的信号。

下午6时35分，接近本队。

"秋津洲"舰长上村彦之丞海军大佐报告称：

下午4时24分，在5000米距离上炮击"经远"。

下午5时，追上"经远"，在3000米距离猛烈对其炮击。

下午5时35分，"经远"沉没。

下午5时47分，接到回归本队信号。

下午6时50分，接近本队。

曾在甲午丰岛海战中击沉中国"高升"号运兵船的日本军舰"浪速"舰长东乡平八郎海军大佐的报告最为简略，有关击沉"经远"如此大事只有寥寥几笔。

下午5时15分，追上"经远"，猛烈炮击。

下午5时39分，"经远"沉没。

下午6时30分，回归本队。

如果仅仅只是看日本各舰的战报，文字间除了能让人发现一些时间节点的记载存在少许差异外，大致记载相同，并觉察不到什么异常之处。但是在推演的沙盘上，追击"经远"一事并不是孤立的存在，而是要与继续在主战场上作战的中日军舰间发生距离上的关联，站立在俯瞰整个大东沟海战战场的视角再来观察第一游击队追击"经远"这一战场局部，有关这一历史事件上所存在的严重问题便立刻被发现了。

日本防卫省档案所记录了中国军舰"致远"、"超勇"、"扬威"等沉没的大致坐标点，从2013年年末开始在大东沟附近海域进行的水下沉舰考古调查也证实了这些坐标的真实性，由此便基本可以判断出"经远"舰撤离战场时的大致坐标点。更为重要的是，今年在辽宁省庄河黑岛附近海域通过水下考古调查，"经远"舰的船骸准确位置也得以发现。

以"经远"撤离主战场的大致位置起算，

到其沉没点之间以直线距离计，接近30海里（50多公里）。日本海军第一游击队当时编队的极限航速为每小时15海里（编队航速以编队中航速最低的军舰的最高航速计），也就是追击"经远"一事持续将近2小时的时间。而根据第一游击队各舰的报告称，这一过程仅仅只有1小时左右。

假设日本海军第一游击队真的在下午5时30分左右追击"经远"到其沉没，出现在"经远"沉没点附近，那么下午5时45分距离此处约50公里外的联合舰队本队军舰桅杆上挂出的要求第一游击队归航的信号旗根本不可能被观测得到。

这一让人费解的情形唯一合理的解释便是日本第一游击队根本没有追击"经远"直到其沉没，而是在"经远"尚未沉没时就已经脱离接触，改航他处了，为什么在日本防卫省档案中关于大东沟海战北洋海军沉没军舰的坐标记载里，只有"经远"语焉不详，原因可能正源于此。那么由此产生一个新的问题，如何来解释和看待包括坪井航三、东乡平八郎等在内的日本高级军官言之凿凿的战报，甚至于如何来看待这些日本军官此后的官场之途。在甲午战争之后，第一游击队的高级军官出现了界别分明的两类晋升情况，第一游击队司令官坪井航三、"吉野"号舰长河原要一、"高千穗"舰长野村贞都仕途不顺，而在海战报告中对击沉"经远"一事做含混处理的"浪速"舰舰长东乡平八郎、"秋津洲"舰舰长上村彦之丞则明显要运气好得多。

中国有古谚"过犹不及"、"画蛇添足"，以之用在第一游击队击沉"经远"问题上也正恰当

中国有古谚"过犹不及"、"画蛇添足"，以之用在第一游击队击沉"经远"问题上也正恰当。甲午黄海大东沟海战中，中日双方都没有拍摄多少现场的海战照片，最主要的几幅都出自日本军舰"西京丸"上一位轮机军官之手。吊诡的是，在少之又少的黄海海战现场照片中，竟然有一幅第一游击队领队舰"吉野"上拍摄的"经远"沉没前的照片（也是"吉野"舰上这位摄影者拍摄的唯一一幅海战场照片），拍摄者称画面上一艘冒着浓烟的军舰就是正在下沉的"经远"，而拍摄时间为"经远"沉没时的9月17日下午5时30分，仿佛是对第一游击队击沉"经远"的历史描述不够有信心，专门立此存照。不过细读这张照片，反而又暴露了更多的问题，据称摄于5时30分的这幅照片上，正在向远处

▲ / 日本军舰"吉野"上拍摄到的"经远"照片

的陆地方向航行的"经远"只是一个冒着浓烟的小小物体，可见拍摄时"经远"其实和摄影者所在的"吉野"还存在很大的距离，另外照片上的"经远"虽然是很远处的影像，但可以清晰地看出此时该舰根本没有出现舰体侧倾等现象。这幅照片当是日本第一游击队在追击"经远"的过程中，或者是在放弃追击"经远"时所摄，但为何要将这样一幅照片描述为正在下沉的"经远"，个中用意耐人寻味。

"经远"沉没问题成为甲午黄海海战120年战棋推演的重大收获，证明日本海军在黄海大东沟海战中，实际并没有直接击沉任何一艘中国军舰。"经远"舰最后的航程，很可能是因为舰上中高级军官在此前战斗中几乎全部殉国，在"船行无主"的情况下，舰上幸存的官兵努力将重伤的军舰驾驶到了庄河黑岛附近海岸，自行撞滩，以求人员脱险。这一段不见于中方甲午历史记载中的隐秘史，可能正是为什么民初庄河县志乃至地方传说中竟然有涉及"经远"在该地沉没内容的原因所在。

迟到120年，澄清一段甲午海战中的战场细节，对甲午战争史本身会产生修正，但对于大历史而言并不会有什么大的损益改变。个中耐人寻味的是，"经远"舰沉没事件百多年来沿循着的日本档案占据话语权的现象，而这在甲午战争史研究中并不罕见。

（《国家人文历史》2014年20期）

决定战争胜负的九个细节

文 | 吉辰

细节之一:"日本在哪里?"

甲午战争爆发时,后来被誉为"史学四大家"之一的吕思勉还是一名十龄童。他中年时曾这样回忆:

还记得甲午战时,有些人根本不知道日本在哪里,只约略知道在东方罢了。我家里算是有书的,便翻些出来看。还有亲戚朋友来借看。我还记得:翻出来的三种书,一种是《海防论》,一种是《海国图志》,一种是《瀛环志略》。那自然《瀛环志略》是最新的了,然而在《瀛环志略》中,还找不出德意志的名字。于是有人凭空揣测,说德意志一定就是荷兰。因为在传说中,德意志很强,而在《瀛环志略》中看,荷兰国虽小,也颇强盛的,那自然是他并吞他国后改名的了。那时候,还有人说:日本的国土比朝鲜小。因为那时候,有一种箑扇上画着中国地图,也连带画着朝鲜、日本。画到日本时,大约因为扇面有限,就把它缩小了。

吕思勉当时住在江苏江浦县。江浦毗邻南京,虽是个小地方,但也不算太闭塞。他的父亲时任江浦县学教谕,属于士大夫阶层,平常交往的也不会全是白丁。所谓一叶

▲ /"知日"闻名的黄遵宪着色像,清,杨鹏秋绘

知秋,全国士民当时对日本的认识,大概可以推想而知了。连地理位置都不清楚,还指望对这个国家了解多少呢?

在当时的士大夫中,曾任驻日使馆参赞

的黄遵宪后来以"知日"闻名。他于1887年写成的《日本国志》,在很长一段时间内是国人了解日本的最佳参考书。在该书《自叙》中,他写下了这样一段引人深思的文字:

昔契丹主有言:"我于宋国之事纤悉皆知,而宋人视我国事如隔十重云雾。"以余观日本士夫,类能读中国之书,考中国之事。而中国士夫好谈古事,足己自封,于外事不屑措意;无论泰西,即日本与我仅隔一衣带水,击柝相闻,朝发可以夕至,亦视之若海外三神山,可望而不可即,若邹衍之谈九州,一似六合之外,荒诞不足论议者,可不谓狭隘欤?

遗憾的是,此书写成之后被长期搁置,直到甲午战后的1895年末方才刊行。当时,曾任总理衙门章京的袁昶向黄遵宪评价此书"可抵银二万万"。对方询问其故,袁昶答道,此书的稿本在总理衙门久束高阁,除自己之外无人翻阅。甲午战争时,力劝重臣翁同龢主战的是文廷式与张謇二人。此书如能早日刊行,令二人见之,必不敢轻于言战,于是《马关条约》的二万万白银赔款就可以省下了。

这自然是愤激之词,但也道出了高层对日本缺乏了解的事实。其时光绪皇帝最信任的是师傅翁同龢,而翁同龢所器重的是得意门生文廷式、张謇等人。他们都是知识精英,

△ 福泽谕吉

对日本的认识不止"约略知道在东方",但也只能算是五十步与百步之差。他们时常上书、上奏畅论战事,看似纵横捭阖,头头是道。但是,没有对敌手的深入了解,这一切只不过是闭门造车、自说自话。

没有看清楚敌手,就糊里糊涂地卷入了战争,焉得不败?

细节之二:福泽谕吉的一万日元

现在的日元,最高面值是一万元。这一万元的钞票上,印着福泽谕吉的头像。无论毁誉,他都堪称明治时代对日本影响最大的思想家。甲午战争期间,他以自己一手创立的《时事新报》为主要阵地,极力鼓舞日本国民支持战争。"日清战争为文(明)野(蛮)之战"这个著名一时的口号,就是他喊出的。不仅如此,他还身体力行,个人为战争捐款一万日元。当时的一万日元,购买力远远超过今天的这个数目,绝对算是一笔巨款——那时的日本,吃牛肉火锅每人只须五钱(一日元合一百钱)。

在中日互相宣战前一天,福泽与枢密院副议长东久世通禧、实业家三井八郎右卫门、岩崎久弥、涩泽荣一联名,在《时事新报》

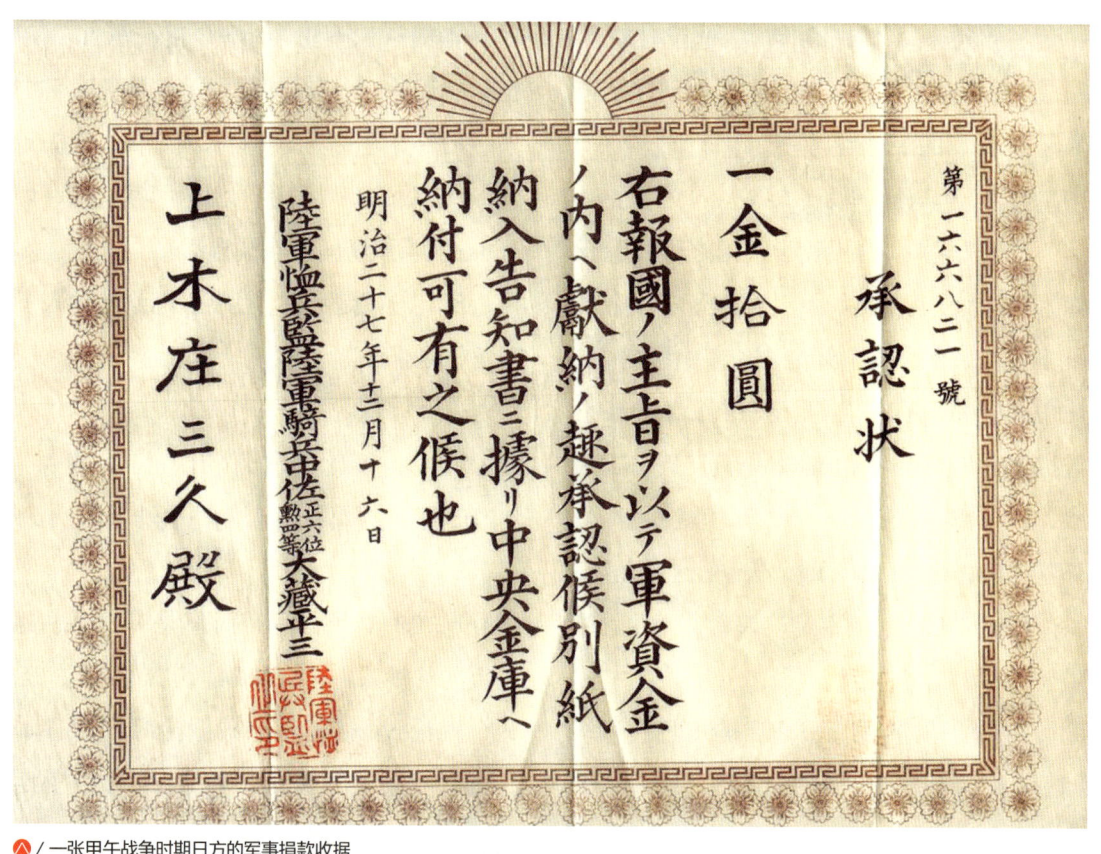

△ / 一张甲午战争时期日方的军事捐款收据

上刊登启事,呼吁华族、富豪为日军在朝鲜的军事行动捐款。福泽本人的捐款,高居战争期间私人捐款的第二位。毕竟惜财是人之常情,捐出这么大的数目,福泽也不免肉痛。他在给姐姐的家书中直白地写道:"我家财产本非甚丰,捐出一万元之金钱,譬诸人体,感觉如同切除一只手脚一般。"但他接下来又写道:"然而现在战场之上,多有忠臣连同一命亦弃之。国内安闲眠食者将财产分而弃之,为当然之事。"

据不完全统计,整场战争期间,日本共有2164686人捐款220.977万日元又70钱9厘,平均每人捐款一日元多一点。此外,还有949128人捐出折合70.8634万日元又33钱6厘的物品。日本人口当时有4181万,捐款捐物之人,约占总人口的7.4%。在当时,这已是不小的比例。

如果不是军事公债发行后国民纷纷认购,捐款的数额还会更多。战争期间,日本共发行4次军事公债,发行额1.249275亿日元,收入额1.22445亿日元。这个数额,超过甲午战争日本军费的一半以上。

反观当时的中国,在战争期间以"捐款"手段"筹饷",也不是新鲜事物。然而,这样的"捐款"必须由官府出面"劝捐",甚至往往变质为强行摊派,由于吏治的败坏,其效果越来越差。像日本那样民间发起、全民参与的捐款,是不可想象的。而且,没有建立国债制度的清政府,也无法从民间借到大笔款项。于是,唯一的途径就只有借外债了。战争期间,清政府向汇丰银行两次借款1000万两白银与300万英镑(约合1865万两),署理两江总督张之洞也向德商瑞记洋行借款100万英镑。而日本,没有借一分钱的外债。

当时有许多主战的士大夫认为,日本国小民穷,只要中国坚持下去,就能取得胜利。

今天也不乏这样的观点。八年抗战不是打赢了吗?为什么不打持久战,偏要签订屈辱的和约?

只要稍微了解双方的财政情况,就会明白这个道理。如果战争持续下去,最先坚持不住的一方必定是中国。

细节之三:"大"清兵与"小"日本

当时的日本人,身高比起中国人明显差了一截。这种生理上的差别,使得人们不免怀疑日本兵的战斗力。不仅中国人如此,也

日、清士兵数据对比

年龄:
日本兵平均21岁5个月,清兵平均29岁10个月,清兵长8岁5个月。

身高:
日本兵平均164.83厘米,清兵平均166.65厘米,清兵高1.82厘米。

体重:
日本兵平均60.90公斤,清兵平均54.75公斤,清兵轻5.15公斤。

胸围:
日本兵平均85.14厘米,清兵平均89.69厘米,清兵大4.55厘米。

呼吸差:
日本兵平均7.03厘米,清兵平均6.70厘米,清兵小0.33厘米。

肺活量:
日本兵平均3631毫升,清兵平均3029毫升,清兵少602毫升。

握力:
日本兵平均41公斤,清兵平均31公斤,清兵少10公斤。

/ 1895年中日战争中的日军士兵

有外国人这么认为。开战之初，李鸿章曾经致电驻平壤的清军各统领，转述了一名"洋将"的看法："日人矮小，地土浇薄，人物一体，不能耐久，以我所长，攻日所短，胜算可操。"这种观点，在当时是相当普遍的。

事实又如何呢？1894年12月，时任日军大本营野战卫生长官的军医总监石黑忠撰写过一篇题为《日清兵体格比较》的文章，根据14218名服役满一年的日本士兵与77名清军战俘的数据作了一番比较，详情可见下面图表。可见当时日军的平均身高确实低于清军，无愧"矮子兵"的诨号。然而，在各项体能指标中，除了身高与胸围之外，日军皆有较大的优势，当得起"短小精悍"的评价。

而且，如果只看这样的平均数据，还会忽略其他一些情况。这77名清军战俘平均近30岁，看似算是壮年，然而据石黑记载，他们的服役时间最长20年，最短3个月；年龄最大55岁，最小16岁！清军当时并没有明确的服役与退役年龄，很多人为了吃一份粮饷，或者早早当兵，或者"老骥伏枥"，导致军营里士兵年龄差距很大。

这是日本所不会有的情况。日军自1873年实行征兵制后，规定以20岁的男子为征兵对象，常备兵服役为期3年（海军4年），预备兵4年（海军3年），后备兵5年。在非常情况下征召的国民军，则以17-40岁为限。而且，征兵时须经体检，不合标准的不予征召。这些制度，保证士兵皆是年轻力壮之辈。所以，石黑骄傲地写道："世人动辄则曰清国兵其体格力量大较我兵为优，予不之信。"

这是一个黯淡的时代。历史上有着先进文化与显赫武功的中国，此时不仅没有"文明"的精神，也缺乏"野蛮"的体魄。

细节之四：正面与背后

《这里的黎明静悄悄》里，主人公瓦斯科夫准尉向新兵们训话时有这样一句台词："小伙子们，记住，勇敢的士兵，倒下去的时候，子弹应该是从前面打进去的，背后中弹不是个好兵。"

这句话讲得很"糙"，也不能一概而论。但从大的范围来说，中弹部位确实能够体现

在各项体能指标中，除了身高与胸围之外，日军皆有较大的优势，当得起"短小精悍"的评价

/ 约1895年,在朝鲜接受日军卫生队医治的清军战俘

士兵的战斗意志。

19世纪后期的战争,已完全是火器的世界,但机关枪等自动火器还未得到充分发展,火炮的装备数量也远较后来为少。因此,步枪是陆战战场上最重要的武器,枪伤在各种战伤中占了绝对多数。譬如,1866年的普奥战争,普军死伤者中枪伤占79%,炮伤占16%;奥军枪伤占90%,炮伤占3%。1870-1871年的普法战争,法军死伤者中枪伤占70%,炮伤占25%;普军枪伤占94%,炮伤占5%。而在甲午战争中,以日军第一师团死伤者的统计,枪伤、炮伤和刀伤分别占88.6%、6.9%和2.2%,第三师团的数字则是90.9%、7.5%和1.6%。鉴于日军的火炮运用更为熟练,清军死伤者中枪伤的比例会小一些,但肯定仍占绝对多数。可以说,甲午战争是一场"步枪的战争"。

为了调查日军使用的村田式步枪的实战效果,日军占领营口后,有军医参观了西方人在此开办的红十字会医院。战争期间,这家医院先后收治了上千名清军伤兵。军医提交的报告中写道:"从清兵患者的创口来看,射入口大抵在背后,自前面中弹者极少。"显然,这是逃走时中弹的表现。报告中又写道:"彼等负伤兵中弹丸留于体内者甚多,此一事不得不惊。以村田枪之锐利,弹着距离在五百米乃至六百米时，虽坚骨亦无不贯通，若至一千米以上，中骨滞留者较多。"这则是清兵逃走时双方距离渐远所致。

在日军官兵的记载中也时常可以看到这种情况：小股日军面对兵力占优的清军发动冲锋，对方不作坚强抵抗，仓皇逃走。

双方的战斗意志，差别是明显的，但原因所在不能简单地用"勇气"二字概括。清军缺乏严格的训练，缺乏演习的磨砺，更缺乏军人品格的培养，自然难以期待临阵会有多么奋勇的表现。更严重的是，由于没有建立预备役制度，战时只能靠临时征募来补充兵员。如在旅顺保卫战中，14700余名清军之中，竟有11000余人是新募兵，充其量接受过一两个月的仓促训练。这些为了糊口而扛枪的老百姓，面对枪林弹雨又怎么会不逃跑？

正如孔子所言："以不教民战，是谓弃之。"

细节之五：万国牌与村田枪

还是从战伤说起。

当时有位名叫芳贺荣太郎的军医调查了日军第三师团官兵所负的枪伤。他在报告中写道，

/十八年式村田铳

清军所用武器五花八门，从古老的前装式滑膛枪到最新式的八毫米口径毛瑟连发枪，无所不有。报告列出了二十余种枪支，包括德制毛瑟单发枪、毛瑟连发枪，英制施耐德步枪、恩菲尔德步枪、马提尼-亨利步枪，美制温彻斯特步枪、雷明顿步枪、斯宾塞步枪，法制米涅步枪、夏斯波步枪，仿制毛瑟枪、土制抬枪、火绳枪，还有几种不知名的枪支……

简直是国际枪械博览会。

别的不说，这种情形首先会给清军的弹药补给带来沉重的负担。中法战争期间名震一时的老将冯子材当时在广东招募军队，预备北上应敌。他向老长官张之洞建议，"军中用洋枪虽便捷，惟药码难购，且间有伪者"，不如制造抬枪抬炮。他认为"其子药随处可造，定以制胜"。然而，凭这种做工粗糙、沉重累赘、装弹迟缓的土制武器，更是难以制胜。

反观日本，在明治初年也曾有过混用多种外国枪支的情况，如主力部队装备施耐德步枪，二线部队装备德莱赛步枪，骑兵使用斯宾塞马枪，海军则使用马提尼-亨利步枪，因此也吃足了弹药补给的苦头。

不到二十年，已是村田枪的天下。

谈到村田枪，就不能不提它的设计者村田经芳。此人出身萨摩藩士，曾参加戊辰战

△ / 江南制造局总局大门。甲午战争前中国枪械制造业的生产能力与日本相比还是有比较大的差距

争和西南战争，是日本陆军有名的神枪手。1875年他前往法、德、瑞典等国考察，研究射击技术与武器。1880年，时为陆军中佐的村田设计了日本第一种国产步枪，称为"十三年式（1880年为明治十三年）村田铳"，1885年又根据日本人的体格加以改良，制成"十八年式村田铳"。1889年，村田为研究正在兴起的连发枪再度前往欧洲，后来设计了八连发的"二十二年式村田连发铳"。甲午战争期间，日军使用的主要是两种村田单发枪，而近卫师团与第四师团装备了村田连发枪。

至于中国，距离步枪国产化还有很长的路要走。此前，江南制造局、天津机器局等兵工厂仿制美制雷明顿、英制李·梅特福德、奥制曼利夏等步枪，但数量有限，不能满足军队需求，质量也较低劣。开战之后，李鸿章、刘坤一、张之洞等人纷纷向外洋求购枪支，外国军火商也趁机大发其财，把库存的老旧枪支高价兜售出去。

造还是买，往往是衡量一个国家工业化水平的尺度。

细节之六：牛昶晒的信

1895年2月16日，是日本联合舰队正式占领刘公岛、俘获北洋海军残余舰船的前一天。

这一天，威海卫水陆营务处提调牛昶晒给联合舰队司令长官伊东祐亨写了一封信。

编入日本海军后的广丙舰,该舰于1895年12月21日在澎湖海面触礁沉没

此信后来被译载在当时日本发行的杂志《日清战争实记》上:

（前略）广丙舰原属广东舰队。去年春季,李中堂按惯例校阅海军。广甲、广乙等舰为此来到北洋。事毕本应立即返粤,但随后因事暂留北洋。现广甲、广乙二舰已经沉没,遂使粤东一军之三舰只剩广丙一舰。此次战争,广东本未参与,若广东一军全没,则对不住广东总督,程舰长也无颜再见其长官。请阁下细察,归还广丙一舰。程舰长返广东再不参与此次战争。或把舰上各炮卸下,只归还空舰。如此,程舰长见到广东总督,也将稍增光彩。若此事得到阁下应允,我等将感恩不尽。烦请阁下答复。光绪二十一年正月二十日。牛昶昞拜。

"广丙"是福州船政局建造的一艘小型巡洋舰,与"广甲"、"广乙"同为广东水师的主力舰只。1894年初,三舰北上与北洋海军一同操演,后因朝鲜局势紧张而留在北洋,迎来了甲午战争。"广乙"在丰岛海战中负伤搁浅,自行炸毁。"广甲"参加了黄海海战,中途脱队逃跑,触礁搁浅,后被日舰击毁。余下广丙一舰,管带程璧光后来承担了与日方接洽投降事宜的使命。

牛昶昞的请求,毫无悬念地被伊东拒绝了。这一被日本人当作笑柄的请求虽然荒唐,但折射出了一个严肃的事实,当时地域意识的强烈与全局观念的淡漠。李鸿章当时曾感叹,这场战争是"以北洋一隅之力,搏倭人全国之师"。这当然是极端的说法,但若以海军而论,却算不得极端。整场战争期间,海战全都在北洋展开,而北洋海军除广东三舰之外,没有得到任何支援。当时李鸿章曾一再请求调南洋海军的"南琛"、"南瑞"、"镜清"、"寰泰"四艘巡洋舰北上助战,而署理两江总督张之洞极力推搪,硬是把四舰留在南洋,最终未历一战,未发一炮。其实,若不是两广总督李瀚章是李鸿章的兄长,广东三舰也未必会在北洋参战。

畛域分明,各自为政,当时外国人时常讥讽,中国内地十八省犹如十八国。

细节之七:同日宣战的幕后

1894年8月1日,在中日两军发生冲突数日后,光绪皇帝与明治天皇同日下诏,向对方国家宣战。

双方在同一天宣战,是巧合吗?非也。据时任日本外务大臣秘书官的中田敬义日后回忆,这是因为日方破译了清政府致驻日公使汪凤藻的密电。这份密电,应该指7月30日李鸿章致汪凤藻电:"总署沁午电:日本击我兵轮,业已绝好开衅。出使日本大臣汪凤藻应即撤令回国。遵旨电达,转电汪使云。"在日方档案中,可以找到它的破译文。根据当时的电报传递速度,这份电报从天津发到东京应在31日。日本人很可能就是通过这份电报推测出了中方的宣战时间,从而令己方的宣战诏书在同一天下达。这样,既不会因率先宣战表明自己是挑起战争的一方,也不会因滞后宣战显得软弱。

那么,日方是怎样破译中方密码的?当时的电报都是有线电报,发报需要通过电报局。对于身在日本的汪凤藻来说,与国内的往来电报如果不加密,就等于公开给了日本人。他当时使用的密码是1893年修订的《密红电本》,属于最新的密码,仅限驻外公使使用。

而在开战一个多月前的6月22日,外务大臣陆奥宗光向汪凤藻递交了一份汉文照会。第二天,汪凤藻便向总理衙门发送了一份极长的电报。日本人认为,

▲ / 1872年,年轻的明治天皇

这份电报的内容一定是报告前日照会。两相对照之后，外务省电信课长佐藤爱麿成功破译了这份密电。其后直到宣战前，日方至少破译了总理衙门与汪凤藻之间的密电58份。甲午战争结束后，日方论功行赏，根据陆奥的指示，佐藤被授予勋三等与年金。

中日开战之后，双方公使率领使馆人员回国，中日之间的官方联系完全中断，日方也失去了破译密电的机会。而到了3月李鸿章赴日议和的时候，这个机会重新来临。李鸿章与总理衙门联系时，用的密码仍是"密红"。于是，日本人通过李鸿章的报告与朝廷的指示，将中方的谈判底线看得一清二楚。不消说，这对谈判的影响是无可估量的。

保密与破译的暗地较量，令外交如同充满诡道的赌局。而中日双方的表现，犹如新牌手对老赌客。

细节之八："征清殉难九烈士之碑"

京都的若王子神社前，立有一块石碑。年久日深，碑面已变得斑斑驳驳，不过还能辨识出"征清殉难九烈士"的字样。

所谓九烈士，指的是九名甲午战争期间死在中国的日本间谍：石川伍一，29岁，在天津被捕枪决。藤岛武彦，26岁，在上海被捕，在杭州被斩首。山崎羔三郎，31岁，在奉天貔子窝被捕，在金州被斩首。藤崎秀，23岁，在奉天曲家屯被捕，与山崎一同被杀。钟崎三郎，26岁，在奉天碧流河畔被捕，与山崎、藤崎一同被杀。楠内友次郎，30岁，在上海被捕，在南京被斩首。福原林平，27岁，与楠内一同被捕杀。大熊鹏，25岁，猪田正吉，26岁，一同从奉天花园口出发后失踪。

以上九人中，藤岛、石川和山崎出自汉口乐善堂，其余六人则是日清贸易研究所的毕业生。这是当时日本在中国设立的两大情报机构。汉口乐善堂，是日军参谋本部职员伊集院兼雄大尉1884年在汉口开设的店铺，后由其同僚荒尾精中尉接手，以贩卖药品、书籍、杂货为掩护，从事情报搜集活动，其踪迹甚至远及新疆、蒙古和云南等边陲。日清贸易研究所则是荒尾精1890年在上海设立的机构，名义上研究贸易，事实上范围涉及几乎所有情报。1892年该所出版《清国通商总览》一书，共三卷两千余页，内容遍及中国的工商交通、风土人情，无所不包，堪称一部百科全书。此外，它还以培养"中国通"为宗旨，教授汉语、英语、商业、法律等课程，共有89名学生在此毕业。尽管它在1893年因财政枯竭而关闭，只存在了短短三年时间，但成就不小。后来著名的东亚同文书院，就是在其基础上开办的。

正所谓养兵千日，用兵一时。有事之际，这群曾在实地历练的中国通就成为了日方最可宝贵的人力资源。日清贸易研究所的毕业生中，有72人参与了甲午战争，担任翻译、间谍等。日清贸易研究所毕业生向野坚一在回忆录里写道：

明治二十六年，我毕业于上海同文书院的前身日清贸易研究所。同学中有离开上海回内地求职者，但多数人继续留在校内，用一年的时间从事对中国的实地研究。至翌年二十七年，日清风云告急之际，根津一先生（注：根津一，参谋本部职员，与荒尾精同为研究所的主要领导人）召集我等，动员云："日清两国之间的战争，业已迫在眉睫。对日本来说，此战是以富强自诩的清帝国为对手，不容乐观。所幸的是，诸君通晓华语，又多少通晓中国之事，故希望能暗察敌之军情及其他内情，为皇国效力。"我等皆无异议，立即从

△／京都若王子神社前的"征清殉难九烈士之碑"

命，迅即开始行动。当时，研究所蓄发辫的学生有十几人，我是其中之一，化装为华人从事军事侦察是极为方便的。于是，我等或往长江方面，或上天津，或去烟台，各自分头侦察敌情。

向野与山崎、藤崎、猪田、大熊、钟崎五人于日军第二军登陆辽东半岛时，分头前往大孤山、旅顺口、金州、大连湾、复州等地侦察军情。最后生返日本者只有他一人。他频繁往来于清军与

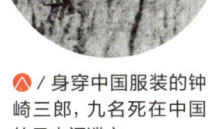

△／身穿中国服装的钟崎三郎，九名死在中国的日本间谍之一

日军防区之内，曾被中国百姓抓住，被中国骑兵盘查，还常被日本兵当作中国人加以辱骂，虽然吃够了苦头，总算没有变成第十个"烈士"。

整个中国，当时有多少人能够且敢于化装成日本人深入敌后侦察，又有什么人想到要培养这样的人才？

细节之九：日本间谍与中国少年

这个故事还要从前面提到的向野坚一说起。

1895年5月1日，战争已行将结束，而辽东还在日军的占据之下。向野独自一人骑着马，来到了复州南面的一个村庄黄旗大屯，找到了一户姜姓人家。姜家全家出门躲避战祸，只有当家的姜德纯留下看家。向野在日记中如此描述二人见面的场景：

我问他说："你是否认得我？我知道你的小儿子。我告诉你，去年十月在庙门睡……"我正要继续说下去，他一听"庙门"二字，忽拍手说："我知道你。你去年从普兰店途中在庙门睡觉，我领你到舍下的。你就是那位朋友啊。"他非常高兴。回想去年相逢事，我不胜喜悦，激动得流下了眼泪。

原来，去年向野从复州前往金州侦察时途经这里，那天下雨地湿，难以露宿。半夜，一位中年人前来招呼："到我们家来住吧，还有炕哪！"于是，他这晚难得地在热炕上好好睡了一觉。第二天早上告辞，主人拿出玉米粥、黑豆豆腐和猪肉小菜招待他。他拿出一小块银子作为酬谢，但对方坚决不收。这家的主人便是姜德纯。这正是中国淳朴民风的一个缩影。

向野当时自称是福州人，名叫李宝林，来做生意，还和姜德纯做私塾先生的父亲姜士采聊了聊《论语》和《孟子》。这个伪装没有穿帮，看来他在日清贸易研究所是下了苦功的。等他再来姜家之时，已剪掉了辫子，中国服装也已经换掉。然而，姜德纯对向野的态度，与当初对待"李宝林"相比似乎没有什么变化，而村里的人也议论向野前来答谢，是个不忘恩德的人。向野硬塞给姜德纯五元日本银币，还表示已向日本占领当局申请保护姜家。

几天后，姜士采带着十三岁的孙子姜恒甲来看望生病的向野，提出了一个请求："把这个孩子作为你的儿子，请收下教育。你是日本人，我是此地人，相隔千里。这次奇遇，可谓天缘。"他还给了向野一张纸条："恒甲今日来认你为父。"

这个少年，先在日军设置的复州军政署当杂役，不久由于第三师团长桂太郎的过问，被送到日本，在名古屋和京都念了小学和中学。日俄战争时成了煤炭商人，发了一笔财。后来又到了日军占领下的青岛，担任银行支

△ / 1895年，台湾群众与占领澎湖的日军

店长，在当地置地盖房，俨然一方绅士。

读到这里，又该作何感想呢？人们很容易想到古典小说中常出现的四个字：认贼作父。

但是，对当时的民众，不应作如此简单的道德批判。正如茅海建教授在《天朝的崩溃》中所言："中国的历史长达几千年，中国的老百姓在历史的变迁中对诸如改朝换代之类的重大变动都习以为常。只要不触动他们的眼前利益，逆来顺受又成为另一种传统。谁当皇帝就给谁纳粮。"

所以，在日军的占领区内，多数人甘心做了"顺民"。虽然民众的武装反抗也不鲜见，但出发点往往是为了保卫家园，而非保卫祖国。台湾的抗日斗争之所以激烈而持久，一大原因就在于《马关条约》让几百万台湾民众失去了家园。

让中国人认识到"国家"这个概念，还需要很长的时间。

（《国家人文历史》2014年14期）

缺失海权魂魄的舰队如何走向失败

文 | 许华

近代，中日两国都是在西方国家坚船利炮的攻击或威胁下，被迫对外开放门户的。两国有远见的思想家和政治家，都从一开始就认识到近代海军对于维护国家主权的重要性。从19世纪60年代起，两国相继开始学习西方，大举建设和发展新式海军。1894年，东瀛岛国日本发动侵略中国的甲午战争，击败了比自己庞大得多的对手。

隔海相望的海军发展竞赛

1840年的鸦片战争和1853年的"黑船来航"事件，在中日两国近代史上均具有重要意义。从此之后，两国都面临被西方列强侵略和吞并的民族危机。以30余艘舰船和万余人组成的英国远征军，远涉重洋，闯入中国的宁静海湾，使拥有近百万常备兵员的中国军队一触即溃。清廷从全国各地调兵遣将，动用了一切可以动员的部队和武器装备，但在历时两年的战争和绵延数千公里的战线上，却没有打过一场胜仗，没能守住一处重要阵地，最后只能被迫接受割地赔款的《南京条约》。同样，海军准将佩里率领的一支美国舰队驶入日本江户浦贺港时，不过是4艘军舰，却使日本德川幕府政权十分惊恐，被迫与美国签订《神奈川条约》，对外开放门户。

鸦片战争使清廷受到强烈的震撼，并促成统治集团中的有识之士睁开双眼去观察世界，发出"师夷长技以制夷"的时代呐喊。魏源、林则徐等人认为，"夷之长技，一战舰，二火炮，三养兵练兵之法"。他们建议并规划出创立中国近代海军海防的初步方案，以期形成"中国水师可以驶楼船于海外，可以战洋夷于海中"的有利战略格局。

日本明治政府从建立之初，就对海军建设给予极大关注。1868年10月，登基之初的明治天皇就看到发展海军的重要战略意义，发布谕令称："海军建设为当今第一急务，应该从速奠定基础"。明治政府还以对外侵略扩张为最高国策，制定以武力征服亚洲的"大陆政策"，将朝鲜和中国列为其侵略扩张

／ 布面油画，1853年，美国海军准将佩里率舰队驶入日本江户湾的黑船事件，让日本被迫结束锁国时代

的首选目标。为此，日本政府不遗余力地大举扩充以海军为核心的综合军备。

从19世纪70年代到80年代，中国海军在装备实力上较日本海军占据明显优势，这对遏止日本扩张野心起到积极作用，同时也直接刺激了日本发展海军的狂热情绪。中国虽以日本为假想敌，用李鸿章的话说，就是"今之所以谋创水师不遗余力者，大半为制驭日本起见"，但目的却仅在于防御。清政府从未制定过征服日本的战略方案；日本则完全不同，从1887年日本参谋本部第二局局长小川又次制定的《征讨清国策》，到1893年枢密院院长山县有朋提出的《军备意见书》，都是将中国作为日本的侵略目标来做考虑的。

这场旷日持久的海军军备竞赛，到19世纪90年代发生转折。由于北洋水师成军，以渤海湾为重点的海上防御体系已初步形成。但由于为慈禧太后归政而兴修颐和园和三海园囿、光绪皇帝大婚典礼、黄河河工等巨额开支，清政府的财政变得极为拮据。1891年户部奏准暂停南北洋购买外洋枪炮、船只、机器两年，将所省银两解部充饷。这一决策使得中国海军的发展停下脚步。正是

/严岛号

三景舰 日本专为对付北洋海军"定远"、"镇远"而由法国设计师白劳易设计的"三景舰"（以著名的"日本三景"命名），但在甲午战争时被寄予厚望的320mm火炮由于故障频频没有发挥出期待的作用

/松岛号

/桥立号

在此期间，日本却在加紧完成海军扩展计划，其中包括专为对付北洋海军"定远"、"镇远"两艘铁甲舰而购造的"严岛"、"松岛"、"桥立"三艘海防舰；向英国订造当时世界上航速最快的巡洋舰"吉野"号等。中日海军的差距日渐缩小，此前在发展道路上"领跑"的中国海军被落后的日本海军迅速追赶上来，渐渐丧失了此前拥有的优势。

高下分明的战略筹谋

甲午战争是日本军国主义者经过长期战略准备并精心策划的一场侵略战争。中日两国隔海相望的地理态势，决定了两国海军舰队在这场战争中的重大战略价值。

1894年6月5日，日本政府组建对华战争的最高统帅部——日军大本营；6月17日，大本营御前会议决定发动对华战争，并确定了日本海陆军作战的基本方针。其作战计划是：将陆军主力从海上输送入渤海湾择地登陆，在直隶（今河北）平原与中国军队进行决战，然后进攻北京，迅速迫成城下之盟。

但日军大本营认为中国海军

"占明显的优势","日本海军不仅没有战胜清国舰队的把握,而且还对它怀有一丝恐惧的心理"。他们因此认为中日陆军主力在直隶平原决战的结局首先取决于海战的胜败,即取决于日本海军能否首先在海上歼灭中国海军的主力北洋舰队,掌握黄海与渤海的制海权,从而保证安全输送其陆军主力兵团在渤海湾内登陆,实现作战的最终目标。

出于上述的考虑和预断,日军大本营在其作战计划中设置出作战的两个阶段。第一阶段:日本出动陆军侵入朝鲜,牵制中国军队;日本海军联合舰队出海,寻找战机歼灭北洋舰队,夺取黄海与渤海的制海权。第二阶段:根据海上作战所可能产生的不同结局,分别设计出三种具体方案:

(1)若日本海军在海战中获胜并掌握预定海区的制海权,则立即输送其陆军主力进入渤海湾择地登陆,在直隶平原与中国陆军实施决战;(2)若海战平分秋色,日本海军不能掌握预定海区的制海权,则以陆军主力达成对朝鲜半岛的占领;(3)若日本海军在海上失败,制海权落入中国海军之手,日本军队则全部收缩回本土设置防线,准备全力抵抗中国海陆军大兵团对日本本土的进攻。

日军大本营的上述筹谋与预案十分周密、明确而坚决;它对中国海陆军没有做出任何轻视的判断和决策,这完全符合兵家制胜之道。特别需要强调指出的是,日军大本营制定的是一个典型的具有鲜明近代军事特点的海军制胜战略,因为这场由两个隔海相望的国家之间进行的战争,其发展进程和最终结局,无不依赖于中日两国海军的决战即制海权的得失。完全可以说,两国海军对黄海与渤海制海权的争夺,具有关系战争全局的头等重要战略意义。日军大本营紧紧抓住了这场战争的"命门";因此战火尚未点

> **完全可以说,两国海军对黄海与渤海制海权的争夺,具有关系战争全局的头等重要战略意义**

燃之时,日方已居于一种主动而有利的战略态势,这是日方精心谋划的结果。

反观中国的情形则令人遗憾。清廷在1894年8月1日"对日宣战诏书"中说,日本"变诈情形,殊非意料所及",正好一语道出其仓促之间匆忙应战的窘态。在战略上,中国最高当局缺乏对战争的全盘筹划与部署,对于战争的各种可能情况也从未做过系统的分析和判断,更未制定出应付各种可能情况的作战预案。战争初起,主战者以为日本不过是海中小国,可以一战而胜之;主和者

则强调中国海军装备不如日本，认为若不依赖国际力量居间调停，难以取胜。双方所作的都是政治判断，考虑的是天朝大国的虚荣和派系集团的私利，对于海上战场和陆地战场的战略方向、战略战役的协同配合等，均属心中无数。决策者们根本没有将制海权的争夺和得失置于高度重视之中；甚至对于动员和使用其他地区的海军兵力与北洋水师配合作战这一非常重要的问题，也根本未作认真考虑；更没有专门组建统一的战争指挥与协调机构。

甲午战争打响之前，中日双方在战略筹谋上的高下之别，就已经使战局发展的天平开始明显倾向于日方了。

消极防御战略的终极恶果

1894年7月25日，中日两国海军初次交锋的丰岛海战，拉开了甲午战争的大幕。此战为日本蓄意挑起，对中方而言，属于遭遇战。但战端既起，中国方面仍未积极周密应对，则为大谬。7月27日，丁汝昌率北洋海军主力出海寻找日本海军联合舰队。李鸿章给北洋海军的训令是"惟须相机进退，能保全坚船为妥"，主张北洋海军实行"保船制敌"的战略方针。以后，在朝廷的压力下，北洋海军虽多次出海，都只是敷衍了事。表面上奔波于威海卫、旅顺口、大同江一线，实

▲/甲午战争时期，位于北洋海军旅顺基地的老蛎嘴炮台。1880-1885年，依旅顺口临海一侧山形地势，共筑9座海岸炮台，负责炮台设计建造的德国人汉纳根对老蛎嘴炮台的造法最为得意

际上不敢越出北纬37度线以南，更不敢前往日本舰队锚地隔音群岛；名义上是搜索日本舰队，实际上却是回避主力决战。黄海大海战后，北洋海军更是放弃争夺制海权，坐视日军部队在辽东半岛和山东半岛的登陆，先后完成对旅顺口、威海卫两大海军基地的海陆合围，使战争的局势完全倒向了日本一方，最终导致了北洋海军的覆灭和中国的战败。

△ / 1894年11月22日，日本占领旅顺，血洗全城。图为被日本占领的旅顺海军公所

甲午战争的失败，在战略层面上给我们留下了深刻的历史教训。近代海军是应资本主义开拓世界市场之需求而生长的，与之相适应的军事战略历来都是以进攻为主。而中国建设和发展近代海军的初衷则是对海上入侵的被动防御，这与近代海军自身的历史使命相矛盾。西方资本主义列强是为了海外贸易和向海外扩张而积极建设和发展海军的，他们需要与进行全球贸易和开拓殖民地相适应的海军舰队，并需要与之相适应的战略战术。所有资本主义海上强国对海权的运用都集中在海军战略上，这是以世界海洋为舞台，为整个国家发展战略目标服务的。清政府在起步建设近代海军时，只欲用海军于守疆土保和局，而不去积极谋求海权，不建立远洋进攻的能力和信心，更谈不到与之相适应的战略战术。

中国在甲午战争中奉行的消极防御战略，是同清政府的军事和国防战略直接相关联的。不可否认，在不断遭受海上外敌入侵的近代中国，海防是政府着力经营的重要事业。作为中国海军集大成者北洋水师的缔造者，李鸿章力主创办近代化的海军海防事业，源于他对时局的基本评估。在1874年的海防大讨论中，李鸿章指出："洋人论势不论理，彼以兵势相压，我第欲以笔舌胜之，此必不得之数也……历代备边，多在西北，其强弱之势，客主之形，皆适相埒，且犹有中外界限。今则东南海疆万余里，各国通商传教，来往自如，麇集京师及各省腹地，阳托和好之名，阴怀吞噬之计。一国生事，诸

惟各国皆系岛国，以水为家，船炮精练已久，非中国所能骤及。中土陆多于水，仍以陆军为立国根基

国构煽，实为数千年未有之变局"。

李鸿章虽然看到了中国当时所面临的前所未有的险恶局势，但他对于国防战略的基本主张却是陆主海从。李鸿章认为："敌从海道内犯，自须亟练水师。惟各国皆系岛国，以水为家，船炮精练已久，非中国所能骤及。中土陆多于水，仍以陆军为立国根基。若陆军训练得力，敌兵登岸后，尚可鏖战；炮台布置得法，敌船进口时，尚可拒守"。李鸿章在《筹议购船选将折》中指出："况南北洋滨海数千里，口岸丛杂，势不能处处设防，非购置铁甲等船，练成数军，决胜海上，不足臻以战为守之妙。中国即不为穷兵海外之计，但期战守可恃，藩篱可固，亦必有铁甲船数只游弋大洋，始足以遮护南北各口，而建威销萌，为国家立不拔之基"。

李鸿章是清政府中实际主掌海军海防建设大权的重臣，纵观他二十年关于海军海防的思想与实践，我们可以看出，在"中土陆多于水，仍以陆军为立国根基"的国防战略指导下，其海军海防思想的基本要素是：

（1）陆主海从的海口防御和近海防御；（2）不穷兵海外的"建威销萌"；（3）强调海口要塞的岸台陆防御敌。李鸿章的海军海防思想，显然带有闭关自守年代以中央帝国自居、满足于自给自足自然经济的生存空间、不愿积极向海外发展的大陆民族温顺平和的心态，也反映出在重大的时代变化面前，中国政治家的落伍与无奈。

以李鸿章为代表，中国海军海防战略思想中所亟缺的，正是以舰队决战的方式争夺制海权的核心要素。这种消极防御的海军海防战略，曾经导致1884年中法战争中福建水师坐困于闽江，招致被法国舰队全歼的惨痛悲剧，也注定了北洋海军在甲午战争中全

△ / 1886年，正红旗汉军都统善庆（左）、醇亲王奕譞（中）、直隶总督北洋大臣李鸿章（右）巡阅北洋水师时留影

军覆灭的必然结局。

李鸿章在甲午战争中为北洋海军制定的作战指导原则是：1.保全军舰；2.寻找战机袭击日军运兵船队；3.保护己方海上运输线的安全。在此，保全军舰仅用于保护己方的海上运兵线，这就必然使北洋海军本应具有的战略价值被大打折扣，使这支颇具规模的海上机动攻击力量充当运输护航队，最多也只能充当针对敌方运输船的突击队，而不能给敌方海军作战兵力以致命打击，自然难以在战争中获胜。

海军是在海洋上履行战略使命的军种，其最强大的生命力来源于积极进取的海上军事战略。作为一个军种，海军就是"海洋上的野战军"，其最大的特色和本质就是进攻；即使是在防御作战当中，也应该寻求或创造一切可能的战机，去大胆实施积极的攻势作战行动。而任何一支奉行消极防御战略的海军，在战争中必然是只能落得被动挨打甚至彻底覆败的结局，甲午战争中的北洋海军正难逃这种下场。

缺乏以舰队决战的方式争夺以制海权为核心的正确战略指导，终于铸成北洋海军的败局。与此完全相反的是，日军大本营非常明确地将通过舰队海上决战而歼灭北洋海军列为日本海军的首要作战任务，其作战指导思想是积极的。这也正是李鸿章和中国军政当局所亟缺的一条。仅此一点，就充分显露出中日两国在海军战略暨海权运用方面明显的高下之分，其在战场上的后果则是必然的。

"伤心问东亚海权"

19世纪末，帝国主义列强在华争夺势力范围，强租军港，构筑炮台，修建军事基地，控制了南起广州湾、北至旅大的众多沿海战略要地，并将炮舰驶入渤海湾内和长江之内的多处重要港口，从而形成了一个中国门户洞开，藩篱尽失，京畿腹地处于列强炮口之下的严重危机局面。

1911年秋，腐朽没落的大清王朝被推翻。1912年12月4日，中华民国第一任海军总长兼海军总司令黄钟瑛将军病逝。面对当时中国所处的严峻外部形势，孙中山先生写下了这样一副情真意切的挽联："尽力民国最多，缔造艰难，回首思南都俦侣；屈指将才有几，老成凋谢，伤心问东亚海权！"

的确，恰如孙中山先生所发出的"伤心问东亚海权"的时代浩叹，中国在自鸦片战争后的百余年中，英、法、日、俄、美、德等列强，从海上入侵84次之多，入侵舰艇达1860多艘次，入侵兵力约达47万人。中国无海权则国家无兴盛，甲午战争就是最惨痛的历史教训。

在甲午战争前几年，美国海军学院院长艾尔弗雷德·塞耶·马汉以理性思维总结出海权理论而享誉世界。马汉的海权理论，将控制海洋提高到国家兴衰的最高战略层面。马汉后来又高度概括地指出："海权包括凭借海洋或通过海洋能够使一个民族成为伟大民族的一切东西"；"无论平时还是战时，对海权的运用便是海军战略"。马汉的海权理论昭示世人：海权是一个战略范畴，是国家海洋战略与海军战略的核心与基础；海权的实质是国家通过运用优势的海上力量与正确的斗争策略，实现在全局上对海洋的控制权力。1890年，小罗斯福（后于1901年当选美国总统）在拜读了马汉早期的海权著作之后，立即激动地写信给马汉说："如果我不把它当作一部经典的话，那就大错特错了。"

在以海军制胜为显著特征

/海权论的创立者艾尔弗雷德·塞耶·马汉

的中日甲午战争中，中日两国对海权的认识和利用的程度高低，从根本上决定了这场战争最终的胜负结局。我们不应否认，在鸦片战争中领教到西方列强坚船利炮的厉害之后，清政府在海军海防建设方面投入巨大力量，甚至建成在亚洲首屈一指的庞大海军舰队，但为什么换不来国家的兴旺发达，反而在反侵略战争中接连失败？一言以蔽之的答案是：清政府建设和发展近代海军，从来就不是海权意识的产物！从来就没有与发展海权紧密联系在一起！

19世纪之后，世界已进入这样一个时代：每个国家，尤其是沿海国家的政治、经济、军事和文化，都无可选择地开始与蓝色的海洋紧密地联系在一起；国家的兴衰荣辱也与海军战略紧密地联系在一起。资本主义国家为贸易和海外拓殖而拼命发展海军；海洋和海军，实际上已成为西方各国资本主义发展的国家战略问题。

拥有漫长海岸线且处于封建专制统治之下的古老中国，就这样被迅猛发展的时代无情地裹挟进这个世界大潮。但是，清政府在建设和发展近代海军时并没有真正认清这一不可抗拒的世界大潮，而始终局限于对西方列强炮舰政策的一种本能反应，仅仅是一种企图重新关上国门的较低层面的军事防御对策。因此，清政府建设和发展海军的整个过程，始终呈现着一种海患紧则海军兴、海患缓则海军弛的被动、消极和短视的现象。即便是在中法战争结束，光绪皇帝发出"惩前毖后，自以大治水师为主"的战略动员令时，封建统治者也没有透彻洞悉世界发展趋势，改变和更新那种将汪洋大海仅仅当作天然屏障的陈腐落后的海

中国建设和发展近代海军的起步并不迟于日本，并曾具有与日本同等的在亚洲崛起的历史机遇

洋观念，仍然顽固地将建设和发展海军作为重关国门之策。

中国建设和发展近代海军的起步并不迟于日本，并曾具有与日本同等的在亚洲崛起的历史机遇。可惜的是，清朝封建统治者缺乏明确的海权意识，企图将一个产生于资本主义并服务于资本主义的新军种纳入封建主义的陈腐轨道，企图用代表和体现着资本主义先进生产力的坚船利炮，去维护和挽救濒临死亡的封建主义生产关系。从这个意义上说，正是海权这一把无情的时代利剑，决定了近代中日两国不同的历史命运。

（《国家人文历史》2014年14期）

甲午战争与民族国家构建

文 | 马勇

甲午战争过去两个甲子了,本该成为一个遥远的历史记忆,但是由于这几年东亚政治格局的特殊性,一百多年前的这场战争激起中国人无限反思。诚如许多研究者所论,如果仅就物质、财富、军事力量而言,中国不应该输掉这场战争。中国的失败有许多可供总结的地方,比如制度,比如战略,都有值得继续思索的空间。只是由于《国家人文历史》行文限制,这儿最想说的,是包括统治者在内所有中国人的国家理念问题,也即近代中国的"民族国家"建构。

"国不知有民"

据前贤研究,古典中国虽然获得了巨大的文明成就,但仅就制度而言,中国至少自秦汉以至甲午,无论有过多少次改朝换代,中国的政治架构始终囿于以伦理为基本特征的"家-国形态",君臣、父子、夫妇的等级秩序结构,"为政以德"的政治伦理、道德示范,都在说明中国还不是一个近代意义上的"民族国家",还处在一种明显的"前近代"状态。国家的管理,不论换了赵钱孙李周吴郑王多少姓,人民只是这个国家抽象的生命,是数字,并不具有近代民族国家的公民、国民所蕴含的意义。古典中国的等级社会造就了西方人一度欣羡的"有序",不过如实说来,这种"有序"扼杀了一般民众的基本权利。

在古典中国状态下,中国人的生活方式千百年日复一日,就是靠天吃饭的农业文明,天高皇帝远,农民对政治,对皇帝的期待非常简单、单纯。但是到了近代,当西方近代生活方式、思想方式渐渐传入中国,经

∧ / 1903年的慈禧,北京,当年,御用摄影师裕勋龄为慈禧拍摄了一系列后宫生活照

▲ / 1894年10月26日，九连城及炮台被日军攻占，九连城之战是甲午战争中日军侵入中国领土的第一场战役

过三十年洋务新政洗礼，中国社会已经形成了一个"先富"阶层的时候，政治依然延续"家天下"的传统，不顾一般民众应该享有的政治权利，可能是甲午战争之所以失败的重要原因之一。

"国不知有民"，在政治上的主要表现，就是那些主导政治的人不是以人民福祉、安全为国家政治的首要考量，而是以自我为中心，按照自己的日程行政。1894年的春天，朝鲜的局势已相当紧张了，东学党起义已严重影响了朝鲜的政治秩序。在清朝统治者意识深处，始终不愿承认朝鲜是一个独立的主权国家，始终要将朝鲜纳入中华帝国的宗藩体系中，尽管到了这个时候，清朝所领有的藩属只有朝鲜一家了，但清朝统治者就是要牢牢抓住不放。

既然牢牢抓住不放，那就应该集中精力、集中智慧去处理这件事，特别是当朝鲜政府不得已请求中国出兵援朝时，中国应该拿出自己的胆略、胆识，要有"率有道伐无道"的正义感，要有为民请命的担当。然而我们看到的情形却是，朝野上下漫不经心，根本不把朝鲜民众福祉、安全放在心上，更不会顾及在朝鲜的各国商民安全、利益。朝廷按照既定政治日程忙着为慈禧太后祝寿。那一年，实际上就是大清王朝独具特色的

"政治年份",是慈禧太后辉煌时代的记录,也是小皇帝新时代的开始。只是人算不如天算,一场宏大的"政治秀"生生被日本人给搅黄了。

就那时中国政治架构而言,慈禧太后六十大寿庆典不仅无法重新选择时间,而且本身就是国家大典,蕴含着丰富的政治信息。在一定意义上说,慈禧太后六十大寿的庆典并不是单纯为老太太庆生,这是因为慈禧太后自1860年临朝听政,至今已有34年,太后也从26岁的青年寡妇变成了真正的老太太,向"人生七十古来稀"的路上奔驶。另一方面,1871年出生的小皇帝经过十几年培养,已经出落得一表人才,满腹经纶。1888年,光绪帝刚刚17岁的时候,清廷内部就曾思考过让小皇帝亲政。只是由于各种原因在那一年没有完全实现权力的完整交接,慈禧太后只是退居二线,小皇帝也只是一个见习皇帝,并不拥有完整的处理朝政权力。又经过几年磨练,按照清廷规划,当慈禧太后六十大寿庆典后,小皇帝将完整接手权力,独立自主处理朝政,而慈禧太后也将随之退隐颐和园,颐养天年。所以,就清廷政治而言,慈禧太后六十大寿庆典,就是国家大典,是旧时代的终结,新时代的开始。

基于这样的考量,清廷对权力移交、太后庆典进行了周密准备。提前两年,清廷就以光绪帝的名义发布谕旨:"甲午年,欣逢

1

2

1／日军占领金州后,在金州的行政机构发布安民告示,恢复地方秩序。图为金州城原副都统府前开设的粥棚
2／按照清日两军降伏协议,刘公岛降伏清兵先乘船摆渡至威海卫港集合,然后从陆上遣散。图为下船登岸的刘公岛陆军将士
3、4／为躲避日军,清兵随身的行囊内大都事先预备普通百姓的衣服,在逃跑时换装混入百姓之中。图为金州城内,被俘的化装成农民的清军士兵

花甲昌期,寿宇宏开,朕将率天下臣民胪欢祝嘏。所有应备仪文典礼,必应派专门大臣敬谨办理,以昭心慎重。"(《皇太后六旬庆典档案》)清廷组建的庆典筹备组囊括了礼亲王、庆亲王以及各部尚书等内外重臣,足见慈禧太后六十大寿庆典,并非过去一些研究者所说的那样,仅仅是为了满足太后一己之虚荣。

六十寿典既然具有如此重要的国家意义,那么发生在朝鲜的那些事情不可避免被忽略、被遮蔽。研究者普遍注意到,不论是日本7月25日不宣而战击沉高升号运兵船,还是中日海军9月17日大战黄海,甚至到了10月24日,日军渡过鸭绿江,大举进入中国本土,慈禧太后六十大寿的庆典活动依然无法停止,直至11月7日(农历十月初十)慈禧太后诞辰纪念的正日子,庆典达到高潮。这一天,大连湾失守,旅顺告急。日军所到之处,中国百姓所遭受的影响,在清朝统治者那里,近乎无视。

"民亦不知有国"

"国不知有民,民亦不知有国",自古已然。

许多研究者有过这样的假设:清军在朝鲜的失败,包括高升号事件、牙山之战、成欢驿之战、平壤之战,并不算整体失败,更说不上彻底失败。据统计,高升号清军牺牲871人;牙山、成欢驿之役,清军伤亡两百余人;平壤之役,清军死伤、失踪两千余人,被俘约七百人。

黄海大战五个小时,北洋舰队致远、经远、超勇、扬威、广甲五艘军舰或被击沉,或被击毁,死伤千余人。

战争进行到这个时候,中国丢掉了朝鲜,但从军事实力上说,不论陆军,还是海军,主力犹在,并没有受到毁灭性打击。

而且,在中国丢掉朝鲜后,战场已转移至中国境内。对于中国来说,就是"主场"作战,即便不一定保有"天时",但肯定拥有"地利",拥有"人和"。因而当时许多主战的清流,都不认为中国应该认怂,而是应该迁都,力主再战。对于研究者来说,这就像后来蒋介石领导的中华民族全民族抵抗,坚持八年,苦撑待变,终于迎来了第二次世界大战爆发,迎来了太平洋战争,中国战场成为世界反法西斯战争的一个组成部分,中国终于获取最后胜利。研究者的困惑在于,第二次中日战争既然能够苦撑待变,为什么第一次不行?

其实,第二次中日战争与第一次有着本质不同。第二次,中华民族经过甲午战争之后近半个世纪的整合,一个现代民族国家基本构成,"中华民族"这个概念虽然起源较早,但真正形成,并被各族各界所认同,就

在抗战时期,中国人中的大多数为民族解放而战已成为一个比较自觉的意识。但在第一次中日战争即甲午战争时期则不然,那时的中国,尽管是一个绝对统一的中央集权国家,然国人与国家并不同心,利益更不一致。当清政府与日本因朝鲜前途开打时,中国人中相当一部分不是站在清政府的所谓"国家立场"上反对日本,共同抵抗,而有相当一部分中国人"箪食浆壶迎王师",将日军作为解救自己的希望,利用外患实现改朝换代的目的。

根据日本人编订的《日清战争实记》,当日军围攻九连城的时候,当地居民并没有将日军视若仇雠,而是携带鸡鸭猪牛奉献日军,随行记者不禁感慨:"'东西旦暮相望,庶民子来',古人之言,不欺我也。"

部分中国人的这种举动让日军战地最高指挥官山县有朋格外感动,随即下令免除当地居民当年所有苛捐杂税。山县有朋的决定获得了出奇效果,逃避战乱的中国人陆续回家,甚至有中国人像后来的所谓"伪军"那样,主动请求为日军效力。

这种情形在甲午战争之前几次中外冲突中都曾发生,翁同 的父亲翁心存就在日记中记录了英法联军在天津受到相当一部分中国人的欢迎。我们当然不会说这是中国人中的普遍现象,但也不能说这种现象不值得关注。那么,满洲人建立大清王朝已经两

百年了，为什么中国人还没有对这个政权、这个国家建立最起码的认同呢？蒋梦麟回忆录《西潮》记述了童年时听到的一个故事，或许有助于对这个问题的理解：

> 大约二百五十年前，清兵入关推翻了明朝，盗贼蜂起，天下大乱，但是我们村中却安谧如恒。后来圣旨到了村里，命令所有的男人按照满洲鞑子的发式，剃去头顶前面的头发，而在后脑勺上留起辫子。男人听了如同晴天霹雳，女人们则急得哭了，剃头匠奉派到村子里强制执行，他们是奉旨行事，如果有人抗旨不肯剃头，就有杀头的危险。留头究竟比留发重要，二者既然不能兼得，大家也就只好乖乖地伸出脖子，任由剃头匠剃发编辫了。

但是，由于江浙民间一直保有"扬州十日"、"嘉定三屠"的口头记忆，这些汉人在屈从于现实政治的同时，却在内心深处不断复述、重构满洲人入关时的罪恶记忆。于是江浙一带有一个最为奇特的现象，"男降女不降，生降死不降"。就是说，男人不得不屈从于满洲人的淫威剃头编辫，但女人却可以躲过这种羞辱；活着的时候没有办法不屈从，但等到这些男人死的时候，依然恢复到明朝时的梳妆打扮。种族的差异、屈辱，在满洲人统治的正常年景当然安稳如故，但民间的仇恨记忆，种族复仇的记忆，在有清两百多年历史上不断重复，遇到外敌入侵，进来更新的"异族"，汉人不期然唤醒了种族仇恨记忆，民族国家建构无从谈起，种族主义却在这种特殊历史时期复燃。

蒋梦麟的记忆，还只是江浙民间的一般情形。这种情形还见于章太炎的童年。章太炎不止一次回忆，他的儿童时代不断被家族中的知识人灌输种族仇恨，不断复述满洲人入关时是如何残忍。（章太炎在《自定年谱》中说他十几岁时得读《东华录》，知戴名世、

汉人不愿认同满洲人，是因为满洲人在建政中原之后始终没有主动构建一个真正的民族国家

吕留良、曾静等人反满故事，"甚不平，因念《春秋》贱夷狄之旨"，种族革命思想油然而生。）须知章太炎生于1869年，他的童年应该说是大清王朝经过两次鸦片战争打击之后比较好的时期，正史所谓"同光中兴"或许略有夸张，但在章太炎童年，经济持续增长，社会大致稳定，也是事实。在这样一种时代，汉人依然不愿认同满洲人，这就很值得深思。

汉人不愿认同满洲人，是因为满洲人在建政中原之后始终没有主动构建一个真正

△ / 日本人绘制的1895年4月17日中日马关签约图。甲午惨败彻底改变了中国在世界格局中的地位，中国由此陷入崩溃之边缘，而日本则一跃而为亚洲第一强国，两国命运从此改写

的民族国家，满洲人的种族统治确实让一些人有异族统治的感觉，有被殖民的感觉。这种情形在满洲人的政治统治强硬时期没有办法发作，但只要有外部势力进入，其内部的种族革命必然迅速从思想转化为实际的政治运动。孙中山领导的中国革命，就是最好的历史证明。

民族国家建构

对于中国而言，甲午战争是一场噩梦，三十多年和平发展被迫中断。先前循序渐进学西方改为急切地学东方，打败自己的日本成为此后中国很长时间的老师、榜样、楷模。也正因为这些原因，甲午战争又是近代中国的真正起点，一个真正意义上的现代国家由此慢慢构建起来。

现代民族国家的构建，是甲午战争留给中国最大、最积极的政治遗产。梁启超在《戊戌政变记》中说，"吾国四千余年大梦之唤醒，实自甲午战败，割台湾，偿二百兆以后始。""四千余年"稍嫌夸张，但中国确实因甲午战败而"大梦初醒"，一个全新的民族国家渐渐呈现。这就是甲午战争在近代中国思想转型中所具有的意义。

甲午战后，中国一切归零，重新起步，

先前一味追求"坚船利炮",追求经济实力,转换为一个社会的全面发展、全面改造。中国在1895年所确立的方向是"维新",而"维新"一词尽管来自中国古典,但中国人在甲午战后想到这个词,并用这个词去命名一个时代,显然受到日本明治维新的启示,是中国文明的再引进。

日本的明治维新,就是"国家再造"。中国此时转身向东学习日本,其实也是要重新构建一个新的民族国家。这方面最极端的例子,当然是孙中山的"排满革命"。在孙中山的概念中,满洲人不是中国人,满洲人利用明末特殊的历史环境入主中原,实际上是对汉民族的殖民统治。

中国积弱,非一日矣!上则因循苟且,粉饰虚张;下则蒙昧无知,鲜能远虑。近之辱国丧师,剪藩压境,堂堂中华不耻于邻邦,文物冠裳被轻于异族。有志之士,能无抚膺!夫以四百兆苍生之众,数万里土地之饶,固可发愤为雄,无敌于天下;乃以庸奴误国,涂(荼)毒苍生,一蹶不兴,如斯之极。(《檀香山兴中会章程》,《孙中山全集》第一卷,19页。)

孙中山的这个说法在清朝终结之后有所调整,但在1894年之后十余年间,排满革命确实是中国政治思潮中最具有影响力的主张,也正是由于孙中山排满革命的外在压力,成为满洲人在清末最后十几年政治变革的动力,满洲人试图对先前具有种族歧视性质的社会结构进行改革,平满汉之界。这在事实上推动了近代民族国家的形成。一个值得注意的结果是,孙中山革命党竭力鼓吹的排满革命,等到清廷终于要关张的时候,中国人中的大多数却出人意料同意"五族共和",一个全新的近代民族国家,因为满洲人退出中国的实体统治而开始。

为近代中国民族国家构建出力的还有康有为、梁启超、谭嗣同等人,他们在甲午

康梁等普遍认为,日本一个小小的岛国,能够一举击败中国,主要就是日本通过维新改弦更张

战后没有像孙中山那样对满洲人彻底失望,而是对满洲统治者寄予无限同情,帮助清廷进行政治改革、国家重建。康梁等普遍认为,日本一个小小的岛国,能够一举击败中国,主要就是日本通过维新改弦更张。所以,中国要想重建辉煌,就必须像日本那样进行改革,重建制度,要将传统意义的"家天下"改造成国民人人拥有正当权利的"公天下",他们在1894年之后至戊戌变法失败的全部政治活动,其主旨就在于此。

(《国家人文历史》2014年14期)

甲午沉舰的百年寻踪
发现致远舰！

文 | 陈悦

2014年9月17日，是甲午黄海大东沟海战120周年纪念日。从前夜起小城威海便笼罩在蒙蒙雨雾中，上午时分，《国家人文历史》杂志社和海军史研究会以及北洋海军后裔发起的纪念活动在威海刘公岛半山腰的北洋海军忠魂碑下举行，献花、祭酒、凭吊先烈。同一天，在距离威海北方千余公里外的辽宁大东沟外海域，一艘工程船上不断有潜水员下水，国家文物局水下文化遗产保护中心从9月初以来在这片海域开展的沉船调查活动，进入新的一个工作日。在这个带有特殊纪念意义的日子里，谁也没能够想到，大东沟海底一件特殊的物品将会进入潜水员的视线，一艘凝聚了国人太多情愫的北洋海军沉没军舰，会在这一天揭去笼罩120年的神秘面纱。

数次无功而返的打捞

在中国文化中，有追寻失落或者被埋

致远号

制图／方禾
考证／陈悦

没的事物"重见天日"的习惯性现象，这种特殊的追寻，不仅针对古代文化的遗存，也包括很多近现代产生的特殊历史证物。寻找甲午战争中沉没的中国军舰就是国人常说常新的话题，恰如找寻老战士的遗骨散落何方，也具有某种洗雪耻辱的隐喻。

建军于1888年的北洋海军，是中国在发展近现代意义海军道路上所取得的迄今最突出的成就，实力排名一度位列亚洲第一。这支龙旗海军每年北上南下，在北起俄罗斯海参崴，东抵朝鲜、日本，南迄新加坡、马来西亚的广阔海域上频繁活动，是当时东亚海域最活跃的海上武装力量，掌控东亚制海权达七年之久。然而这支军队也是中国在发展近现代意义海军的历程中，空前失败的当事者，1894至1895年爆发的甲午海战，北洋海军历经丰岛、黄海、威海三场恶战，全军尽覆。

这支军队，同时凝聚了辉煌的荣耀和惨痛的失败，作为最早试图追赶世界的近代化

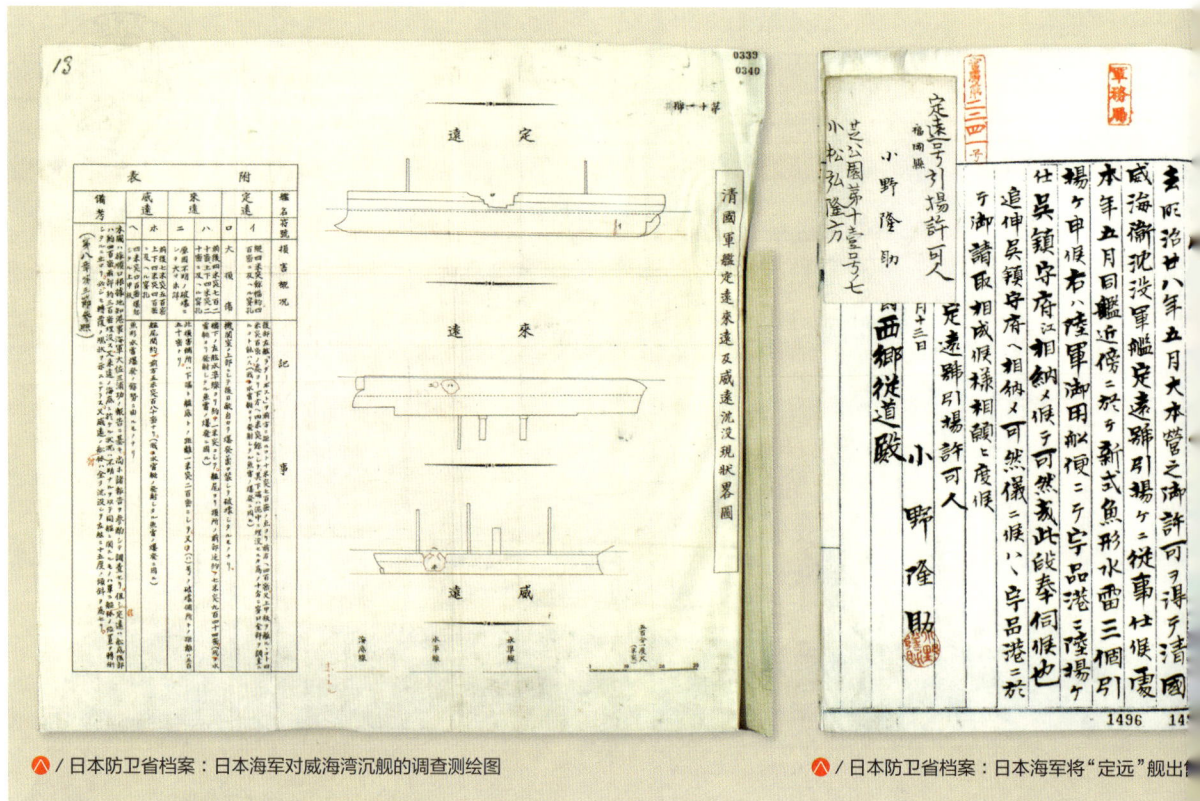

▲ / 日本防卫省档案：日本海军对威海湾沉舰的调查测绘图

▲ / 日本防卫省档案：日本海军将"定远"舰出售

努力样本，在中国近代史始终处于特殊的地位。伴随着北洋海军的兴亡胜败，很多战舰的命运也跌宕起伏，其订造时的显赫身世，来华后纵横海上的雄姿，以及最后海战中悲壮的战事令人熟知。其中最让后人牵挂的，莫过于甲午海战中沉没的中国军舰，常有人想象着，蔚蓝色的大海下，那些老战士的遗骸究竟在何方，想象着有一天这些沉没的军舰能够重见天日，将关于中国海军和海洋的一段久远历史变成眼前实实在在的真实存在。

甲午战争中，北洋海军沉没军舰主要集中于两个地点，即辽宁大东沟外海的黄海海战沉舰和山东威海湾内的威海保卫战沉舰，尤以沉没在大东沟外海的英雄舰"致远"最广为人知。

由于近代以来中国社会众所周知的坎坷变迁，甲午沉舰得到国人关注已是1949年以后之事。最初的关注动机容易让当代人感觉一丝尴尬，20世纪50年代中国掀起了一轮打捞沉船的运动，很多沉没水下的舰船都被纷纷从水中拖出，肢解回炉炼钢，以此支援国家经济建设，此时甲午沉舰也被一些地方当作找寻的目标，不过因为当时水下调

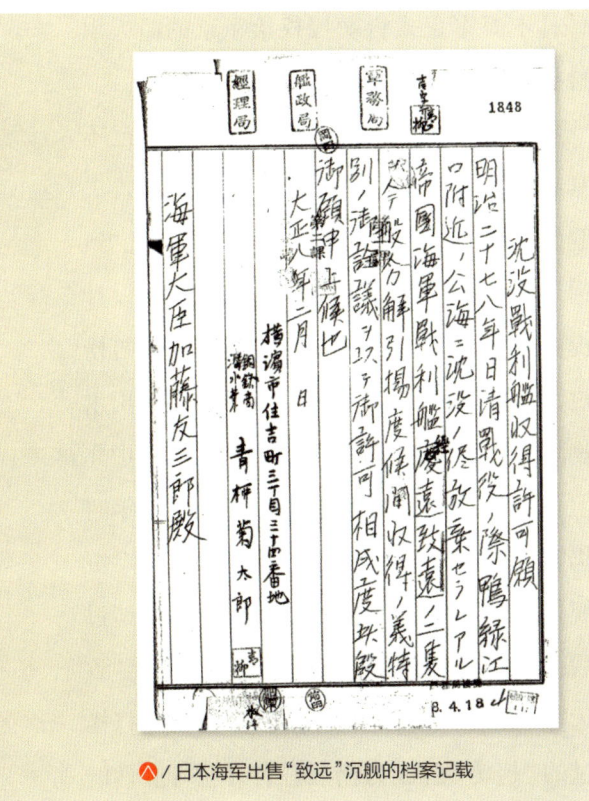

△ 日本海军出售"致远"沉舰的档案记载

查能力的欠缺,加之对沉舰资料了解不足,甲午沉舰幸运地没有被发现。

沉舰这一话题再度引起国人注意,是到了20世纪90年代。随着电视剧《北洋水师》的热播,加上1994年甲午战争100周年纪念热潮的催动,寻找北洋海军沉没军舰在社会上引起热议,其关注的焦点自然是英雄舰"致远",有关"让致远舰重见天日"等呼声在社会上出现。在1996、1997年出现了声势浩大的打捞大东沟海战沉舰活动,主办人获得国家文物局批准,成立"中国甲午黄海海战致远舰打捞筹备办公室",委托江苏江阴澄西海洋特种工程有限公司于1997年4月30日至8月29日对大东沟海战沉舰进行勘测、探摸。主办人宣称寻找成功,但并没有举出任何有力的水下文物实证。不久后"打捞办"被撤销,此事不了了之。留下的结果,除了具体承担水下调查的打捞公司为了追索拖欠的打捞费而向法院起诉外,就剩下几个向公众宣传的所谓甲午海战沉没军舰坐标,以示虽然没能打捞,但是找到了全部的甲午沉舰,尽管这些坐标都没有任何水下考古的实证发现为依据。

进入21世纪,接连又出现了香港某周刊意图打捞沉没在威海的"定远"舰,北京某电视台有意向出资打捞沉没在大东沟的"致远"舰等新闻,这些活动也都相继因资料和资金等问题胎死腹中。不过海军史研究界在新世纪后借助互联网手段,对日本历史档案的查询日益便捷,使得寻找甲午沉舰的档案依据出现了重大转机。

首先,此前在国内并不为人所知的有关甲午海战北洋海军沉没战舰的隐秘历史浮出了水面,甲午沉舰一段更为久远的历史被揭开了。

未经验证的沉船坐标

实际上,早在甲午战争还未结束的时

候，日本海军已经对沉没的中国军舰动起了心思。

1895年日军占领刘公岛后，曾派潜水员对威海湾中的北洋海军沉没军舰进行调查、绘图，而后可能进行了打捞拆解，"来远"、"靖远"等沉舰皆在此时被先后打捞拆解，在一幅拍摄于刘公岛刚刚沦陷时的照片上，就能看到海面上停泊着日本海军的打捞工程船。对于威海湾北洋海军沉舰中规模最巨的一艘——旗舰"定远"，日本海军则公开出售，由日本香川县知事小野隆助以3万日元的价格买下，从1895年至1898年陆续拆解运输回日本，其中大量舰材当作废旧物资变卖，少量则被小野隆助留下当作建筑构件，在其故乡福冈太宰府修建了一座私人住宅，命名为"定远"馆。

在日本的档案记载中打捞开始最早的则是沉没在大东沟海战场上的中国军舰。1894年9月17日的黄海浴血搏杀中，北洋海军共战沉"超勇"、"扬威"、"致远"、"经远"4艘巡洋舰，其中尤以"致远"舰的事迹壮烈而著称。大东沟海战结束后不到一个月，日本海军即预备将战场上沉没的中国军舰当作废铁出售，因为"扬威"舰搁浅于浅水区，事前已经被日本军舰用鱼雷炸散，而"超勇"舰体量小、遭受过严重的火焚，拆解变卖的经济性不高，日本海军标价出售的是"致远"、"经远"二舰的打捞权。1894年11月10日日本海军正式售卖授权给东京的商人山科礼藏，任其打捞拆解。

按照这一记载，"致远"、"经远"舰已不具有存世的希望，然而日本海军在出售二舰的打捞权时曾有附加条件，为了研究"致远"、"经远"沉没的原因，以此为舰船设计提供经验借鉴，海军要求打捞商必须就打捞过程进行及时报告，并提供完整的打捞出水物品的清单目录。此后的日本海军档案中非但找不到这类文件，甚至出现了1919年时仍有人向海军申请购买"致远"、"经远"沉舰打捞权的记录，同样的，1919年的申请过后，也没有任何的下文。这一情况，又使"致远"、"经远"和日本海军从一开始就未打捞过的"超勇"舰成为仍然有着寻获可能性的军舰。

更加重要的是，在日本防卫省档案以及日本海军1905年出版的官修军史《明治廿七八年海战史》中还记录有大东沟沉没北洋海军军舰的沉没点坐标，这些坐标与国内1997年那场所谓的打捞甲午沉舰活动标定的沉舰坐标基本不同。这些未经水下调查验证的历史坐标，又给找到甲午沉舰新增了重要的可能性。

聚焦大东沟

大东沟位于鸭绿江入海口西侧，是一条

被海水冲刷出来的河沟,百年的岁月变迁,已经使得这条河沟的面貌较甲午海战时发生了翻天覆地的变化。在大东沟外不远处的海面上,有一座距离甲午黄海海战战场最近的海岛——大鹿岛,当年就曾有一些脱险北洋海军官兵漂流到这座海岛遇救。有关甲午沉没军舰的传说,在小岛上也流传甚广,岛上还有一些老村民回忆过抗日战争时代日本人在大鹿岛附近海域打捞、拆解甲午沉舰的历史。岛民们对于甲午沉舰的朴素感情,可以透过岛上一座现代新建的带有衣冠冢、纪念碑性质的"邓世昌墓"窥见一斑。

源自大鹿岛村民回忆的甲午沉舰被日本人拆毁的说法,虽然在日本防卫省档案中找不到相关的记录,但在未经水下考古验证之前,却是不得不面对的口述史料,也是新世纪后史学界探讨找寻大东沟沉舰一事时最忐忑的心结。

从2004年丹东打捞"致远"舰的新闻不了了之后,社会上关于甲午海战沉没军舰的关注热情消散,仅仅在一些小范围的发烧友圈子里还会有人乐此不疲。而无论是发烧友或是研究者,此后关于甲午海战沉舰多停留在一种"纸上谈兵"式的讨论中。

时间到了2013年,中国人民解放军海军司令部组织拍摄有关甲午海战的纪录片《北洋海军兴亡史》时,在创作会议上有人提起能否进行水下拍摄大东沟甲午沉舰的建议,而正当这一建议仍然处于讨论中时,辽宁大东沟外海突然传出重要发现。

2013年秋季,辽宁丹东港集团的一艘工程船在该港的海洋红港区进行勘测和扫海作业时,从海底挖出的淤泥里意外发现有一些带有铆钉的铁板、横梁等金属物品,以及一些煤块。由于该处也属于历史上甲午大东沟海战的古战场区域,丹东港立即停止作

无论是发烧友或是研究者,此后关于甲午海战沉舰多停留在一种"纸上谈兵"式的讨论中

业,将这一发现上报文物保护部门,同时邀请海军史研究会提供史学研究支持。随后进行的情况分析会上,针对几块意外发现的铁板,文物局水下文化遗产保护中心、丹东港以及海军史研究会等方各抒己见。水下文化遗产保护中心通过事后化验,鉴定出了出水铁板的材质属于炒钢,和北洋海军军舰所属时代的冶金工艺相符,加之这些金属件上都有铆钉,铆接工艺也是北洋海军时代军舰的特征之一,由此怀疑水下存在有北洋海军沉没军舰。而海军史研究会在比对日本防卫省

△ / 丹东港工程船发现的金属物品,照片拍摄时尚判断为"超勇"舰遗物

档案和《明治廿七八年海战史》的记载后,惊讶地发现这些金属件出现的位置,和日本档案记录的一艘北洋海军沉没军舰的坐标点十分接近,进一步判断可能是发现了某艘北洋海军沉没军舰。

日本档案对于在大东沟外海沉没的4艘中国军舰的坐标都有明确记载,但在丹东港发现水下疑似沉舰构件后之所以不能立即判断是哪一艘中国军舰,主要因为日本档案自身存在着严重的矛盾。

发现疑似"超勇"

就当时所能找到的记录有北洋海军沉没军舰坐标的日方原始资料,一份是日本防卫省防卫研究所保存的原始档案,形成于1895年左右,是当时日本海军为了编纂甲午海战史而做的档案汇总中的内容。而另外一份则是1905年由日本东京春阳堂出版发行、日本海军官修的甲午战史《明治廿七八年海战史》。两份资料均记载了沉没在大东沟海战场上的4艘中国军舰的坐标,两套坐标点除1个坐标存在较大差别、难以重合外,其他3个坐标的位置都相差不大,但是各坐标上分别是什么军舰,则存在较大的记载差别。

丹东港工程船意外发现金属件的位置,与日本防卫省档案中标定的北洋海军"超勇"舰沉没位置接近,而这一坐标在《明治廿七八年海战史》中，标注的则是国人异常关注的北洋海军"致远"舰。鉴于《明治廿七八年海战史》不仅出版时间较晚，且是公开出版物，而防卫省相关档案则是为了编纂《明治廿七八年海战史》而预做的档案汇编，而且是近年来才被发现的新鲜史料，此前国内的多次寻找甲午沉舰都未依据过这份档案，海军史研究会在分析史料时认为防卫省档案价值更大。

联系大鹿岛流传的"致远"舰已经被拆毁的说法，日方档案所显现出的"超勇"舰未作打捞的迹象，乃至于认为日本海军将"致远"等沉舰的打捞权拍卖牟利，逻辑分析表明，显然不应该在公开出版物上公布沉舰坐标。据此判断，《明治廿七八年海战史》所登载的坐标很可能是日本海军为保护沉船位置的秘密性，而故意混淆资料，进行修改后的假坐标。日本防卫省档案中的坐标记录可能是最真实的记载，由此丹东港工程船发现的金属碎片极可能属于北洋海军的"超勇"舰。

丹东一带海域冬季风浪大，不具备潜水作业的可能性。因工程船无意的发现而引起的大东沟沉船调查在2013年11月告一段落，至2014年4月全面开展。国家文物局水下文化遗产保护中心出于慎重考虑，不仅对日本防卫省档案和《明治廿七八年海战史》所记载的沉舰坐标进行测扫，同时还对1997年"中国甲午黄海海战致远舰打捞筹备办公室"公布的沉舰坐标进行调查。

在甲午120周年纪念引起全社会聚焦甲午热潮涌动之际，文物局和丹东港的工作人员以异常低调的姿态在大东沟附近海域进行百年来从未开展过的系统调查。利用磁力仪、声呐等设备，对各坐标点的情况相继探明，1997年"中国甲午黄海海战致远舰打捞筹备办公室"公布的所谓坐标下均没有发现沉没舰船，而根据日方资料，在防卫省档案标定为"致远"舰沉没位置的坐标下只发现了金属碎片带，没有找到完整的舰体结构，在"超勇"舰坐标点发现海底淤泥下掩埋有一艘沉船，根据磁力仪测得的数据，淤泥下保存着的金属结构重量在1500吨左右。"扬威"舰沉没位置因为水浅，已经没有遗存，而大东沟海战沉没的"经远"号则在远离丹东港海洋红港区的辽宁庄河黑岛附近海域发现，且提取了带有德文标注的铭牌。

据初步调查估计"致远"、"扬威"沉舰可能已经无存，而"经远"沉舰在近年中国沿海出现的疯狂盗捞、变卖沉船的活动中遭严重破坏，舰体损失极大，唯有"超勇"舰因为掩埋在淤泥下，且根据磁力仪测得的金属重量看，这艘排水量1000余吨的巡洋舰可能是甲午大东沟海战北洋海军沉没军舰中仅存的保存状况最好的一艘。

带着"致远"舰已经被日本人拆毁的无

奈慨叹，以及确证了"超勇"沉舰存在的喜悦，2014年6月国家文物局水下文化遗产保护中心决定对疑似"超勇"沉舰进行重点水下调查，并将沉没在这一坐标下的沉舰命名为"丹东01号沉船"，定为A级文物遗址。

"致远"浮现

2014年9月，刚刚降生不久的中国第一艘专业水下考古船"中国考古01"号从母港青岛首航，北上大东沟，开始了这艘船生涯中的首次考古活动。与此同时，丹东港集团也派出了包括工程趸船、"安东22"号拖船等多艘船只和相关人员，配合文物局的调查工作，在"丹东01号沉船"发现海域汇集起了一支壮观的海上作业船队。具体分工配合上，由丹东港集团的工程趸船充当潜水作业平台，搭载各种潜水设备，"中国考古01"号因配备有专业的出水文物保护实验室，担任调查作业的文物保护中心，"安东22"号拖船以及其他辅助船只，则担负现场保卫、交通联络、补给运输等工作。

每年的9月是大东沟附近海域一年中海况最佳的，水下能见度较好，但实际也不过只有几米而已，潜水员在水下仅能见到近距离的物体，根本无法对一艘长度几十米且大部埋在泥沙下的船获得直观的整体印象。最初的工作首先从逐一发现和记录暴露在泥沙外表的各种沉船构件展开，试图根据这些发现一点点拼集出沉舰总体的形象，颇有"盲人摸象"的无奈。又因为"丹东01号沉船"沉没海域百年来渔业活动频繁，暴露在海底泥沙表面的舰体构件上挂带有大量现代物品，诸如渔网、绳索、铁链、酒瓶乃至拖鞋等等，不一而足，使得潜水调查更具难度。

水下调查工作至9月上旬渐有眉目，潜水员在水下大致辨清了暴露在海底泥沙表面的舰体构件的位置，并提取了一些物品出水研判。其中包括有疑似传话筒、蒸汽机构件、锅炉冷凝器构件、军官舱装饰物、洗面池碎片、煤块等。这些物品因为过于碎片化，难以从外形和功用上判明属于"超勇"舰上的哪一位置，反而从这些物品发现，沉船的蒸汽机、锅炉舱可能发生过剧烈的爆炸，而根据史料，大东沟附近沉没的北洋海军军舰中发生过锅炉舱爆炸的军舰实际只有"致远"舰。此时，《明治廿七八年海战史》关于这一沉船坐标点标注为"致远"舰的记录情况重新引起注意。

没有发现能够证明沉船是"超勇"的水下证物，反而发现了疑似"致远"的迹象，针对"丹东01号沉船"的水下调查，在9月中旬出现了微妙的变化，对发现"致远"沉舰有了一线微弱的希望。对防卫省档案的沉船坐标标识和《明治廿七八年海战史》的标识何者更具价值，也从最初笃信防卫省档案开

△ /"中国考古01"号考古船

始出现变化。

为了能找到更多的水下实物以帮助鉴识判断,沉船调查工作开始加强局部抽沙,希望通过将沉船上覆盖的泥沙局部抽除,能够暴露出这艘沉船的舰体本身。然而因为海底的渔网等垃圾过多,采用大直径的吸沙管以机器抽沙,常常被渔网等杂物堵塞,被迫采取由潜水员在水下用直径较小的管子人工抽沙的办法,进度慢、效率低。

2014年9月16日,潜水员在水下发现了一枚子弹,经测量直径约为11毫米。现场有人认为是步枪子弹,有人则根据11毫米这一口径认为可能是当时北洋海军"超勇"、"致远"等舰都装备的11毫米10管格林炮的炮弹,然而子弹上没有任何能证明其身份的标识,当天的议论以存疑结束。

格林炮让沉舰身份清晰无比

2014年9月17日,黄海大东沟海战爆发120周年纪念日。潜水员在水下发现了一个特别的圆筒状物体。有人根据此前连续发现锅炉、蒸汽机残件的情况,怀疑其是锅炉的管路残件,也有人根据这个圆筒左右各有一个耳轴,而且有一端存在一个圆钮的外貌,怀疑是一门前膛古炮。和很多重大的考古发现相似,在至关重要的证物出现的那一刻,现场大多数人并没有注意到它的重要性。

这件圆柱形的物体而后仍然留在水下，在标定了其所在位置后，考古人员继续进行其他作业。直到2014年的9月23日，丹东港邀请的水下摄影师吴立新先生潜下海底，去拍摄考古队员们口中所称前几天发现的那门"古炮"时，在水下几乎第一时间就发现，这门所谓的"古炮"和北洋海军装备的10管格林机关炮惊人相似，当天最终判定，这是一门1886式的11毫米口径10管格林炮，9月16日发现的那枚子弹其实正是这门格林炮的炮弹。

所谓格林炮，是清末中国对美国Gatling Gun的音译，这种速射武器现代中国翻译为加特林机枪，其特点是多根枪管围绕一根中心轴呈圆形排列，发射时各根枪管由中心轴带动高速旋转、逐一击发，火力极为凶猛。北洋海军从19世纪80年代开始有部分军舰装备这种机关炮，当时主要用于扫射敌方人员以及攻击敌方的鱼雷艇等小型舰艇。吴立新先生在水下辨识出这门炮身份的依据其

▲ 格林机关炮在水下被发现时的样貌，与格林炮同时被发现的格林炮炮架，是军舰桅盘用的特殊型号

实非常简单，"圆柱筒"的一端能够看到10个成圆圈型排列的枪口。

辨识出格林炮的当天，"丹东01号沉船"的水下调查活动不啻发生了一场大的地震。根据历史档案记载，大东沟海战沉没的中国军舰中，"超勇"、"扬威"、"致远"3舰都装备有11毫米10管格林炮，但是"超勇"、"扬威"的格林炮是早期型号，10根炮管全部外露，而"致远"的格林炮是1886年型，10根炮管罩在一个铜制的圆柱形散热筒内，只能从圆柱筒的一端看到有10根炮管的炮口，外观上并看不到炮管，"丹东01号沉船"上发现的就是1886式的格林炮。

似乎是为了给这次发现加强说服力，随着这门格林炮发现的，居然还有这门炮的炮架。正常的机关炮，通常采用圆锥状的炮架底座，或者卡夹型的炮架，但是这门格林炮的炮架是一种专用于安装在桅盘（军舰桅杆高处外形像盘子一样的观察、射击平台）上，可以使火炮能沿着桅盘边调整炮位的铁猫式炮架，而大东沟附近沉没军舰中，只有"致远"舰的桅杆带有桅盘。

格林炮的出现，一瞬间颠覆了此前关于"丹东01号沉船"是"超勇"舰的判断，这艘沉舰的身份变得清晰无比——"致远"舰。随之，日本防卫省档案记载的坐标与《明治廿七八年海战史》坐标的价值关系立刻倒悬，极有可能的是，《明治廿七八年海战史》中记

述的北洋海军沉舰坐标是在原始档案基础上修正而得出的最准确记录。而"致远"舰格林炮的发现,以及此前考古调查中发现这艘沉舰还有近1500吨金属构件掩埋在海底泥沙下,说明"致远"舰的舰体极有可能大部还沉睡在海底,大鹿岛上流传的这艘军舰曾被日本人拆毁的传说可能也并不完全真实。

对这次猛然出现的考察方向性变化,国家文物局水下文化遗产保护中心保持着谨慎的判断,期待更多的证据。而在海军史研究会,基于对近代军舰结构的熟悉,由格林炮的发现所牵引,对一些之前未能判断出具体身份的水下舰船构件也有了新的辨识,疑似"致远"特有的系艇杆连接件、水密窗构件等物体相继被判读。

格林炮的发现正值2014年国庆前夕,这门奇迹般发现的火炮连同炮架很快被打捞出水,送往国家文物局的专门实验室,将包裹在炮身外的海底凝结物清除,期待通过判读出这门炮的炮身铭牌文字,借以对比史料记载,以及和至今保存在日本横须贺三笠公园的一门"致远"舰同型格林炮的炮身铭牌进行对比,解读出这门炮所蕴藏的更多历史信息。

2014年10月2日中央电视台新闻联播播出了丹东港附近海域发现甲午沉舰,以及疑似为"致远"舰的新闻,格林炮被打捞出水的画面也随着电视传播开,甲午沉舰、"致远"舰、邓世昌等等再度成为社会上的热议话题。

△ / 出水后的格林炮

△ / 保存在日本的同型格林炮

而"丹东01号沉船"2014年的调查工作实际在此时画上了句号,进入10月当地海况已不再适合下水作业,寻找、解开这艘沉没军舰更多的秘密,将要等到新一年的春天到来时。

10月,调查活动结束时,考古人员来到大东沟附近的丹东船舶重工参观,在这里,从2014年7月铺设龙骨开工的"致远"号纪念舰船体初具,120年前的"致远"英姿重现,而在建造开始时,谁也未能料到,将能真的找到这艘凝聚了中国人太多蓝色情怀的军舰遗骨。

(《国家人文历史》2014年21期)

董福祥拚死战联军，马福禄喋血正阳门
1900年八国联军攻陷北京城始末

文 | 姚联合

1900年是庚子年，在清朝的历史上，是一个屈辱的年份。这一年，义和团运动方兴未艾；朝廷对义和团的态度由"剿"改"抚"，想和列强赌一把。到了6月，八国联军向中国开战，开始大举进攻北京。

面对联军的进攻，慈禧集团颟顸愚鲁，既没有认真的防御部署，也没有积极应对之策。慈禧指挥无方，对抵抗充满幻想又摇摆不定，战争必败无疑。

在抗击外敌的过程中，有一支来自大西北的、主要由回族子弟组成的甘军，在其首领董福祥、马福禄率领下，表现英勇，在整个战争屡屡败北的灰暗色调中透出一点点亮色。

八国联军兵临京城，清廷没有防御部署

1900年7月15日，天津陷落的消息传到京城的皇宫里，慈禧害怕了。她宣布停止进攻使馆，还正式任命李鸿章为北洋大臣和直隶总督，准备议和。

但李秉衡的出现，使心慌意乱的慈禧如同黑夜里突然看到了一丝曙光，欣喜异常。李秉衡时任"长江巡阅水师大臣"，是坚定的抵抗派。慈禧召见他时，询问他对时局的看法，他毫不犹豫地表示：既已开战，不能言和。慈禧很久没感到如此振奋了。她立即下旨，命李秉衡为"办武卫军事务"，所有来到北京"勤王"的部队都归李秉衡指挥。

8月4日，联军约2万人向北京进发，总司令为德国元帅瓦德西。具体的行军序列是：先头部队分三路前进，日军为左翼，英军为右翼，美军为中路，别的国家随后。日、美、英三国军队组成的先头部队的兵力为：14050人，49门火炮。俄、法、意、奥军队的兵力为5650人，34门火炮。

天津至北京，陆路137公里。联军沿途遇到小小的抵抗，但进攻速度并未因此迟滞，5日攻占北仓，6日攻占杨村，9日攻占河西务，12日攻占通州，一路长驱直入。

在通州被攻占前，清军总指挥李秉衡自杀了。原因是部队没有后勤供应，官兵们断了粮食，北京也无法供应所需弹药。联军的炮声一响，李秉衡身边的部队突然跑得没了

踪影，除了他自己带领的部队，别的部队根本不听调遣。李秉衡临死前留有遗书云："军队数万充塞道涂，就数日目见，实未一战……"，这根本就不是一支能打仗的军队。

通州是北京的门户，当日军把通州的城门炸开时，联军居然没有遇到任何抵抗。联军在通州召开了进攻北京城的军事会议，将各国军队的攻击目标作了分配：俄军攻击东直门，日军攻击朝阳门，美军攻击东便门，英军从南面攻击宣武门。

就在联军开会部署作战计划的时候，皇宫里的慈禧太后还依旧沉浸在从通州传来的"李秉衡大胜"的捷报的喜悦中。京城距离通州仅20公里，快马送战报，顶多需要几个小时。但是，在李秉衡自杀24小时之后，战报才送到，而且还是个"捷报"。12日下午，真正的战报送达了：通州不但已经陷落，而且联军已经开始了攻击京城的军事行动。

慈禧立刻慌张了起来，这是她预料之中但又不愿面对的状况。她想到了守城，命令宋庆（武

/ 德国元帅、八国联军总司令阿尔弗雷德·海因里希·卡尔·路德维希·冯·瓦德西（1840-1919年）

八国联军

卫军统领之一）即刻进京，"商办城守事宜"。之后，慈禧向南方各省急电，要求各地"勤王之师"火速北上。

京城大规模调集军队的行动仓促开始。慈禧命令荣禄和载漪等军机大臣们共同商定防御作战计划，但是，朝廷高层的军事会议始终没有能够正式召开。即便几个重要人物坐在了一起，也是各怀心思，说话支吾，态度躲闪，什么也没有讨论，当然就没有什么抵抗部署。

慈禧指挥无方，董福祥拼死力敌

由于慈禧毫无军事经验，她的军事调动十分混乱。最倒霉的就是董福祥的部队了。

董福祥，汉族，甘肃固原（今属宁夏）人。同治年间陕甘回民起义时，率众抗清，活动于陇东、陕北，声势颇大，后降清。1895年，董福祥率部至甘肃镇压回民起义，后升任甘肃提督。1897年，他奉调防卫京师，所部编为荣禄所辖武卫后军。

大清军队

/ 清末名将，甘军统帅董福祥，（1839-1908年）

董福祥初到北京，一句"臣无它能，惟能杀洋人耳"曾让慈禧欣喜和感动。但带了近万官兵，打了近一月，也没能攻占只有400名洋人据守的使馆，他意识到：洋人不是那么好打的。

就在联军兵临城下时，董福祥的武卫后军25个营防守外城的广渠门、朝阳门和东直门。

8月13日下午，慈禧命令他们"立即出城迎敌"，于是上万官兵烽烟滚滚出了城。但到了城外，包括董福祥在内，谁都不知道敌人在哪和仗该怎样打，背着洋枪拖着洋炮的部队在烈日下沿着京城的东南城墙毫无目的地转圈子。天黑时，慈禧命令又到了，内容是"无论行抵何处"，立即返城，"保卫城池"。结果在漫天暑气中转了一天的疲惫不堪的官兵，匆忙进城了。

与此同时，慈禧开始频繁地召见大臣，整个下午到晚上，召见荣禄8次，召见载漪5次，全体军机大臣被"叫起"也达5次之多，几乎没了吃饭的时间。但是，群臣跪在慈禧面前，"皆默然不发一言"。

这时，参加防守京师的清军总兵力已达10万人以上，是八国联军兵力的8倍。10万之众，从官到兵，竟然没有一人能说得出具体的防御部署，没有指挥机构，没有战斗动员、作战方针、作战原则，也没有协同作战的实施计划和保障支援方案，更没有战役和战术预备队。所有该有的都没有。

13日夜晚，按计划，联军向集结地点运动。

俄国人决定提前行动。那天晚上，突然天降暴雨，雨停之后，俄军参谋长华西列夫斯基下达攻击命令。俄军用大炮轰击东直门，数十炮之后，城门被轰开一个洞。14日凌晨，俄军冲进了东直门。就在俄军对攻城门而无守军抵抗感到纳闷时，激烈的战斗在东直城门内打响。

董福祥的军队在城墙上向冲入城门内的俄军猛烈射击，同时有一些官兵冲了下来，和俄军展开肉搏战，俄军被赶出了城门。华西列夫斯基命令骑兵连参加冲击，这些哥萨克人挥舞着他们善于使用的马刀蜂拥砍杀，东直门又被俄军占领。

天亮时分，俄军开始向内城进攻。董军的决死表现令人惊讶，他们从城墙上的每一个垛口后连续不断地射击，大炮从城墙上直接瞄准，冲击中的俄军顿时乱成了一团。拉炮的十几匹马瞬间都被打死，冲在前面的炮手全部负伤。俄军仓皇后退，撤退到城墙东南角落的数间民房里。天大亮之后，董军乘胜追击，向俄军藏身的民房呐喊着冲击过来。在丢弃武器、伤员和尸体之后，俄军被赶出了外城。整整一夜的攻击后，俄军又退回到了原地。

就在此时，俄军主力到达，得到兵力补充的俄军立即重新开始冲锋。

早晨6时，俄军第10团团长安丘科夫率领部队发起第一轮冲锋，他骑在马上高举马刀，身先士卒。董福祥此时也出现在甘军阵地上，他毫不隐蔽地站在高处，挥舞着一把中国战刀，大喊："退者立斩！"

在甘军的阻击下，俄军很快就退了下去，留下一片尸体，其中包括安丘科夫团长。华西列夫斯基刚想站起来喊什么，立即被密集的子弹击中，话音未落栽倒在地。到14日中午，俄军仅攻占外城一角。

日军开始攻击的时间是14日早上，目标朝阳门。在朝阳门城墙上防守的还是甘军。日军刚开始攻击，董福祥就到了现场。他在东直门和俄军打了一夜，一脸的硝烟和疲惫，但那柄锋利的中国战刀依旧在他手上。他站在朝阳门的城墙上，说的还是那句话："退者立斩！"

朝阳门的炮战，是清朝历史上少见的激烈炮战。甘军调集了可能调集的所有大炮，向日军的炮兵阵地以及冲击的步兵进行了密集的炮击。接近中午时，日军得到了跟上来的俄军预备队炮兵的支援。立时，联军的大炮达到50多门，联军炮群统一指挥，集中火力轰击朝阳门城楼。甘军没有预备队，在日、俄炮群的连续轰击下，城墙上出现了大量的伤亡，战斗力逐渐低了下来。但甘军士气并不低落，与日军僵持着，一直到天黑。傍晚时分，日军组织了敢死队，抬着巨大的炸药桶，一波接着一波前赴后继地向城墙接近。甘军拼死阻击，但是，枪声逐渐稀落——城墙上甘军官兵的尸体已堆积很高了。

突然一声巨响，日军敢死队把朝阳门城门炸开，日军步兵蜂拥而入。

在进攻北京的各国军队中，最为幸运的当属英军。由于英军司令盖里斯手里有一"绝密武器"，这是联军占领天津时，一个从北京使馆里冒死突围出的中国教民送给盖里斯的小纸条，上面画着北京内城使馆区旁边护城河水面下一个秘密水门的位置。水门直接与英国使馆相连。盖里斯藏起了这个秘密。

美军攻占广渠门则表现了美国人的精明。他们刚到广渠门，受到甘军的射击，美国兵立即藏了起来。他们看热闹似的看着俄军和甘军的激烈战斗。逐渐地，美军司令官沙飞看出了门道：有一段城墙上好像无人防守。于是，他派出一个小组，徒手往城墙上爬。北京城的城墙由于修建年代久远，墙体上砖缝很深，攀爬起来并不困难。美军很容易爬上去了，这段城墙上居然无兵守卫，这似乎有些不可思议。美军利用临时制作的软梯，未发一枪一弹登上了城墙。占领广渠门这一段城墙的美军立即向两边冲击，甘军受到侧翼进攻，猝不及防，纷纷撤退。

8月14日上午，英军向广渠门攻击时，由于美军先期一步占领了该门，英军很顺利地通过此处。并且立即占领天坛，然后按照小纸条上的标识找到水门。盖里斯带领官兵下水，砸开护城河下的铁栅栏，顺利到达使馆，进入了内城。

马福禄喋血正阳门

8月14日，联军的进攻转移至对内城的争夺。

△ / 1900年，八国联军入侵，北京正阳门（前门）城楼被毁

北京的盛夏炎热异常，1900年的夏天恰逢多雨。在联军炮火的猛烈攻击下，外城失守，参加抵抗的清军顿作鸟兽散，京城内外的神机营、虎神营和各地勤王之师"约六、七万人，皆已散灭无踪"，只剩下董福祥的甘军还守在自己的战斗位置上。

美军占领广渠门后，迅速移动至正阳门。由于美军进攻广渠门没有遇到太大的阻击，所以对正阳门的占领也没有太放在心上。但美军没有想到在正阳门碰到了劲敌。守卫正阳门的清军军官马福禄，是甘军董福祥手下一名悍将。马福禄，回族，清末武进士，甘肃省临夏县韩集镇阳洼山人，时为甘军营官，手下有400余名官兵。

面对进攻正阳门的美军，马福禄令士兵拼死抵抗。美军司令沙飞命令美军加大攻击力度，但没有达到预期的效果。沙飞意识到遇到劲敌了，再次下令加强炮火攻击。在炮火猛烈的打击下，马福禄的部下死伤逐渐增加，一些士兵表现出了慌乱神情。他手下的军官，包括其弟马福祥，向马福禄提出撤退的建议。他对弟弟马福祥说："我国跟列强已经决裂，事情已无可挽回，我们只有以身报国，为民族争光，决不能贪生怕死，只顾自己的身家性命。何况董大帅已经下了死命令：'退者立斩！'"他断然命令："不论官兵，言退者斩！"美军集中炮火轰击正阳门城楼，把原有的四层箭楼削掉了两层。马福禄眼看身边的士兵死伤不断增多，美军步兵又不断的蜂拥冲向城楼。他意识到死守将会全军覆没，只有暂时撤出，再图反击。于是，马福禄下达了撤出令，美军终于攻陷了正阳门。

美军攻占正阳门后，在城楼上设置了10道栅栏，试图阻挡清军反攻。暑天的北京，炎热异常，8月的天气阴晴不定。眼看着天渐渐地黑了下来，马福禄认为反击的时机到了。他挥舞着战刀一马当先，带领士兵发起反攻。全营官兵血水和着汗水，冒着枪林弹雨勇猛攻击。马福禄第一个登上城楼，冲破了敌军的第一道栅栏；马福祥紧随其后，也突破了第二道栅栏。他们连续毁掉了7道栅栏，交战双方伤亡很大，尸体横陈，鲜血染红了城墙。

只剩下最后一道栅栏了，马福禄仿佛看到了收复阵地的曙光。这时，夜幕笼罩下的天空忽然下起了大雨，很快，豪雨如注。马福禄认为是老天在帮忙，他向士兵高喊："夯娃子，真主在保佑咱们，冲啊！"他身先士卒，冲在最前面。突然，一颗子弹击中了他的左臂，他扯破衣服，胡乱裹扎了一下，又大声呼喊着冲向最后一道栅栏。不幸的是，又一颗子弹直接射进了他的嘴里，他顿时仰面倒下，血流如注，很快停止了呼吸。马福祥为了保存仅剩的部队，下达了撤退令。和马福禄同时牺牲的，还有其堂弟马福贵、马福全，侄子马耀图、马兆图以及家乡的回族、东乡族子弟兵百余人。

马福禄以身殉国时年仅48岁。后来他被清廷封为"振威将军"，谥号忠烈。战事平息后，他的遗体由马福祥安葬在北京阜成门外的三里河清真寺内。马福禄的儿子就是民国时期的"西北五马"之"宁马"马鸿宾，他与其堂弟马鸿逵经营宁夏近二十年，直到全国解放，马鸿宾率部起义。

联军进抵午门，慈禧仓皇西逃

8月15日晨，美军占领正阳门。

从高大的正阳门进去，美军看见了一道红墙横在面前，这就是皇城。他们没有受到清军的阻击，但皇城城墙的高度似乎没有攀爬的可能。攻击进入皇城的第一道大门"大清门"时，美军把希望寄托在炮兵身上，在美军炮兵连连长瑞利的指挥下，上尉苏莫莱像在靶场训练新兵一样，在大清门的门闩位置划出了一个白色圆圈，命令炮兵朝圆圈开炮。两次齐射，大清门门闩被炸烂，美军蜂拥而入。

接下来是天安门，这是第二道大门。在此，美军遭到了清军抵抗，天安门城楼上的密集的射击，使数名美军官兵倒地，包括冲在最前面的瑞利上尉。清军的抵抗持续了半个小时，在美军向天安门门闩和城楼上密集炮轰时，没有一个清军放弃阵地。

直到前来增援的英军从云梯爬到天安门城墙上面，他们发现守卫天安门城楼的清军官兵已经全部阵亡。美军步兵从炸开的天安门城门中间冲了进去。

皇城仅剩下最后一道门：午门。美军架好炮准备轰击，俄国人、英国人和日本人都很着急，不想让美国人抢先进入。各国司令官召开了紧急会议，决定：为了防止一国独占或先占皇宫，暂停对皇宫的军事行动。联军对北京的进攻最终停止在午门前。

就在守卫天安门的清军与美军激战时，慈安、慈禧两宫皇太后带着光绪皇帝、皇后和一批王公大臣仓皇从西华门逃至德胜门，转经西直门逃出北京城。

1900年8月15日，八国联军最终占领了北京。

北京陷落后，董福祥率军护卫两宫皇太后和光绪帝西逃至西安。董福祥的部下马福祥由于沿途精心护驾，得到慈禧器重。在西安行宫的一年中，马福祥带领的军队担任宫禁警卫及北辕周围防务。辛丑年清廷与列强议和，两宫及光绪返京时，马福祥还率军护送至正定。在议和过程中，西方列强要求处死董福祥，董此时已逃回甘肃老家。他扬言，若要惩办他，他就举兵造反。清廷知道他的军事实力，没有答应联军，仅将其解职，禁锢家中。1908年，董福祥病死于甘肃金积堡，一代悍将遗恨终身。

（《文史参考》2010年14期）

声 明

本书所有文章均选自《文史参考》杂志2010-2012年及《国家人文历史》杂志2013-2016年。由于出版时间所限，我们无法与部分入选文章的作者取得联系，深表歉意。请相关文章作者及时与《国家人文历史》编辑部联系，电话：010-65363314